普通话水平训练与测试

（第4版）

主　编　宋宝兰

副主编　（按音序排列）

傅云辉　顾新苗　刘　黎

李海云　唐小玲　王建宇

张　征

参　编　李庆平　江　波　肖红华

徐震宇　杨　萍　易　培

朗　读　蒋丽芬　易　培

审　听　宋宝兰

对外经济贸易大学出版社

中国·北京

图书在版编目（CIP）数据

普通话水平训练与测试／宋宝兰主编．—4版．—北京：对外经济贸易大学出版社，2014（2021.8重印）
ISBN 978-7-5663-1103-0

Ⅰ.①普… Ⅱ.①宋… Ⅲ.①普通话-水平考试-自学参考资料 Ⅳ.①H102

中国版本图书馆CIP数据核字（2014）第162219号

普通话水平训练与测试（第4版）

宋宝兰 **主编**

责任编辑：王 煜 王 忠

对外经济贸易大学出版社
北京市朝阳区惠新东街10号 邮政编码：100029
邮购电话：010-64492338 发行部电话：010-64492342
网址：http://www.uibep.com E-mail：uibep@126.com

北京华创印务有限公司印装 新华书店经销
成品尺寸：185mm×260mm 14.25印张 插页1 355千字
2014年9月北京第4版 2021年8月第2次印刷

ISBN 978-7-5663-1103-0
印数：5 001-10 000册 定价：32.00元（含光盘）

第四版改版说明

随着我国社会经济发展信息科技的进步，国家地位的不断提高，汉语在国际上的影响越来越大。推广普及普通话，有利于国家统一民族团结，符合全国各民族的根本利益。推广普及普通话，有利于提高公民素质加强公民道德建设。推广普及普通话，提高普通话水平是中华民族伟大复兴事业的一项基础工程，是维护国家主权民族尊严的重要举措。

普通话测试工作是推广普及普通话提高普通话水平的重要组成部分。普通话测试工作全面开展以来，各个方面取得了很大的成绩，为适应测试的需要，国家研发了智能计算机辅助测试的新项目，目前已推广使用。

《普通话水平训练与测试》一书自 2005 年出版以来，随着普通话普及提高和测试工作的深入开展，已经进行了多次改版，每次改版都为读者提供了更大的方便，满足了读者学习和测试普通话的需要。为适应现在智能计算机辅助测试的新情况，我们对本教材进行了新的增删，增加了智能测试内容和注意事项，删除了不再适用的内容。对语音训练方面也结合在校学生和社会各界人士整体普通话水平不断提高的新情况，根据普通话教师多年一线教学的经验进行了精心的调整，并针对不同的语音难点增加了绕口令的训练，音变短文训练，对模拟试题进行了注音以方便读者自我检测。增加的内容能更好的满足读者学习普通话进行普通话测试的实际需求。

本次改版得到湖南对外经济贸易职业学院主管教学的魏敏副院长支持，由普通话国家级省级测试员一线教师宋宝兰傅云辉聂小蓬彭娟老师修改和编写，在此表示感谢！

编　者

2014 年 6 月于湖南长沙

编者的话

《中华人民共和国宪法》规定“国家推广全国通用的普通话”，1994年国家教委、国家语委、广播电影电视部联合发出关于“在教育系统、广电部门率先实行普通话水平测试”的通知，我们根据教育部、国家语委2003年颁布的普通话水平测试新大纲编写了《普通话水平训练与测试》一书。本书既可作为大专院校普通话培训和测试使用教材，也可作为国家机关、窗口行业、服务行业普通话培训测试用书。

本书内容深入浅出，循序渐进，符合语言学习的特点。章节安排科学、系统、完整，注重多角度全方位训练并配有教学光盘，具有很强的操作性和实用性。

本书共八章。第一章普通话水平测试概说，介绍国家推广普通话工作的方针政策，目前推广普通话工作的新形势，以及普通话水平测试知识。第二章至第五章介绍普通话语音知识，编写中我们力求做到三个结合：语音知识与方言难点音辨正相结合；语音理论与实际训练相结合；单项、多项语音难点训练与普通话朗读、说话综合训练相结合。第六章至第七章是朗读和说话训练，介绍朗读和说话测试知识，对普通话水平测试新大纲规定的60篇朗读作品进行了语音分析，对30个命题说话话题进行了分析。第八章是测试训练，编写多套模拟自测题和评分标准，便于自行检测。普通话水平测试用《普通话音变训练词语表》及《普通话水平测试用普通话词语表》（节选）随语音训练安排在第四章和第五章训练后，便于学习使用。

本书由湖南对外经济贸易职业学院国家级普通话测试员宋宝兰老师担任主编。湖南省大众传媒职业技术学院、湖南省生物机电职业技术学院、湖南工程职业技术学院、长沙环境保护职业技术学院、湖南农业大学、湖南省广播电视大学、长沙教育学院、湖南体育职业学院等高校普通话测试站站长、国家级和省级测试员分别担任副主编或参加编写。

本次修订结合十多年来普及普通话的实际情况，重点将60篇朗读作品中语音提示作了删减和增补，更增加了本教材的实用性和针对性。

在编写和修订过程中参考了多位专家学者的有关论著，教材中未能一一注明，在此一并表示感谢。本书如有疏漏之处，望各同行斧正。

《普通话水平训练与测试》编写组

2011年3月于湖南长沙

目　录

第一章　普通话水平测试概说 …… (1)
第一节　普通话基本知识 …… (1)
一、普通话基本概念 …… (1)
二、普通话推广工作 …… (2)
三、怎样学好普通话 …… (3)
第二节　普通话水平测试 …… (4)
一、普通话水平测试的性质和形式 …… (4)
二、普通话水平测试的内容和要求 …… (5)
三、普通话水平测试样卷 …… (7)
附录　普通话水平测试等级标准（试行） …… (9)
第三节　普通话语音知识 …… (10)
一、语音的性质和特点 …… (10)
二、语音的基本概念 …… (11)
三、汉语拼音方案 …… (11)
第二章　声母发音与声母辨正 …… (15)
第一节　声母发音 …… (15)
一、什么是声母 …… (15)
二、声母的分类 …… (15)
三、声母发音分析 …… (17)
四、声母发音训练（录音示范） …… (19)
第二节　声母辨正 …… (20)
一、分辨舌尖前音 z　c　s、舌尖后音 zh　ch　sh、舌面音 j　q　x（录音示范） …… (20)
二、分辨鼻音 n 与边音 l（录音示范） …… (22)
三、分辨唇齿音 f 与舌根音 h（录音示范） …… (23)
四、分辨送气音与不送气音（录音示范） …… (24)
五、分辨舌尖后音 r、齐齿呼零声母音节、舌尖后清擦音 sh 与舌尖中边音 l（录音示范） …… (25)
附录　声母代表字类推表 …… (28)
第三章　韵母发音与韵母辨正 …… (31)
第一节　韵母发音 …… (31)
一、韵母的结构 …… (31)

二、韵母的分类 …… (31)
三、韵母发音分析 …… (32)
四、韵母发音训练（录音示范） …… (37)
第二节 韵母辨正 …… (38)
一、单韵母辨正（录音示范） …… (38)
二、复韵母辨正（录音示范） …… (40)
三、鼻韵母辨正（录音示范） …… (44)
附录 前后鼻韵母代表字类推表 …… (47)
第四章 声调发音与语流音变 …… (49)
第一节 声调发音 …… (49)
一、声调的性质和作用 …… (49)
二、调值、调类和调号 …… (49)
三、普通话声调的发音 …… (50)
第二节 语流音变 …… (52)
一、变调 …… (52)
二、轻声 …… (53)
三、儿化 …… (56)
四、“啊”的音变现象 …… (58)
五、语流音变发音训练（录音示范） …… (58)
附录 普通话音变训练词语表 …… (61)
一、普通话水平测试用必读轻声词语表 …… (61)
二、普通话可轻读词语表 …… (64)
三、普通话水平测试用儿化词语表 …… (70)
第五章 普通话音节与拼音方法 …… (73)
第一节 普通话音节 …… (73)
一、什么是音节 …… (73)
二、普通话音节结构 …… (73)
三、普通话声母、韵母配合关系 …… (75)
第二节 普通话拼音方法 …… (75)
一、普通话拼音方法 …… (75)
二、拼音方法整体性原则 …… (77)
三、拼音训练 …… (80)
附录 普通话水平测试用普通话词语表（节选） …… (83)
第六章 普通话朗读训练 …… (123)
第一节 朗读概说 …… (123)
一、普通话朗读测试及测试要求 …… (123)
二、朗读测试扣分因素分析 …… (123)
三、朗读准备 …… (125)
第二节 朗读技巧 …… (125)
一、停连 …… (126)

二、重音 …… (127)
三、语调 …… (128)
四、节奏 …… (128)
附录一　普通话水平测试用朗读作品（录音示范） …… (130)
附录二　常见多音字、形近字和异读词的正音规范 …… (178)
附录三　趣记多音字 …… (183)
附录四　《字经》 …… (188)
第七章　说话训练与方言纠正 …… (195)
第一节　说话测试训练 …… (195)
一、“说话”测试前的准备 …… (195)
二、“说话”测试的基本要求 …… (198)
三、说话训练和测试准备 …… (199)
第二节　方言词汇与语法纠正 …… (200)
一、方言词汇与普通话词汇的差异 …… (200)
二、方言语法与普通话语法的差异 …… (201)
三、说话综合训练 …… (202)
附录一　计算机辅助普通话水平测试“命题说话”项 …… (204)
附录二　湖南省计算机辅助普通话水平测试命题说话项评测记录表 …… (205)
第八章　普通话水平模拟测试训练 …… (207)
第一节　普通话水平智能测试的程序 …… (207)
一、普通话水平测试须知 …… (207)
二、国家普通话水平智能测试流程 …… (207)
三、普通话智能测试常见问题解答 …… (208)
四、普通话水平测试要注意问题 …… (210)
第二节　普通话水平测试模拟试卷与评分标准 …… (210)
一、普通话水平模拟试题 …… (210)
普通话水平测试样卷（Ⅱ型卷）1号 …… (210)
普通话水平测试样卷（Ⅱ型卷）2号 …… (211)
普通话水平测试样卷（Ⅱ型卷）3号 …… (212)
普通话水平测试样卷（Ⅱ型卷）4号 …… (213)
普通话水平测试样卷（Ⅱ型卷）5号 …… (215)
主要参考书目 …… (217)

第一章

普通话水平测试概说

第一节　普通话基本知识

一、普通话基本概念

1. 什么是普通话

普通话是我国规范的现代汉民族共同语，是我国的国家通用语言。普通话是“以北京语音为标准音，以北方话为基础方言，以典范的现代白话文著作为语法规范的现代汉民族共同语”。“普通话”概念最早见于1906年清末学者朱文雄的《江苏新字母》一书，是“各省通用之语”的意思。1955年10月，国家先后召开了全国文字改革会议和现代汉语规范化会议，明确了普通话的含义，把汉民族共同语称为“普通话”，替代“国语”、“官话”等名称。普通话的“普通”是“普遍通行”、“共通”之意，而不是“平常普通”、“普普通通”的意思。

2. 普通话的形成和发展

普通话的概念从语音、词汇和语法三个方面规定了普通话的语言的标准。为什么“以北京语音作为标准音”，这里有历史原因也有客观原因。北京这座古城自元朝至现在始终是我国政治、经济、文化的中心。明清时期清政府为方便统治管理而使用和推广以北京语音为基础的官话。五四运动时期掀起“国语运动”和“白话文运动”，用国语代替了明清时期的官话。以北京语音为基础的官话和国语随着政治、经济、文化的发展传播到全国各地，北京语音有其深远的历史渊源。长期以来，北京语音得到了广泛的传播，使用的人数不断增加，可以说以北京语音为标准音的普通话，是我国使用人口最多的语言。这是将北京语音作为标准音的历史原因。另一方面北京语音系统有它自身的特点，那就是它的简易性和音乐性。首先是语音中的四个声调调型升降曲直对比鲜明，没有急促的入声，声调舒展平缓。辅音中清音占多数，语音轻柔清亮，轻声、儿化丰富，语调、重音变化多，语言表现力强。再是普通话四个声调容易学习，便于大多数人接受，具有作为标准音的资格。

为什么“以北方话为基础方言”？因为北方话词汇使用的人口众多，使用的范围广，很有普遍性。普通话是在北方方言的基础上逐渐形成并发展起来的，北方话的词汇是普通话词汇的基础和主要来源。1988年《中国语言地图集》将我国汉语方言划分为十大方言区：

表 1-1　　汉民族语言方言分布情况图

方言区名称（大区）	使用人（万）	分布情况（区）	分布情况（片）
官话大区	66 223	东北、北京、冀鲁、胶辽、中原、兰银、西南、江淮官话区	
晋语区	4 570		并州、吕梁、上党、五台、大包、张呼、邯新、志延片
吴语区	6 975		太湖、台州、瓯江、婺州、处衢、宣州片
徽语区	312		绩歙、休黟、祁德、严州、旌占片
赣语区	3 127		昌靖、宜浏、吉茶、抚广、鹰弋、大通、耒资、洞绥、怀岳片
湘语区	3 085		长益、娄邵、吉溆片
闽语区	5 507	闽南、蒲仙、闽东、闽北、闽中、琼文、雷州、邵将区	
粤语区	4 021		广府、邕浔、高阳、四邑、勾漏、吴化、钦廉片
平话区	200		广西片
客家话区	3 500		粤台、粤中、惠州、粤北、汀州、宁龙、于桂、铜鼓片

从语言学界对汉语方言的划分中我们可以看出，使用北方方言的人数占我国人口的70%以上，北方话作为普通话的基础方言是有广泛基础的。“以典范的现代白话文著作为语法规范”，也是有历史原因的。我国唐宋时期，在北方方言的基础上逐渐产生了接近口语的书面语“白话”，经济文化的繁荣促进了“白话”语言的发展。到宋元时期白话文学进一步发展，使“白话”取得了书面语的地位。到明清时期由于政治、经济和文化的发展，白话小说、戏剧、话本等文学作品广泛地普及，书面语言有了很大的发展。辛亥革命尤其是“五四运动”，反对文言文、提倡白话文的新文学运动，更加速了汉民族共同语的书面语的推广。因此新中国成立后，1955年我国确定了普通话“以典范的现代白话文著作为语法规范”。

二、普通话推广工作

1. 新中国建立以来普通话推广工作

1949年10月10日，新中国成立伊始国家就成立了中国文字改革协会，承担整理和简化汉字、推广普通话、制定和推行《汉语拼音方案》三大任务。1952 年 2 月 5 日，中国文字改革研究委员会成立，继续完成三大任务。以北京语音为标准音，制定汉语拼音方案，为推广普通话服务。1956 年 1 月 28 日，国务院决定成立中央推广普通话工作委员会，2 月 6 日，国务院向全国发出《关于推广普通话的指示》，明确提出了普通话的含义，这个指示是我国推广普通话历史上的一个里程碑。

党的十一届三中全会以后，我国进入新的历史时期，各条战线拨乱反正，推广普通话工作逐步走上正轨。1978 年 5 月，中国文字改革委员会在江苏吴县召开 9 省市自治区南方方言区普通话工作座谈会。8 月，教育部发出《关于加强学校普通话和汉语拼音教学的通知》，要求继续贯彻“大力提倡，重点推行，逐步普及”的工作方针。1982 年 12 月 4 日，第五届全国人民代表大会第五次会议通过了新的《中华人民共和国宪法》，该法第 19 条庄严规定“国家推广全国通用的普通话”。从此，普通话推广工作进入了一个新的阶段。1985 年，国家语委审音委员会公布了《普通话异读词审音表》。

1986 年 1 月召开了全国语言文字工作会议，这是我国推广普通话历史上的又一个重要里程碑。社会主义新时期语言文字工作方针是要大力推广、积极普及普通话。1997 年，国务院第 134 次总理办公会议批准，自 1998 年起，每年 9 月份第三周为全国推广普通话宣传周。12 月，第二次全国语言文字工作会议提出推广普通话工作新世纪目标——2010 年以前普通话在全国范围内初步普及，21 世纪中叶普通话在全国范围内普及。2000 年 10 月 31 日，第九届全国人大常委会第十八次会议通过《中华人民共和国国家通用语言文字法》，推广普通话工作从此全面走上法制道路。国家语委、国家教委和广播电影电视部于 1994 年 10 月联合发出《关于开展普通话水平测试工作的决定》。各省市也相继发文，在全国范围掀起了学习、普及普通话的高潮。

2. 现阶段推广普通话工作的意义

在全国范围内推广全国通用的普通话具有多方面的重要意义。推广普通话有利于增进各民族各地区之间的交流。随着改革开放和市场经济的迅速发展，我国社会对民族共同语的客观要求日益迫切，人员和商品的大流动伴随着语言和信息的交流，普通话在社会经济生活中有着不可或缺的作用，并获得全国人民的共识。高科技的发展要求普及全民族共同语。在当今信息时代，计算机及其网络的应用对于信息载体的基本要求是语言的规范化和文字的标准化。为适应社会发展的需要，为适应科技发展的需要，推广普通话工作方针已调整为“大力推广，积极普及，逐步提高”。普通话推广工作经历了 1956 年的政府行为到 1982 年的法律行为，再到 1986 年的推广普通话工作走上快车道。新世纪普通话工作以城市为中心，以学校为基础，以党政机关为龙头，以广播、电视等新闻媒体为榜样，以公共服务行业为窗口，带动全社会推广普通话。《国家通用语言文字法》明确规定了普通话是国家机关公务语言，是学校及其他教育机构的教育教学用语，是广播电台、电视台基本的播音用语，汉语文出版物应当符合国家通用语言文字的规范和标准，提倡公共服务行业以普通话为服务用语。

三、怎样学好普通话

学好普通话不但要语音标准规范，而且要语调悦耳好听，这不是一蹴而就的事，需要长期坚持，不断提高。说好普通话要注意以下两个问题：

1. 学习普通话的障碍

学习普通话的障碍首先是方言土话的影响，一个人最初的语言环境是出生地，他是在土话环境中成长的；学习普通话要完全改变原来的发音习惯和表达习惯，是要下一番功夫的。再是不良的发音习惯，在正式接受普通话培训以前一个人的发音中，有不良的发音习惯，模仿学习比较杂。小学教学中，没有脱离开方言土话的环境，发音不够标准。在学习普通话的过程中，有人认为说“方言普通话”可以省力、省心，只要听懂就可以，不求高标准，因而所说的普通话不准确、不清晰，更谈不上悦耳动听了。

2. 学习普通话的方法

学习普通话首先要有普通话语音知识做基础，要掌握普通话 3 500 个常用字，词由字组成，句子由词组成，语言由句子组成，掌握普通话语音知识和常用字至关重要。还要了解方言与普通话发音与表达之间的对应关系，提高辨别和判断的能力，掌握普通话的正确发音方法。

其次要多听、多看、多想、多练。学习普通话从某种意义上讲是口耳之学，听得多，听得准，说的时候就能知道发音是否正确。多听，指多听广播电台、电视台播音员的标准发音，边听边模仿；还要听出周围人发音不标准的问题。多看，指多看电视新闻、电视剧，看播音员、演员发音的口型。多想，发音时想一想要发的音节该用什么口型和舌位，是什么声韵拼合规律。要表达的语句该选用什么词汇、什么语调。方言与普通话发音与表达是什么对应规律，做到心中有数，纠正时才能有的放矢，避免盲目性。多练，语言学习没有捷径可走，纠正语音需要勤学苦练，坚持不懈，持之以恒。还要勤查工具书来检验判断是否正确，不放过一个难读的音节一个有疑问的词或句子，由少到多地积累，完成由量变到质变的飞跃。

常用的训练方法有：

（1）模仿跟读；

（2）难点音对比读；

（3）摆好唇形，找准舌位再读；

（4）用手势带动发音；

（5）先小声后大声读；

（6）不急躁，放平心态读。

第二节　普通话水平测试

一、普通话水平测试的性质和形式

普通话水平测试是中华人民共和国国家级考试。1994 年 10 月，国家语言文字工作委员会、国家教育委员会、广播电影电视部发布《关于开展普通话水平测试的决定》，普通话水平测试使推广普通话工作逐步走向科学化、规范化、制度化。

2000 年 11 月，《中华人民共和国国家通用语言文字法》第 19 条明确规定：“以普通话作为工作语言的播音员、节目主持人和影视话剧演员、教师、国家机关工作人员的普通话水平，应当分别达到国家规定的等级标准；对尚未达到国家规定的普通话等级标准的，分别进行培训。”第24条还明确规定：“国务院语言文字部门颁布普通话等级标准。”普通话水平测试成为列入国家法律的名副其实的国家级考试。它是《宪法》中所规定的“国家推广全国通用的普通话”这一基本语言政策的具体体现，具有国家法规的严肃性和强制性。

普通话测试是国家认证的一种考试，体现在对测试员的资格认定、测试的范围、制卷原则、评分标准、证书发放都作了明确的规定和统一。普通话水平测试不是普通话系统知识考试，不是文化水平的考试，也不是口才的考试；它是根据统一的标准，使用科学的方法，按照严格的程序测查应试人的普通话规范程度、熟练程度，认定其普通话水平等级，属于标准参照性考试。普通话水平测试以口语方式进行。

1997年，国家语言文字工作委员会正式颁布《普通话水平测试等级标准（试行）》。2003年，教育部、国家语言文字工作委员会正式公布《普通话水平测试等级标准》。普通话水平自上而下划分为一、二、三个级别，每个级别分为甲乙两个等次：

97分以上，为一级甲等；

92分及其以上不足97分，为一级乙等；

87分及其以上不足92分，为二级甲等；

80分及其以上不足87分，为二级乙等；

70分及其以上不足80分，为三级甲等；

60分及其以上不足70分，为三级乙等。

二、普通话水平测试的内容和要求

普通话水平测试的内容有五个部分。

1. 读单音节字词100个（不含轻声、儿化）10分

目的是测查应试人声母、韵母、声调读音的标准程度。语音错误，每个音节扣0.1分。语音缺陷，每个音节扣0.05分。限时3.5分钟，超时1分钟以内扣0.05分，超时1分钟以上（含1分钟），扣1分。本题为计算机自动评分。

字词选自《普通话水平测试用普通话词语表》，其中“表一”选70%，带“＊”的字词占40%，不带“＊”的字词占30%；“表二”选30%。100个音节中，每个声母出现的次数一般不少于3次，不超过6次；每个韵母出现的次数一般不少于2次（个别韵母另有提示），不超过4次。4个声调出现的次数大致均衡。

2. 读多音节词语100个音节（双音节词语45~47个，三音节词语2个，四音节词语1~0个）20分

目的是测查应试人声母、韵母、声调和变调、轻声、儿化读音的标准程度。语音错误，每个音节扣0.2分，语音缺陷，每个音节扣0.1分。限时2.5分钟，超时1分钟以内，扣0.5分，1分钟以上（含1分钟）扣1分。本题为计算机自动评分。

词语选自《普通话水平测试用普通话词语表》，其中70%选自“表一”，30%选自“表二”。声母、韵母、声调出现的次数与单音节字词的要求相同。上声和上声连读词语不少于4个，上声在非上声之前的词语不少于3个，轻声词语不少于3个，儿化词语不少于4个（应为不同的儿化韵母）。

3. 选择判断10分

（1）词语判断10组。测查应试人掌握普通话词语的规范程度。判断错误，每组扣0.25

分。根据《普通话测试用普通话与方言对照表》列举，由应试人读出普通话词语。

（2）量词、名词搭配 10 组。测查应试人掌握普通话量词和名词搭配的规范程度。搭配错误每组扣 0.5 分。根据《普通话水平测试用普通话常见量词、名词搭配表》列举，由应试人搭配并读出符合普通话规范的 10 组名量词语。

（3）词序或表达形式判断 5 组。测查应试人掌握普通话语法规范程度。判断错误，每组扣 0.5 分。根据《普通话水平测试用普通话与方言常见语法差异对照表》，列举 5 组普通话和方言意义相对应，但语序或表达习惯不同的短语或短句，由应试人判断并读出符合普通话语法规范的表达形式。

选择判断限时 3 分钟，合计超时 1 分钟以内扣 0.5 分，超时 1 分钟以上（含 1 分钟）扣 1 分。

说明：各省市可根据本省市情况免测此项，分值放入第五题命题说话，第五题分值由原 30 分调整为 40 分。

4. 朗读短文 1 篇 30 分

目的是测查应试人使用普通话朗读书面作品的水平。在测查声母、韵母、声调读音标准程度的同时，重点测查连读音变、停连、语调以及流畅程度。每错 1 个音节扣 0.1 分；漏读或增读 1 个音节，扣 0.1 分。声母或韵母系统性缺陷，视程度扣 0.5 分、1 分。语调偏误，视程度扣 0.5 分、1 分、2 分，停连不当视程度扣 0.5 分、1 分、2 分。朗读不流畅（包括回读），视程度扣 0.5 分、1 分、2 分。限时 4 分钟，超时扣 1 分。本题为计算机自动评分。

短文从普通话水平测试用朗读作品 60 篇中选取一篇，评分以朗读作品的前 400 个音节（不含标点符号和括注音节）为限，但应试人应将第 400 个音节所在句子读完整。

5. 命题说话 30 分

目的是测查应试人在无文字凭借的情况下说普通话的水平，重点测查语音标准程度，词汇、语法规范程度和自然流畅程度。应试人单向说话，如发现应试人有背稿、离题或说话难以继续等表现时，均按评分标准扣分。命题说话话题从普通话水平测试用 30 个话题中选取，由应试人在给定两个话题中选定一个话题，连续说满 3 分钟。本题为人工评分，根据录音由测试员进行评分。

评分为三项 40 分（按取消第三题 10 分计入本题计算）：

（1）语音标准程度 25 分，分六档：

一档：扣 0 分、1 分、2 分。语音标准或极少有失误。

二档：扣 3 分、4 分。语音错误在 10 次以下，有方音但不明显。

三档：扣 5 分、6 分。语音错误在 10 次以下，但方音比较明显；或语音错误在 10～15 次之间，有方音但不明显。

四档：扣 7 分、8 分。语音错误在 10～15 次之间，方音比较明显。

五档：扣 9 分、10 分、11 分。语音错误超过 15 次，方音明显。

六档：扣 12 分、13 分、14 分。语音错误多，方音重。

（2）词汇、语法规范程度 10 分，分三档：

一档：扣 0 分。词汇、语法规范。

二档：扣 1 分、2 分。词汇、语法偶有不规范情况。

三档：扣 3 分、4 分。词汇、语法屡有不规范的情况。

（3）自然流畅程度5分，分三档：

一档：扣0分。语言自然流畅。

二档：扣0.5分、1分。语言基本流畅，口语化较差，有类似背稿子的表现。

三档：扣2分、3分。语言不连贯，语调生硬。

说话不足3分钟，酌情扣分：缺时1分钟以内（含1分钟），扣1分、2分、3分；缺时2分钟以上，扣4分、5分、6分；说话不满30秒（含30秒），本测试成绩计为0分。

三、普通话水平测试样卷

普通话水平测试试卷分为Ⅰ型卷和Ⅱ型卷，Ⅰ型卷主要供通过汉语水平考试申请进行普通话水平测试的外籍或外族人员使用。Ⅰ型卷出题范围在《普通话水平测试用普通话词语表》表一里选取。Ⅱ型卷供Ⅰ型卷以外的应试人员使用。

Ⅰ型卷（略）

Ⅱ型卷（人工拟卷）

1. 读100个单音节字词10分

昼	*八	迷	*先	毡	*皮	幕	*美	彻	*飞
鸣	*破	捶	*风	豆	*蹲	霞	*掉	桃	*定
官	*铁	翁	*念	劳	*天	甸	*沟	狼	*口
靴	*娘	嫩	*机	蕊	*家	跪	*绝	趣	*全
瓜	*穷	屡	*知	狂	*正	裘	*中	恒	*社
槐	*事	轰	*竹	掠	*茶	肩	*常	概	*虫
皇	*水	君	*人	伙	*自	滑	*早	绢	*足
炒	*次	渴	*酸	勤	*鱼	筛	*院	腔	*爱
鳖	袖	滨	竖	搏	刷	瞟	帆	彩	愤
司	藤	寸	峦	岸	勒	歪	尔	熊	妥

2. 读多音节词语100个音节（其中含双音节词语45个，三音节词语2个，四音节词语1个）20分

*取得	阳台	*儿童	夹缝儿	混淆	衰落	*分析	防御
沙丘	*管理	*此外	便宜	光环	*塑料	扭转	加油
*队伍	挖潜	女士	*科学	*手指	策略	抢劫	*森林
侨眷	模特儿	港口	没准儿	*干净	日用	*紧张	炽热
*群众	名牌儿	沉醉	*快乐	窗户	*财富	*应当	生字
奔跑	*晚上	卑劣	包装	洒脱	*现代化	*委员会	
轻描淡写							

3. 选择判断10分

（1）词语判断：请判断并读出下列10组词语中的普通话词语。（黑体词为标准答案）

如崭	**现在**	而家	今下	目下	
瞒人	这个	**谁**	啥侬	啥人	
为么子	做脉个	**为什么**	为什里	为啥	为怎样
细小	细粒	幼细	异细		

后生子　后生崽里　后生家　后生仔　**小伙子**
日里向　日里　**白天**　日上　日头　日时　日辰头
婴儿　毛它　冒牙子　苏虾仔　婴仔　啊伢欶
蚂蚁子　蚂蝇里　狗蚁　蚁公　**蚂蚁**
这里　个搭　咯里　个里　呢处　即搭
早上向　**早晨**　早间里　朝早　朝辰头

（2）量词名词搭配：请按照普通话规范搭配并读出下列数量名短语。

（例如：一 → 一个人）

一 →

把　张　棵　支　扇　辆　条　间　头　所

汽车　钥匙　桌子　钞票　树　笔　牛　学校　门　草

（答案）：一把 → 钥匙
一张 → 桌子
→ 钞票
一棵 → 树
→ 草
一支 → 笔
一扇 → 门
一辆 → 汽车
一头 → 牛
一所 → 学校

（3）语序或表达形式判断：请判断并读出下列5组句子里的普通话句子。（黑体句子为标准答案）

① **他大约要两三个月才能回来。**
他大约要二三个月才能回来。

② 他好好可爱。
他非常可爱。

③ 你去去逛街？
你去不去逛街？

④ 你矮我。
你比我过矮。
你比我矮。
你比我较矮。

⑤ **那部电影我看过。**
那部电影我有看。

4. 朗读短文：请朗读第12号短文30分（短文参看第六章朗读作品）

5. 命题说话：请按照话题“我的业余生活”或“谈谈个人修养”说一段话（3分钟）30分

附录

普通话水平测试等级标准（试行）

（国家语言文字工作委员会1997年12月5日颁布，
国语〔1997〕64号）

一　级

甲等　朗读和自由交谈时，语音标准，词汇、语法正确无误，语调自然，表达流畅。测试总失分率在3%以内。

乙等　朗读和自由交谈时，语音标准，词汇、语法正确无误，语调自然，表达流畅。偶然有字音、字调失误。测试总失分率在8%以内。

二　级

甲等　朗读和自由交谈时，声韵调发音基本标准，语调自然，表达流畅。少数难点音（平翘舌音、前后鼻尾音、边鼻音等）有时出现失误。词汇、语法极少有误。测试总失分率在13%以内。

乙等　朗读和自由交谈时，个别调值不准，声韵母发音有不到位现象。难点音（平翘舌音、前后鼻尾音、边鼻音、fu—hu、z—zh—j、送气不送气、i—ü不分、保留浊塞音和浊塞擦音、丢介音、复韵母单音化等）失误较多。方言语调不明显。有使用方言词、方言语法的情况。测试总失分率在20%以内。

三　级

甲等　朗读和自由交谈时，声韵调发音失误较多，难点音超出常见范围，声调调值多不准，方言语调较明显。词汇、语法有失误。测试总失分率在30%以内。

乙等　朗读和自由交谈时，声韵调发音失误多，方音特征突出。方言语调明显。词汇、语法失误较多。外地人听其谈话有听不懂情况。测试总失分率在40%以内。

第三节 普通话语音知识

一、语音的性质和特点

语音是语言的物质外壳，是由人的发音器官发出的能够表示一定意义的声音。普通话以北京语音为标准音。普通话语音系统主要包括声母、韵母、声调、音节，以及变调、轻声、儿化、语调等。

语音具有以下三个方面的性质：

1. 物理性质

语音同其他声音一样，也是因发音体振动周围的空气或其他媒介质而形成的一种物理现象，具有音高、音强、音长、音色四种要素。音高是声音的高低，语音的音高是相对音高，它由说话时声带的松紧决定：声带拉紧时发出的音高些，声带放松时发出的音低些。普通话的声调、句调等主要是音高的变化形成的。音强是声音的强弱，它由说话时用力的大小决定。词语中的轻重音主要是音强的不同形成的。音长是声音的长短，它由发音时间的长短决定。在普通话和多数方言中，音长对于区别字词的意义作用不大，但在语句感情的表达上有一定的作用。音色是声音的特性，它由音波颤动的形式决定。普通话里各个不同的声母和韵母都是属于音色的差异。音色是用来区别意义的最重要的要素。在实际语言里，语音是音高、音强、音长、音色的统一体，它们相互影响。

2. 生理性质

语音是由人的发音器官发出来的，这就具有了生理属性。人的发音器官大体上可以分为三个部分。一是肺和气管，它们主要是提供发音的动力——气流；二是喉头和声带，气流通过声带使它颤动而发出声音；三是共鸣器，包括口腔和鼻腔。语音就是由肺部呼出的气流，经过喉头、声带和口腔、鼻腔各个部分的调节而发出来的。

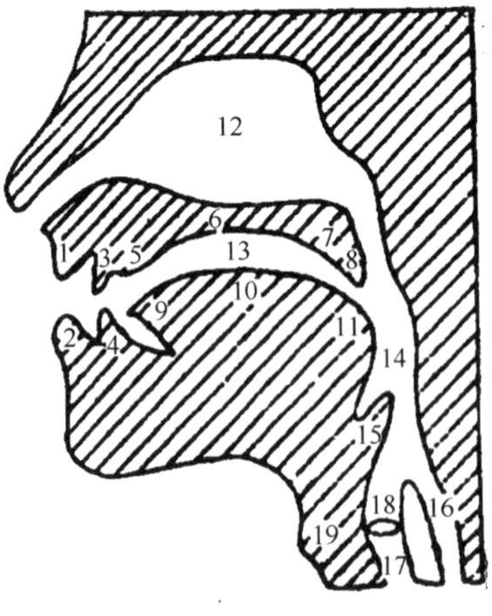

1、2 上下唇　3、4 上下齿　5 齿龈
6 硬腭　7 软腭　8 小舌　9 舌尖
10 舌面　11 舌根　12 鼻腔　13 口腔
14 咽腔　15 喉盖　16 食道　17 气管
18 声带　19 喉头

图 1-1　发音器官示意图

3. 社会性质

语言的各种意义靠语音表示出来。用什么样的语音形式来表现什么样的意义，不是由个人决定的，而是由使用该语言的社会全体成员约定俗成的，这就是语音的社会性质。语音的这种社会属性是语音的本质特点，是语音区别于其他声音的主要标志。

与其他语种相比，普通话语音有三个显著的特点：

音节结构简单，声音响亮。普通话中，一个音节最多只有 4 个音素，其中，发音响亮的元音占优势，是一个音节中不可缺少的成分。

音节界限分明，节律感强。汉语的音节一般都是由声母、韵母、声调三部分组成，声母在前，韵母紧随其后，再带一个贯穿整个音节的声调，便有了鲜明的音节界限。

声调抑扬顿挫，富于音乐性。普通话声调变化高低分明，高、扬、转、降区分明显，听起来就像音乐一样动听。

二、语音的基本概念

1. 音节和音素

一般来说，一个汉字就代表一个音节（儿化音节除外）。音节是语音结构的基本单位，是自然感觉到的最小语音片段。普通话有 400 个基本音节，加上声调，则有 1 200 多个音节。

音节并不是普通话的最小语音单位，它还可以进行分析。最小的语音单位是音素，它是从音色的角度划分出来的。普通话中一个音节最少有一个音素，最多有四个音素。例如，音节“wu”只有一个音素 u，音节“chuang”有四个音素 ch、u、a、ng。普通话共有 32 个音素。

2. 元音和辅音

音素可分为元音和辅音两大类。元音在发音时，气流在咽头、口腔不受阻碍，声带振动，声音响亮，可以延长。辅音在发音时，气流在通过咽头、口腔的过程中，一般要受到某部位的阻碍，多数声带不振动，声音不响亮，不能延长，少数声带振动，声音响亮，可以延长。普通话有 10 个单元音，22 个辅音。

三、汉语拼音方案

汉语拼音方案是根据普通话语音系统制订的一个给汉字注音和拼写普通话语音的方案，由以下五个部分组成。

1. 字母表

字母：	Aa	Bb	Cc	Dd	Ee	Ff	Gg
名称：	ㄚ	ㄅㄝ	ㄘㄝ	ㄉㄝ	ㄜ	ㄝㄈ	ㄍㄝ
	Hh	Ii	Jj	Kk	Ll	Mm	Nn
	ㄏㄚ	ㄧ	ㄐㄧㄝ	ㄎㄝ	ㄝㄌ	ㄝㄇ	ㄋㄝ
	Oo	Pp	Qq	Rr	Ss	Tt	
	ㄛ	ㄆㄝ	ㄑㄧㄡ	ㄚㄦ	ㄝㄙ	ㄊㄝ	

Uu	Vv	Ww	Xx	Yy	Zz
ㄨ	ㄪㄝ	ㄨㄚ	ㄒㄧ	ㄧㄚ	ㄗㄝ

V只用来拼写外来语、少数民族语言和方言。

字母的手写体依照拉丁字母的一般书写习惯。

2. 声母表

b	p	m	f	d	t	n	l
ㄅ玻	ㄆ坡	ㄇ摸	ㄈ佛	ㄉ得	ㄊ特	ㄋ讷	ㄌ勒

g	k	h	j	q	x
ㄍ哥	ㄎ科	ㄏ喝	ㄐ基	ㄑ欺	ㄒ希

zh	ch	sh	r	z	c	s
ㄓ知	ㄔ蚩	ㄕ诗	ㄖ日	ㄗ资	ㄘ雌	ㄙ思

在给汉字注音时，为了使拼音简短，zh、ch、sh可以省作ẑ、ĉ、ŝ。

3. 韵母表

	i ㄧ　衣	u ㄨ　乌	ü ㄩ　迂
a ㄚ　啊	ia ㄧㄚ　呀	ua ㄨㄚ　哇	
o ㄛ　喔		uo ㄨㄛ　窝	
e ㄜ　鹅	ie ㄧㄝ　耶		üe ㄩㄝ　约
ai ㄞ　哀		uai ㄨㄞ　歪	
ei ㄟ　欸		uei ㄨㄟ　威	
ao ㄠ　熬	iao ㄧㄠ　腰		

ou ㄡ　欧	iou ㄧㄡ　忧		
an ㄢ　安	ian ㄧㄢ　烟	uan ㄨㄢ　弯	üan ㄩㄢ　冤
en ㄣ　恩	in ㄧㄣ　因	uen ㄨㄣ　温	ün ㄩㄣ　晕
ang ㄤ　昂	iang ㄧㄤ　央	uang ㄨㄤ　汪	
eng ㄥ　亨的韵母	ing ㄧㄥ　英	ueng ㄨㄥ　翁	
ong ㄨㄥ　轰的韵母	iong ㄩㄥ　雍		

（1）“知、蚩、诗、日、资、雌、思”等七个音节的韵母用 i，即：知、蚩、诗、日、资、雌、思等字拼作 zhi、chi、shi、ri、zi、ci、si。

（2）韵母儿写作 er，用作韵尾的时候写作 r。例如：“儿童”拼作 ertong，“花儿”拼作 huar。

（3）韵母ㄝ单用的时候写成 ê。

（4）i 行的韵母，前面没有声母的时候，写成 yi（衣）、ya（呀）、ye（耶）、yao（腰）、you（忧）、yan（烟）、yin（因）、yang（央）、ying（英）、yong（雍）。

u 行的韵母，前面没有声母的时候，写成 wu（乌）、wa（蛙）、wo（窝）、wai（歪）、wei（威）、wan（弯）、wen（温）、wang（汪）、weng（翁）。

ü 行的韵母，前面没有声母的时候，写成 yu（迂）、yue（约）、yuan（冤）、yun（晕）；ü 上两点省略。

ü 行的韵母跟声母 j、q、x 相拼的时候，写成 ju（居）、qu（区）、xu（虚），ü 上两点也省略；但是跟声母 n、l 相拼的时候，仍然写成 nü（女）、lü（吕）。

（5）iou、uei、uen 前面加声母的时候，写成 iu、ui、un。例如 niu（牛）、gui（归）、lun（论）。

（6）在给汉字注音的时候，为了使拼式简短，ng 可以省作 ŋ。

4. 声调符号

阴平	阳平	上声	去声
ˉ	ˊ	ˇ	ˋ

声调符号标在音节的主要韵母音上，轻声不标。例如：

妈 mā	麻 má	马 mǎ	骂 mà	吗 ma
（阴平）	（阳平）	（上声）	（去声）	（轻声）

5. 隔音符号

a、o、e 开头的音节连接在其他音节后面的时候，如果音节的界限发生混淆，用隔音符号（'）隔开，例如 fāng'an（方案）。

第二章

声母发音与声母辨正

第一节　声母发音

一、什么是声母

声母是音节开头的部分，普通话有22个声母，其中21个辅音声母，一个零声母。辅音发音时，气流通过口腔或鼻腔时要受到阻碍，通过克服阻碍而发出声音。其特点是时程短、音势弱，容易受到干扰，易产生吃字现象，从而影响语音的清晰度。声母的发音部位是否准确，是语流中字音是否清晰并具有一定亮度的关键。

二、声母的分类

1. 按声母发音部位分类

发音部位是指气流在口腔中受到阻碍的位置。声母发音部位不同，吐字时的着力点就不同。从发音部位的角度，可把声母分成七类，具体如下：

（1）双唇音，上唇和下唇闭合形成阻碍，有b、p、m。

（2）唇齿音，下唇向上齿靠拢形成阻碍，有f。

（3）舌尖前音，又叫平舌音，舌尖向上齿背接触或接近形成阻碍，有z、c、s。

（4）舌尖中音，舌尖与上齿龈（上牙床）形成阻碍，有d、t、n、l。

（5）舌尖后音，又叫翘舌音，舌尖向硬腭的最前端接触或接近形成阻碍，有zh、ch、sh、r。

（6）舌面前音，舌面前部向硬腭前部接触或接近形成阻碍，有j、q、x。

（7）舌面后音，又叫舌根音，舌面后部向硬腭和软腭的交界处接触或接近形成阻碍，有g、k、h。

2. 按声母发音方法分类

发音方法是指阻碍气流和解除阻碍的方式、气流的强弱及声带是否颤动等。

（1）按阻碍气流的方式把声母分为五类

① 塞音，发音时，形成阻碍的发音部位完全闭塞，阻塞气流通道，从肺中呼出的气流

拥满口腔，这时把阻塞部分放开，使积蓄的气流透出，气流冲击爆发破裂成声。这声音是短暂的，塞音也叫爆发音或破裂音，有 b、p、d、t、g、k。

② 擦音，也叫摩擦音。成阻时发音器官形成阻塞的发音部位靠拢，但不太紧，留下一道窄缝；持阻时气流在形成的缝隙中挤过，发出摩擦的声音；到除阻时，摩擦就结束了。有 f、h、x、sh、s、r。

③ 塞擦音，塞擦音是塞音和擦音两种方法的结合。发音器官的某两部分接触堵住气流，然后两个部位突然离开（产生破裂音）并形成一道小缝，使气流挤出，造成摩擦的声音。有 j、q、zh、ch、z、c。

④ 鼻音，成阻时发音部位完全闭塞，封锁口腔出气通道；持阻时，软腭下垂，打开鼻腔通道，声带震动，气流到达口腔和鼻腔，气流在口腔中受到阻碍，由鼻腔透出成声；除阻时，开放口腔的封锁，发音就终止了。有 m、n。

⑤ 边音，成阻时，舌体后缩，舌尖向上和齿龈前部接触，舌的两边自然松弛，留有空隙；持阻时，声带颤动，气流从舌头两边透出；除阻时发音结束。普通话里只有 l 是边音。

（2）塞音和塞擦音按气流的强弱可分为送气音和不送气音

送气音，发音时气流送出比较快和明显，由于除阻后声门大开，流速较快，在声门以及声门以上的某个狭窄部位造成摩擦，形成送气音。普通话有六个送气音：p、t、k、q、ch、c。

不送气音，指发音时，呼出的气流较弱，没有送气音特征，又同送气音形成对立的音。普通话有六个不送气音：b、d、g、j、zh、z。

（3）按声带是否振动分为清音和浊音

清音 b、p、f、d、t、g、k、h、j、q、x、zh、ch、sh、z、c、s。

浊音 m、n、l、r。

表 2-1　　声母发音部位发音方法表

发音部位 / 发音方法		双唇音	唇齿音	舌尖前音	舌尖中音	舌尖后音	舌面音	舌根音
		上唇下唇	上齿下唇	舌尖上齿背	舌尖齿龈前部	舌尖前硬腭	舌面硬腭	舌根软腭
塞音	不送气（清音）	b			d			g
	送气（清音）	p			t			k
塞擦音	不送气（清音）			z		zh	j	
	送气（清音）			c		ch	q	
擦音	（清音）		f	s		sh	x	h
	（浊音）					r		
鼻音（浊音）		m			n			
边音（浊音）					l			

三、声母发音分析

1. 双唇音

由上唇和下唇接触构成阻碍，要注意双唇用力，力量集中在双唇中央。

b　双唇不送气清塞音

发音时，双唇紧闭，软腭上升，鼻腔通路闭塞，阻塞气流，声带不颤动；气流从口腔冲破阻碍，爆发成声。主要是双唇中部着力，集中蓄气，用力发音。

词例：冰棒 bīngbàng　　辨别 biànbié　　板报 bǎnbào

p　双唇送气清塞音

发音的状况与 b 相近，只是发 p 时有一股较强的气流冲开双唇，两者的差别在于 b 为不送气音，p 为送气音。

词例：批评 pīpíng　　偏僻 piānpì　　匹配 pǐpèi

m　双唇浊鼻音

发音时，双唇闭合，软腭下降，打开鼻腔通路，气流振动声带从鼻腔通过。

词例：美妙 měimiào　　眉目 méimù　　牧民 mùmín

2. 唇齿音

由下唇和上齿接触构成阻碍。

f　唇齿清擦音

发音时，下唇接近上齿，形成窄缝，软腭上升，堵塞鼻腔通路，气流从唇齿间摩擦出来，声带不振动。

词例：芬芳 fēnfāng　　方法 fāngfǎ　　发奋 fāfèn

3. 舌尖中音

舌尖抵住上齿龈构成阻碍。要注意部位准确，舌尖着力。

d　舌尖中不送气清塞音

发音时，舌尖抵住上齿龈，形成阻塞，软腭上升，堵塞鼻腔通路，较弱的气流冲破舌尖的阻碍，迸裂而出，爆发成声。

词例：单调 dāndiào　　到达 dàodá　　地点 dìdiǎn

t　舌尖中送气清塞音

发音的状况与 d 相近，只是发 t 时气流较强。

词例：妥帖 tuǒtiē　　谈吐 tántǔ　　团体 tuántǐ

n　舌尖中浊鼻音

发音时，舌尖抵住上齿龈，形成阻塞，软腭下降，打开鼻腔通路，气流振动声带，从鼻腔透出成声。

词例：南宁 nánníng　　能耐 néngnài　　泥泞 nínìng

l　舌尖中浊边音

发音时，舌尖抵住上齿龈，形成阻塞，软腭上升，堵塞鼻腔通路，声带振动，气流到达口腔从舌头两边通过。

词例：来历 láilì　　联络 liánluò　　理论 lǐlùn

4. 舌尖前音

z　舌尖前不送气清塞擦音

发音时，舌尖抵住上齿背形成阻塞，形成窄缝，软腭上升，堵塞鼻腔通路，声带不振动，气流从窄缝中挤出，摩擦成声。

词例：在座 zàizuò　　自尊 zìzūn　　走卒 zǒuzú

c　舌尖前送气清塞擦音

发音的状况与 z 基本相近，不同的是气流比 z 较强。

词例：从此 cóngcǐ　　层次 céngcì　　粗糙 cūcāo

s　舌尖前清擦音

发音时，舌尖接近上齿背，形成一道窄缝，同时软腭上升，堵塞鼻腔通路，声带不振动，气流从窄缝中挤出，摩擦成声。

词例：思索 sīsuǒ　　色素 sèsù　　洒扫 sǎsǎo

5. 舌尖后音

zh　舌尖后不送气清塞擦音

发音时，舌尖前部上翘，抵住硬腭前部，软腭上升，堵塞鼻腔通路，声带不振动。较弱的气流把阻碍冲开，形成一道窄缝，从窄缝中挤出，摩擦成声。

词例：主张 zhǔzhāng　　政治 zhèngzhì　　挣扎 zhēngzhá

ch　舌尖后送气清塞擦音

发音的状况与 zh 相近，只是气流比 zh 较强。

词例：橱窗 chúchuāng　　拆穿 chāichuān　　出差 chūchāi

sh　舌尖后清擦音

发音时，舌尖上翘接近硬腭前部，形成窄缝，软腭上升，关闭鼻腔通路，于是气流从窄缝中挤出，摩擦成声。

词例：事实 shìshí　　闪烁 shǎnshuò　　少数 shǎoshù

r　舌尖后浊擦音

发音的状况与 sh 相近，不同的是发 r 时声带要振动，轻微摩擦。

词例：柔软 róuruǎn　　仍然 réngrán　　软弱 ruǎnruò

6. 舌面前音

j　舌面不送气清塞擦音

发音时，舌面前部抵住硬腭前部，软腭上升，堵塞鼻腔通路，声带不颤动，较弱的气流把阻碍冲开，形成窄缝，气流从窄缝中挤出，摩擦成声。

词例：经济 jīngjì　　解决 jiějué　　拒绝 jùjué

q　舌面送气清塞擦音

发音状况与 j 相近，只是气流比 j 较强。

词例：亲切 qīnqiè　　请求 qǐngqiú　　确切 quèqiè

x　舌面清擦音

发音时，舌面前部接近硬腭前部，形成窄缝，软腭上升，堵塞鼻腔通路，声带不振动，气流从窄缝中挤出，摩擦成声。

词例：学习 xuéxí　　详细 xiángxì　　相信 xiāngxìn

7. 舌根音

g　舌根不送气清塞音

发音时，舌根抵住硬腭和软腭的交界处，形成阻塞，软腭上升，堵塞鼻腔通路，声带不振动，较弱的气流冲破舌根的阻碍，爆发成声。

词例：公共 gōnggòng　　改革 gǎigé　　骨骼 gǔgé

k　舌根送气清塞音

发音的状况与 g 相近，只是呼出的气流比 g 较强。

词例：可靠 kěkào　　宽阔 kuānkuò　　困苦 kùnkǔ

h　舌根清擦音

发音时，舌根接近硬腭和软腭的交界处，形成间隙，软腭上升，堵塞鼻腔通路，声带不振动，气流从窄缝中摩擦出来。

词例：呼唤 hūhuàn　　缓和 huǎnhé　　辉煌 huīhuáng

8. 零声母

零声母也是声母的一种。实验语音学证明，零声母往往也有特定的、具有某些辅音特征的起始方式。普通话零声母可以分为两类，一类是开口呼零声母，一类是非开口呼零声母，即除开口呼以外的齐齿呼、合口呼、撮口呼三种零声母的起始方式。齐齿呼零声母音节汉语拼音用隔音字母 y 开头，由于起始部分没有辅音声母，实际发音带有轻微的摩擦，是半元音 [j]，半元音仍是属于辅音类。合口呼零声母音节汉语拼音用隔音字母 w 开头，实际发音也带有轻微的摩擦，是半元音 [w]。撮口呼零声母音节汉语拼音用隔音字母 y（yu）开头，实际发音带有轻微的摩擦，是半元音 [ɥ]。而开口呼零声母汉语拼音字母不表示，因为这些音节开头的辅音成分都没有辨义的作用，可以忽略不计。

词例：威望 wēiwàng　　由于 yóuyú　　安慰 ānwèi

四、声母发音训练（录音示范）

b	伯伯	颁布	辨别	摆布	弊病	卑鄙
p	批评	瓢泼	偏旁	澎湃	乒乓	琵琶
m	面貌	买卖	眉毛	埋没	弥漫	面目
f	奋发	夫妇	方法	吩咐	肺腑	反复
d	地点	电灯	道德	单调	奠定	到底
t	淘汰	谈吐	贪图	推脱	探讨	疼痛
n	奶奶	农奴	能耐	牛腩	南宁	泥泞
l	力量	联络	轮流	磊落	玲珑	理论
g	公共	广告	古怪	规格	故宫	刚刚
k	困苦	苛刻	坎坷	慷慨	旷课	苦口
h	缓和	绘画	黄昏	花卉	谎话	呼唤
j	经济	坚决	阶级	季节	讲究	究竟
q	齐全	情趣	确切	气球	轻巧	请求
x	学习	小心	消息	星星	现象	新鲜
zh	真正	指正	住宅	主张	转折	政治

ch	初创	出差	超产	橱窗	戳穿	车床
sh	手术	审视	收拾	神圣	树梢	杀伤
r	容忍	人人	扰攘	仍然	闰日	柔韧
z	罪责	自尊	造作	总则	祖宗	枣子
c	从此	参差	猜测	残存	措辞	草丛
s	搜索	诉讼	思索	四散	琐碎	缫丝
零	偶尔	威望	野营	帷幄	恩爱	语言

第二节　声母辨正

一、分辨舌尖前音 z、c、s，舌尖后音 zh、ch、sh，舌面音 j、q、x（录音示范）

1. 分辨发音部位的不同

舌尖前音发音时，舌尖平伸，抵住或接近上齿背，所以又叫平舌音。而舌尖后音发音时，舌尖翘起，抵住硬腭前部，所以又叫翘舌音。舌面音发音部位是舌面抵住硬腭前部，在湖南方言音中舌面音很容易和翘舌音相混。

z	c	s	姿	租——疵	粗——思	苏
zh	ch	sh	知	朱——痴	除——诗	书
j	q	x	基	居——欺	渠——希	需

2. 声韵拼合规律

普通话平翘舌声母常用字约 900 个，其中翘舌音占 70%，要记住这些翘舌音字，有一定的规律可循。首先，舌尖前音 z、c、s 不与韵母 ua、uai、uang 相拼；其次舌尖前音 z、c、s 和 en 相拼的字极少，只有几个常用字（参、怎、岑、涔、森）。在练习时，可以找一些对比字进行辨音练习，如"伞"和"闪"、"才"和"柴"等。另外，平时要注意积累，到底哪些字是翘舌音，可利用代表字类推帮助记忆，如"长"读翘舌音，那么"涨、张、帐、账"都读翘舌音；"争"是翘舌音，那么"挣、睁、筝、狰"也都读翘舌音。

3. 纠正的方法

z、c、s 与 zh、ch、sh 的根本区别在于前一组是平舌音，而后一组是翘舌音。发 z、c、s 时，舌尖要抵在上齿背后，而发 zh、ch、sh 时，舌尖一定要翘起与硬腭前端接触。全国很多方言区都会出现平翘舌音不分，如"开始"读成"开死"。zh、ch、sh 与 j、q、x 问题主要在 zh、ch、sh 与 u 拼和 j、x、q 与 ü 拼时容易混用，如"猪"读成"居"。在纠正平翘舌声母时，除了发准平翘舌音外，还要知道哪些字发平舌音，哪些字发翘舌音。翘舌音和舌面音其主要问题是要发好翘舌音，发好翘舌音相拼的韵母，这样自然就对了。发好翘舌音可以纠正两方面的问题，把音发准字记牢，才能说好普通话。

4. 舌尖前音 z、c、s，舌尖后音 zh、ch、sh，舌面音 j、q、x 发音训练（录音示范）

（1）单音节词对比训练

z-zh	在—债	孜—知	遭—招	总—肿	暂—站
	走—轴	字—制	作—茁	杂—扎	栽—摘
j-zh	居—猪	捐—专	军—谆	桔—竹	倦—赚

	卷—转	句—柱	沮—主	俊—准	窘—肿
c-ch	才—柴	草—超	辞—池	粗—初	词—迟
	次—翅	从—虫	擦—差	册—彻	层—程
q-ch	区—出	渠—除	去—处	圈—穿	拳—船
	劝—串	裙—纯	犬—喘	穷—虫	侵—春
s-sh	丝—师	桑—伤	塞—筛	素—树	搜—收
	三—山	扫—少	所—说	撒—傻	思—诗
x-sh	需—书	徐—熟	许—曙	旭—数	宣—栓
	寻—吮	训—顺	勋—舜	旋—闩	旋—涮

（2）双音节词语训练

zh-z	制作	铸造	职责	追踪	著作	镇子
	准则	桌子	转载	种族	制造	正宗
z-zh	杂志	总之	载重	组织	自治	尊重
	自主	自传	宗旨	最终	作战	增长
ch-c	春蚕	差错	纯粹	储藏	冲刺	尺寸
	吃醋	储存	船舱	场次	出操	穿刺
c-ch	财产	操场	彩绸	存储	彩车	此处
	促成	磁场	辞呈	采茶	餐车	仓储
sh-s	收缩	哨所	神速	疏散	胜诉	世俗
	神色	失算	申诉	山色	输送	十四
s-sh	巳时	扫射	随时	诉说	松树	宿舍
	损失	随手	琐事	四十	丧失	损伤
zh-j	主句	株距	驻军	转借	赚进	专家
j-zh	巨著	军中	居住	君主	捐助	基准
ch-q	出去	出圈	穿裙	春去	重启	虫群
q-ch	穷处	敲出	全程	清楚	翘出	驱除
sh-x	吮吸	梳洗	顺序	束胸	涮洗	书讯
x-sh	悬赏	序数	驯顺	蓄势	巡视	悬殊

（3）朗读训练节选自作品 29 号（录音示范见朗读作品）

莫高窟壁画的内容丰富多彩（c），有的是（sh）描绘古代劳动人民打猎、捕鱼、耕田、收（sh）割的情景，有的是描绘人们奏（z）乐、舞蹈、演杂（z）技的场（ch）面，还有的是描绘大自（z）然的美丽风光。其中（zh）最（z）引人注（zh）目的是飞天。壁画上的飞天，有的臂挎花篮，采（c）摘（zh）鲜花；有的反弹琵琶，轻拨银弦；有的倒悬身（sh）子（z），自（z）天而降；有的彩（c）带飘拂，漫天遨游；有的舒（sh）展（zh）双（sh）臂，翩翩起舞。看着（zh）这些精美动人的壁画，就像走（z）进了灿（c）烂辉煌的艺术（sh）殿堂。

（4）绕口令训练

z-zh：隔着窗户撕字纸，一次撕下横字纸，一次撕下竖字纸，是字纸撕字纸，不是字纸，不要胡乱撕一地纸。

c-ch：锄长草，草长长，长草丛中出长草，锄尽长草做草料。

s-sh：四是四，十是十，十四是十四，四十是四十。要想发准四，舌头碰牙齿；要想发准是和十，舌头千万别伸直。

s-sh：石、斯、施、史四老师，天天和我在一起。石老师教我大公无私，斯老师给我精神粮食，施老师叫我遇事三思，史老师送我知识钥匙。我感谢石、斯、施、史四老师。

r：夏日无日日亦热，冬日有日日亦寒，春日日出天渐暖，晒衣晒被晒褥单，秋日天高复云淡，遥看红日迫西山。

z-zh c-ch s-sh r：三山撑四水，四水绕三山，三山四水春常在，四水三山四时春。

z-zh c-ch s-sh r：操场前面有三十三棵桑树，操场后面有四十四棵枣树，三嫂把三十三棵桑树认作枣树，四嫂把四十四棵枣树认作桑树

zh-j ch-q sh-x：一个孩子拿来双鞋子，看见茄子放下鞋子，捡起茄子忘了鞋子。

二、分辨鼻音 n 与边音 l（录音示范）

1. 分辨发音方法的不同

n 是鼻音，发音时，舌尖贴在上齿龈处，接触面比 l 略大，软腭下降，封闭口腔通道，气流从鼻腔流出；而 l 是边音，发音时，舌尖抬起，抵住上齿龈中部，接触面比 n 小且位置比 n 稍后，软腭上升，封闭鼻腔通道，气流从舌的两侧流出。

2. 声韵拼合规律

分辨 n、l 常用字，首先 n 一般不与 ou、ia、uen 相拼；其次 n 与 e、ei、ü、ang、eng、in、iang、uan 相拼的只有“呢、内、女、囊、能、您、娘、暖”等字，其他大部分都和 l 相拼。

3. 纠正的方法

学习普通话 n 与 l，首先要分清 n 与 l 发音上的区别。n 与 l 发音部位相同，都是舌尖中音；区别在于 n 是鼻音，气流从鼻腔呼出，l 是边音，气流从口腔轻呼出。其次，更重要的是要记住普通话里哪些字声母是 n，哪些字声母是 l。

4. 鼻音 n 与边音 l 训练（录音示范）

（1）单音节词对比训练

n-l	泥—离	农—隆	难—蓝	脑—老	逆—力
	年—连	那—辣	能—棱	内—累	牛—流
l-n	量—酿	连—年	泪—内	廊—囊	了—鸟
	里—你	林—您	另—泞	离—泥	恋—念

（2）双音节词语训练

n-n	能耐	泥淖	奶娘	忸怩	男女	牛腩
	南宁	恼怒	奶牛	呢喃	泥泞	袅娜
l-l	联络	流露	磊落	留恋	玲珑	伶俐
	力量	来临	浏览	冷落	理论	劳累
n-l	那里	内陆	努力	年龄	农历	哪里
	奴隶	女郎	暖流	年轮	能量	农林
l-n	留念	冷暖	理念	岭南	列宁	老年

老农　烂泥　连年　落难　辽宁　流年

（3）朗读训练节选自作品 57 号（录音示范见朗读作品）

中国的牛（n），永远沉默地为人做着沉重的工作。在大地上，在晨光或烈（l）日下，它拖着沉重的犁（l），低头一步又一步，拖出了身后一列（l）又一列（l）松土，好让人们下种。等到满地金黄或农（n）闲时候，它可能（n）还得担当搬运负重的工作；或终日绕着石磨，朝同一方向，走不计程的路（l）。

在它沉默的劳（l）动中，人便得到应得的收成。

那（n）时候，也许，它可以松一肩重担，站在树下，吃几口嫩（n）草。偶尔摇摇尾巴，摆摆耳朵，赶走飞附身上的苍蝇，已经算是它最闲适的生活了。

（4）绕口令 n-l 训练

刘庄有个刘小柳，柳庄有个柳小妞。刘小柳放奶牛，柳小妞路边种杨柳。刘小柳的牛踩了柳小妞的柳，柳小妞的柳扎了刘小柳的牛。

男旅客穿着蓝上装，女旅客穿着呢大衣，男旅客扶着拎篮子的老大娘，女旅客搀着拿笼子的小男孩儿。

老龙恼怒闹老农，老农怒恼闹老龙。龙闹农恼农更怒，农怒农恼龙怕农。

三、分辨唇齿音 f 与舌根音 h（录音示范）

1. 分辨发音部位的不同

这两个声母发音方法相同，区别在成阻部位上。唇齿音 f 是上齿和下唇内缘形成阻碍，而舌根音 h 的成阻部位在舌根和硬腭与软腭交界处。

2. 声韵拼合规律

如何区分 f 与 h，可以记住以下几点：首先，记无不记有，f 不与 uai 相拼；其次，记少不记多，f 与 o 相拼的音节只有一个“佛”字；最后，记声旁，带一串。如记住“胡”读 hu，就可以带上以“胡”作声旁的大多数字，如“湖、葫、瑚、蝴、糊”等字就都读 hu。

3. 纠正的方法

湘、赣、客家、闽、粤等方言都易混淆声母 f 和 h，北方方言、江淮方言及西南方言也存在 f 和 h 混读的现象。有些方言地区的人常把元音 u 前面的舌根音 h 发成唇齿音 f，造成 f-h 不分。例如一位领导在视察工作时说的：“我们一定要倾听群众的夫声（呼声）。”就属于 f-h 不分，其原因是发 h 时，位置过于偏前，口腔开度小，造成上齿与下唇相接触，发出近似于 f 的音。所以在发 h 时，舌面后部一定要抬起与硬腭后部相靠近。

4. 唇齿音 f 与舌根音 h 训练（录音示范）

（1）单音节词对比训练

f-h　福—湖　费—会　发—花　飞—灰　否—吼
　　方—荒　贩—换　夫—呼　翻—欢　副—户

h-f　横—逢　换—饭　黄—房　混—份　胡—浮
　　昏—纷　恍—仿　互—附　话—发　回—肥

（2）双音节词语训练

f-h　发挥　繁华　愤恨　凤凰　防护　附会

符号 废话 饭盒 妨害 焚毁 复活

h-f 恢复 化肥 焕发 横幅 荒废 换防

划分 花费 后方 合法 虎符 伙房

（3）朗读训练节选自作品 59 号（录音示范见朗读作品）

从未见过开得这样盛的藤萝，只见一片辉（h）煌（h）的淡紫色，像一条瀑布，从空中垂下，不见其发（f）端，也不见其终极，只是深深浅浅的紫，仿（f）佛（f）在流动，在欢（h）笑，在不停地生长。紫色的大条幅（f）上，泛（f）着点点银光，就像迸溅的水花（h）。仔细看时，才知那是每一朵紫花（h）中的最浅淡的部分，在和阳光互相挑逗。

（4）绕口令 f-h 训练

红凤凰，黄凤凰，粉红墙上飞凤凰；凤凰飞，飞凤凰，红黄凤凰飞北方。

丰丰和芳芳，上街买混纺。红混纺、粉混纺、黄混纺、灰混纺。红花混纺做裙子，粉花混纺做衣裳。红、粉、灰、黄花样多，五颜六色好混纺。

我们要学理化，他们要学理发。理化不是理发，理发也不是理化，理化理发要分清。学会理化却不会理发，学会理发却不会理化。

四、分辨送气音与不送气音（录音示范）

1. 分辨发音方法的不同

普通话的塞音、塞擦音分为送气音与不送气音两种。送气音发音时气流送出比较快和明显，但是除阻后声门打开，气流速度较快，造成摩擦，形成了 p、t、k、q、ch、c 六个送气音。而不送气音发音时，呼出气流较弱，有 b、d、g、j、zh、z 六个。

2. 声韵拼合规律

塞音及塞擦音有送气音与不送气音之分，有两点要注意，一是读塞音、塞擦音声母时声带要振动；二是把原读全浊声母的平音字改读送气阳平，原读全浊声母的仄声字改读不送气去声。这一规律可概括为：“浊音变清音，平送仄不送”。就古浊声母今读塞音、塞擦音的字而言，湘方言的长益、娄邵、辰溆这三片的绝大部分地区以及西南官话吉永片、怀靖片的大部分地区，不论平仄，“牌桥”组和“败轿”组一般都读成不送气音，而赣方言的大部分地区则相反，“牌桥”组和“败轿”组一般都读成送气音。遇到古浊音声母今读塞音、塞擦音时，不论你的方言是否已经清化，都要按照“平送仄不送”的规律，区分送气音与不送气音。

3. 纠正的方法

我们可以用小纸条的实验来说明送气音和不送气音发音时气流的强弱差别。其中念不送气辅音 b、d、g、z、zh、j 时，小纸条轻微摆动；而念送气辅音 p、t、k、c、ch、q 时，小纸条则摆动较为厉害。

4. 送气音与不送气音训练（录音示范）

（1）单音节词对比训练

b-p	辩—骗	部—铺	败—派	被—配	白—排
d-t	兑—退	盗—套	毒—涂	当—汤	带—太
g-k	工—空	怪—快	关—宽	该—开	干—刊

j-q	假—恰	渐—欠	江—枪	举—娶	纠—秋
zh-ch	直—迟	扎—插	这—掣	站—颤	张—昌
z-c	座—错	自—次	在—菜	宗—葱	暂—灿

（2）双音节词语训练

b-p	鞭炮	编排	补票	背叛	被迫	奔跑
p-b	皮包	赔本	旁边	蓬勃	评比	炮兵
d-t	冬天	地图	电台	导体	当天	打听
t-d	态度	推动	停顿	铁道	跳动	土地
g-k	功课	概括	广阔	感慨	顾客	赶快
k-g	客观	控告	快感	苦果	宽广	可贵
j-q	机器	坚强	极其	加强	金钱	技巧
q-j	前进	情景	期间	全局	墙角	秋季
zh-ch	支持	真诚	争吵	正常	主持	忠诚
ch-zh	车站	产值	成长	城镇	垂直	船只
z-c	早操	总裁	遵从	自裁	自从	再次
c-z	存在	操纵	嘈杂	参赞	操作	村子

（3）朗读训练节选自作品 22 号（录音示范见朗读作品）

瞧，它多（d）美丽，娇巧（q）的小嘴（z），啄（zh）理着（zh）绿色的羽毛，鸭子（z）样的扁（b）脚，呈（ch）现出春（ch）草（c）的鹅黄。水手们把（b）它带（d）到舱（c）里，给它“搭（d）铺（p）”，让它在（z）船上安家（j）落户，每天，把分到（d）的一塑料筒淡（d）水匀给（g）它喝（h），把从祖（z）国（g）带（d）来的鲜美的鱼肉分给它吃，天长（ch）日久（j），小鸟和（h）水手的感（g）情日趋（q）笃（d）厚。清晨（ch），当（d）第（d）一束阳光（g）射进舷窗（ch）时，它便（b）敞（ch）开（k）美丽的歌（g）喉，唱（ch）啊唱（ch），嘤嘤有韵，宛如春（ch）水淙（c）淙（c）。人类给（g）它以生命，它毫不悭（q）吝地（d）把（b）自己的艺术青（q）春（ch）奉献给了哺（b）育它的人。可能都（d）是这样？艺术家们的青（q）春（ch）只会献给尊（z）敬他们的人。

（4）绕口令训练

b-p：八百标兵奔北坡，炮兵并排北边跑，炮兵怕把标兵碰，标兵怕碰炮兵炮。

q-j：七加一，七减一，加完减完等于几？七加一，七减一，加完减完还是七。

z-c：早晨早早起，早起做早操。人人做早操，做操身体好。

五、分辨舌尖后音 r、齐齿呼零声母音节、舌尖后清擦音 sh 与舌尖中边音 l（录音示范）

1. 分辨发音部位的不同

辅音声母 r 和元音韵母 i 会发生混淆，原因在舌位上。r 是翘舌音，但是有些方言区没有翘舌音，而是把舌尖抵住了下齿背，因此就发出近似元音 i 的音。

r 是翘舌音，发音时舌尖必须抬起，但是舌尖中间不能与硬腭接触，它们之间要形成一条缝隙，气流从缝隙中摩擦通过。l 是边音，舌尖也要抬起，但是它必须与硬腭前端接触形成阻碍。r 和 l 的发音方法也不同，r 发音除阻时，气流的通道很窄，限于舌尖和硬腭之间的一点点缝隙，摩擦很重；而 l 音除阻时，气流的通道在舌侧两边，很宽松，摩擦不十分明显。还要注意的是，r 是舌尖后阻音，而 l 是舌尖中阻音，r 的发音部位要比 l 稍后些。

2. 声韵拼合规律

普通话里声母 r，它是与舌尖后清塞擦音 sh 相对应的浊擦音。凡是没有 zh ch sh 的方言，一般都没有与之同部位的声母 r。吴方言、江淮方言、闽方言和山东方言的部分地区，没有“r”声母，凡普通话“r”的声母的字，通常改读成［l］、［z］、［y］声母或“i”“ü”开头的零声母字。如福州话把“绒的”读成“聋的”，沈阳话将“人”读成了“yín”。普通话里的 r 声母字不多，3 500 常用字中只有 55 个，可以先了解哪些字是 r 声母，然后进行换读。也可以进行归类识记，如“róng”读音的字有“荣、绒、容、融、茸、蓉、溶、榕”，这样就省去了一个一个字识记的麻烦。

3. 纠正的方法

r 是浊擦音，发音时，舌尖上翘，抵硬腭前部留一小缝，让气流从小缝中摩擦而出，同时声带震动。为找到正确的感觉，可以先发 sh 音，然后振动声带，即是 r 音。或者可以借助 l，发音时，舌尖由 l 的位置稍后移，同时轻触硬腭的最前端（比 l 轻），形成轻擦音。

4. 舌尖后音 r、齐齿呼零声母音节、舌尖后清擦音 sh 与舌尖中边音 l 训练（录音示范）

（1）单音节词对比训练

r-齐齿呼零声母　日-易　人-银　认-饮　热-亦　仁-吟

r-sh　日-时　热-射　如-熟　让-上　扔-生
　　　入-数　人-神　软-爽　润-顺　绕-哨

r-l　入-路　容-龙　热-乐　肉-陋　扰-老
　　　忍-冷　阮-卵　柔-楼　让-浪　汝-鲁

（2）双音节词语训练

r-sh　认识　燃烧　人生　瑞士　日食　饶恕
　　　忍受　如实　软水　入睡　儒士　润饰

sh-r　深入　衰弱　湿润　胜任　受热　设若
　　　生日　诗人　收容　释然　示弱　时日

r-l　人类　锐利　人伦　日历　认领　让路
　　　熔炉　容量　入流　热恋　扰乱　燃料

l-r　例如　利润　缭绕　老弱　猎人　落日
　　　蜡染　连任　礼让　烈日　了然　录入

（3）朗读训练节选自作品 34 号（录音示范见朗读作品）

为了揭开这个秘密，一九五八年美国地理学会派出一支考察队，他们把一种经久不变的带色染（r）料（l）溶（r）解在海水（sh）中，观察染（r）料（l）是（sh）如（r）何随着海水一起沉下去。接着又察看了附近海面以及岛上的各条河、湖，满怀希望地寻找这种带颜色的水（sh），结果令人失（sh）望。难道是海水量太大把有色水稀释（sh）得太淡，以（y）致无法发现？

（4）绕口令训练

r-l：人循铃声去找铃，铃声紧跟人不停，到底是人寻铃，还是铃跟人。

r-y：人是人，银是银，人银要分清。银不是人，人不是银，发不清人银弄不清语音。

r-y-l：肉眼不念右眼，仍然不念棱兰，远山不念软山，入室不念玉室，然后不念言后，日夜不念热夜。假使念错了语音就不准确。

n-l-r：莲漏难留恋，南楼辇路凉。年年来念汝，两泪落牛郎。

附录

声母代表字类推表

zh

丈— zhàng 丈仗杖

专— zhuān 专砖，zhuǎn 转（转身），
zhuàn 转（转动）传（传记）

支— zhī 支枝肢

止— zhǐ 止芷址趾

中— zhōng 中（中央）忠钟盅衷，
zhǒng 种（种子）肿，
zhòng 中（打中）种（种植）仲

长— zhāng 张，zhǎng 长（生长）涨（涨潮），
zhàng 胀帐涨

主— zhǔ 主拄，zhù 住注炷柱驻

正— zhēng 正（正月）怔征症（症结），
zhěng 整，zhèng 正证政症

占— zhān 沾毡粘（粘贴），
zhàn 占（占据）站战

只— zhī 只（只身）织，zhí 职，
zhǐ 只（只有），zhì 帜

召— zhāo 招昭，zhǎo 沼，zhào 召诏照

执— zhí 执，zhì 贽挚；zhé 蛰

至— zhí 侄，zhì 至郅窒蛭

贞— zhēn 贞侦祯桢

朱— zhū 朱诛侏洙茱珠铢蛛

争— zhēng 争挣（挣扎）峥狰铮睁筝，
zhèng 诤挣（挣脱）

志— zhì 志痣

折— zhē 折（折腾），zhé 折（折磨）哲蜇，
zhè 浙江

者— zhě 者；zhū 诸猪，zhǔ 煮，zhù 著箸

直— zhí 直值植殖，zhì 置

知— zhī 知蜘，zhì 智

珍— zhēn 珍，zhěn 诊疹

真— zhēn 真，zhěn 缜，zhèn 镇

振— zhèn 振赈震

章— zhāng 章彰樟蟑，zhàng 障嶂幛瘴

啄— zhuō 涿，zhuó 诼啄琢

z

子— zī 孜，zǐ 子仔（仔细）籽

匝— zā 匝，zá 砸

宗— zōng 宗综棕踪鬃，zòng 粽

卒— zú 卒；zuì 醉

责— zé 责啧帻

兹— zī 兹滋孳

祖— zū 租，zǔ 祖阻组俎

资— zī 谘姿资，zì 恣

尊— zūn 尊遵樽

曾— zēng 曾（姓）憎增缯，zèng 赠

澡— zǎo 澡藻，zào 噪燥躁

ch

叉— chā 叉（鱼叉）杈，chá 叉（叉住），
chǎ 叉（叉开）衩，
chà 杈（树杈）衩（衣衩）；chāi 钗

斥— chì 斥；chè 坼；chāi 拆

出— chū 出，chǔ 础，chù 绌黜

池— chí 池驰弛

产— chǎn 产浐铲

场— cháng 场（场院）肠，
chǎng 场（会场），chàng 畅

成— chéng 成诚城盛（盛饭）

抄— chāo 抄吵（吵吵）钞，
chǎo 吵（吵架）炒

辰— chén 辰晨宸；chún 唇

呈— chéng 呈程，chěng 逞

昌— chāng 昌阊猖，chàng 倡唱

垂— chuí 垂陲捶锤

惙— chuò 惙啜辍

春— chūn 春椿，chǔn 蠢

绸— chóu 惆（惆怅）绸稠

谗— chān 搀，chán 谗馋

朝— cháo 朝（朝前）潮嘲

筹— chóu 筹畴俦踌

厨— chú 厨橱蹰

c

才— cái 才财材

寸— cūn 村，cǔn 忖，cùn 寸

仓— cāng 仓沧苍舱伧（伧又念 chen“寒伧”）

采— cǎi 采（采茶）彩睬踩，cài 菜

曹— cáo 曹漕嘈槽

崔— cuī 崔催摧，cuǐ 璀

搓— cī 差（参差），cuō 搓磋
（差又念 chā“差别”，
chà“差不多”，chāi“出差”）

粹— cù 猝；cuì 淬悴萃啐瘁粹翠

察— cā 擦嚓；cài 蔡

醋— cù 醋；cuò 措错

sh

山— shān 山舢，shàn 讪汕疝

少— shā 沙莎纱痧砂裟鲨；shǎo 少（少数），
shào 少（少年）；suō 娑

申— shēn 申伸呻绅砷，shén 神，
shěn 审婶

生— shēng 生牲笙甥，shèng 胜

召— sháo 苕韶，shào 召（周朝国名）邵劭绍

式— shì 式试拭轼弑

师— shī 师狮；shāi 筛；sī 蛳（螺蛳）

抒— shū 抒纾舒

诗— shī 诗，shí 时埘，shì 侍恃；sì 寺

尚— shǎng 赏 shàng 尚 shang 裳；cháng 徜（徜徉）

舍— shē 猞，shě 舍（舍身），
shè 舍（宿舍）

珊— shān 删姗珊栅（栅极）跚（蹒跚）；cè 册；zhà 栅（栅栏）

捎— shāo 捎梢稍（稍微）筲艄鞘，
shào 哨稍（稍息）；
qiào 鞘（刀鞘）；（肖 xiāo，xiào）

孰— shú 孰熟塾

率— shuāi 摔，shuài 率（率领）蟀；lǜ 率（效率）

善— shàn 善膳鳝

署— shǔ 署署薯曙

s

司— sī 司，sì 伺饲嗣

松— sōng 忪松凇，sòng 颂；
zhōng 忪（怔忪）

叟— sǎo 嫂；sōu 溲嗖搜馊飕艘；
shòu 瘦

素— sù 素愫嗉

唆— suān 酸；suō 唆梭

桑— sāng 桑，sǎng 搡嗓

遂— suí 遂（半身不遂），
suì 遂（遂心）隧邃

散— sā 撒（撒手），sǎ 撒（撒种）；
sǎn 散（散文），sàn 散（散会）

斯— sī 斯厮澌撕嘶

锁— suǒ 唢琐锁

n、l 声母代表字类推表

n

乃— nǎi 乃奶

奈— nài 奈；nà 捺

内— nèi 内；nè 讷；nà 呐纳衲钠

宁— níng 宁拧咛狞柠，
nìng 宁（宁可）泞

尼— ní 尼泥呢（呢子）

奴— nú 奴驽驽，nǔ 努，nù 怒

农— nóng 农浓脓

那— nǎ 哪，nà 那娜；nuó 挪娜（婀娜）

纽— niū 妞，niǔ 扭纽钮

念— niǎn 捻，niàn 念

南— nán 南喃楠

诺— nuò 诺；nì 匿

懦— nuò 懦糯

脑— nǎo 恼瑙脑

l

力— lì 力荔历沥；liè 劣；lè 勒

立— lì 立粒笠；lā 拉垃啦

里— lí 厘狸，lǐ 里理鲤；liáng 量

利— lí 梨犁蜊，lì 利俐痢

离— lí 离璃篱

仑— lūn 抡，lún 伦沦轮，lùn 论

兰— lán 兰拦栏，làn 烂

览— lǎn 览揽缆榄

蓝— lán 蓝篮，làn 滥

龙— lóng 龙咙聋笼，lǒng 陇拢垄
隆— lóng 隆窿
卢— lú 卢泸庐芦炉颅；lǘ 驴
录— lù 录禄碌；lǜ 绿氯
路— lù 路鹭露
令— líng 伶玲铃羚聆蛉零龄，lǐng 岭领，
lìng 令；lěng 冷；lín 邻；lián 怜
菱— líng 菱凌陵；léng 棱
老— lǎo 老姥
劳— lāo 捞，láo 劳痨，lào 涝
列— liě 咧，liè 烈列裂；lì 例
吕— lǚ 吕侣铝
良— liáng 良粮；láng 郎廊狼琅榔螂，
lǎng 朗，làng 浪
两— liǎng 两俩（伎俩），liàng 辆；liǎ 俩
凉— liáng 凉，liàng 谅晾；lüè 掠
连— lián 连莲，liàn 链
炼— liàn 炼练
恋— liàn 恋；luán 孪鸾峦滦
脸— liǎn 脸敛，liàn 殓
廉— lián 廉濂镰
林— lín 林淋琳霖；lán 婪（贪婪）
鳞— lín 鳞潾嶙辚璘
罗— luó 罗逻萝锣罗
洛— luò 洛落络骆；lào 烙酪；lüè 略
娄— lóu 喽楼，lǒu 搂篓；lǚ 屡
剌— lǎ 喇，là 剌辣瘌；lài 赖癞籁
腊— là 腊蜡；liè 猎
流— liú 流琉硫
留— liū 溜，liú 留馏榴瘤
累— lèi 累；luó 骡螺
雷— léi 雷镭，lěi 蕾，lèi 擂

h、f 声母代表字类推表

h

火— huǒ 火伙
户— hù 户沪护戽
乎— hū 乎呼滹
虎— hǔ 虎唬琥
忽— hū 忽惚唿
胡— hú 胡湖葫猢瑚糊蝴
化— huā 花哗，huá 华哗（喧哗）铧，
huà 化华（姓）桦；huò 货
话— huà 话；huó 活
灰— huī 灰恢诙
回— huí 回茴蛔；huái 徊
会— huì 会绘烩
挥— huī 挥辉；hūn 荤，hún 浑
悔— huǐ 悔，huì 晦诲
红— hóng 红虹鸿
洪— hōng 哄（哄动）烘，hóng 洪，
hǒng 哄（哄骗），hòng 哄（起哄）
怀— huái 怀，huài 坏；huán 还环
奂— huàn 涣换唤痪
昏— hūn 昏阍婚
混— hún 馄，hùn 混
荒— huāng 荒慌，huǎng 谎
皇— huáng 皇凰湟惶徨煌蝗
晃— huǎng 晃恍幌，huàng 晃（摇晃）
黄— huáng 黄璜潢磺蟥簧

f

凡— fān 帆，fán 凡矾钒
反— fǎn 反返，fàn 饭贩
番— fān 番蕃藩翻
方— fāng 方芳坊（牌坊），
fáng 防妨坊（油坊）房肪，
fǎng 访仿纺舫，fàng 放
夫— fū 夫肤，fú 芙扶呋
父— fǔ 斧釜，fù 父
付— fú 符，fǔ 府腑俯腐，fù 付附，fu 咐
弗— fú 弗拂氟；fó 佛；fèi 沸狒费
伏— fú 伏茯袱
甫— fū 孵，fú 孚俘浮
复— fù 复腹蝮馥覆
福— fú 福幅辐蝠，fù 富副
分— fēn 分芬吩纷，fěn 粉，fèn 份忿
乏— fá 乏；fàn 泛
发— fā 发；fèi 废
伐— fá 伐阀筏
风— fēng 风枫疯，fěng 讽
非— fēi 非菲啡扉霏蜚，fěi 诽匪斐翡，fèi 痱
丰— fēng 丰峰烽锋蜂

第三章

韵母发音与韵母辨正

第一节　韵母发音

一、韵母的结构

音节中声母后面的部分是韵母。普通话的韵母有39个。其中23个由元音（单元音或复合元音）充当，16个由元音附带鼻辅音韵尾构成。

韵母的内部结构可以分为韵头、韵腹、韵尾三部分。如韵母uai，其中u叫做韵头（韵头介于声母和韵腹之间，所以也叫介音）；a叫做韵腹（韵腹是韵母中的主要成分，发音时开口度较大，声音响亮）；i叫做韵尾。

并不是所有的韵母都有韵头、韵腹和韵尾这三个部分，有的只有韵头和韵腹，如韵母ia、uo、üe，其中的i、u、ü是韵头，a、o、e是韵腹；有的只有韵腹和韵尾，如韵母ai、ei、ou、en，其中的a、o、e是韵腹，韵腹后面的i、u、n是韵尾；元音单独作韵母时，是韵母的主要成分，即为韵腹。

普通话韵母的韵头有i、u、ü三个，只限于韵腹前的i、u、ü；韵尾有四个，两个元音韵尾i、u（包括ao、iao中的o），只限于韵腹后头的i、u（o）和两个辅音韵尾n、ng。

二、韵母的分类

我们可根据普通话韵母的结构特点和韵母开头元音的发音口形对其进行分类。

1. 按结构特点分类

可分为单韵母、复韵母和鼻韵母三类。

（1）单韵母：共10个，即：a、o、e、ê、i、u、ü、-i（前）、-i（后）、er。

（2）复韵母：共13个，即：ai、ei、ao、ou、ia、ie、ua、uo、üe、iao、iou、uai、uei。

（3）鼻韵母：共16个，即：an、en、in、ün、ang、eng、ing、ong、ian、uan、üan、uen、iang、uang、ueng、iong。

2. 按韵母开头元音的发音口形分类

可分为“开口呼”、“齐齿呼”、“合口呼”、“撮口呼”四类，统称“四呼”。

（1）开口呼韵母：指没有韵头 i、u、ü，韵腹也不是 i、u、ü 的韵母，共有 15 个。它们是 ɑ、o、e、ɑi、ei、ɑo、ou、ɑn、en、ɑng、eng、ê、-i（前）、-i（后）、er。

（2）齐齿呼韵母：指韵头或韵腹是 i 的韵母，有 9 个。它们是 i、iɑ、ie、iɑo、iou、iɑn、in、iɑng、ing。

（3）合口呼韵母：指韵头或韵腹是 u 的韵母，共有 10 个。它们是 u、uɑ、uo、uɑi、uei、uɑn、uen、uɑng、ueng、ong。

（4）撮口呼韵母：指韵头或韵腹是 ü 的韵母，有 5 个。它们是 ü、üe、üɑn、ün、iong。

三、韵母发音分析

从韵母结构上分析单韵母、复韵母和鼻韵母的发音。

1. 单韵母（单元音）的发音

单韵母发音分析：

普通话单韵母有 10 个，根据发音时舌位的不同作用，分为舌面元音、舌尖元音、卷舌元音三类。单韵母的发音由舌位的前后、舌位的高低和唇形的圆展决定。

ɑ　舌面央低不圆唇元音

口大开，舌尖微离下齿背，舌面中部微微隆起和硬腭后部相对，唇形不圆。发音时，声带振动，软腭上升，关闭鼻腔通路。

词例：发达 fādá、打骂 dǎmà、蛤蟆 háma

o　舌面后半高圆唇元音

上下唇自然拢圆，舌体后缩，舌面后部隆起和软腭相对，舌位介于半高半低之间。发音时，声带振动，软腭上升，关闭鼻腔通路。

词例：薄膜 bómó、婆婆 pópo、磨破 mópò

e　舌面后半高不圆唇元音

口半闭，展唇，舌体后缩，舌面后部隆起和软腭相对，比元音 o 略高而偏前。发音时，声带振动，软腭上升，关闭鼻腔通路。

词例：特色 tèsè、隔阂 géhé、折射 zhéshè

ê　舌面前中不圆唇元音

口自然打开，展唇，舌尖抵住下齿背，使舌面前部隆起和硬腭相对。发音时，声带振动，软腭上升，关闭鼻腔通路。韵母 ê 除语气词“欸”外，单用的机会不多，只出现在复韵母 ie、üe 中。

i　舌面前高不圆唇元音

口微开，两唇呈扁平形，上下齿相对（齐齿），舌尖接触下齿背，使舌面前部隆起和硬腭前部相对。发音时，声带振动，软腭上升，关闭鼻腔通路。

词例：集体 jítǐ、机器 jīqì、笔记 bǐjì

u　舌面后高圆唇元音

两唇收拢成圆形，略向前突出；舌体后缩，舌面后部隆起和软腭相对。发音时，声带振动，软腭上升，关闭鼻腔通路。

词例：服务 fúwù、图书 túshū、树木 shùmù

ü　舌面前高圆唇元音

两唇拢圆，略向前突出；舌尖抵住下齿背，使舌面前部隆起和硬腭前部相对。发音时，声带振动，软腭上升，关闭鼻腔通路。

词例：序曲 xùqǔ、女婿 nǚxu、语句 yǔjù

er　卷舌元音

口自然开启，舌位不前不后不高不低，舌前、中部上抬，舌尖向后卷，和硬腭前端相对。发音时，声带振动，软腭上升，关闭鼻腔通路。

词例：儿童 értóng、而且 érqiě、二胡 èrhú

-i（前）　舌尖前不圆唇元音

口略开，展唇，舌尖和上齿背相对，保持适当距离。发音时，声带振动，软腭上升，关闭鼻腔通路。这个韵母在普通话里只出现在 z、c、s 声母的后面。

词例：自私 zìsī、子嗣 zǐsì、字词 zìcí

-i（后）　舌尖后不圆唇元音

口略开，展唇，舌前端抬起和前硬腭相对。发音时，声带振动，软腭上升，关闭鼻腔通路。这个韵母在普通话里只出现在 zh、ch、sh、r 声母的后面。

词例：支持 zhīchí、失职 shīzhí、值日 zhírì

附：舌面元音舌位简图（图 3-1）

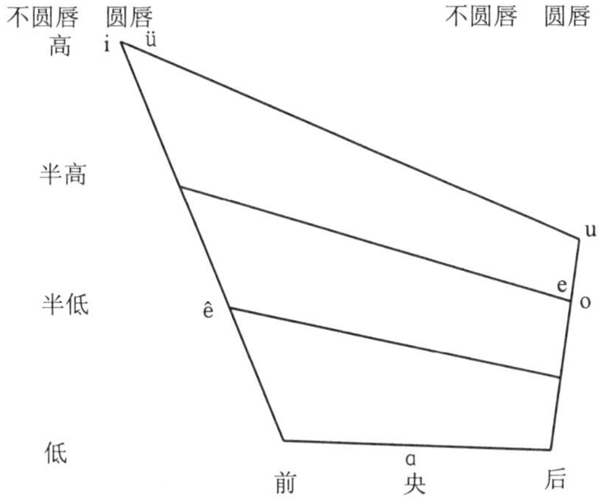

图 3-1　舌面元音舌位简图

2. 复韵母（复合元音）的发音

复韵母是由复合元音充当韵母。复合元音发音过程中舌位和唇形连续移动变化，这种舌位移动的过程叫“动程”。动程到位是衡量复韵母发音的关键因素。

复韵母发音有两个特点：

（1）它虽然由两个或三个元音组成，可它并不是几个元音的简单相加，而是几个元音复合在一起，即舌头由一个元音的位置向另一个元音的位置滑动的结果，听起来是一个浑然的整体，两音之间的界限不很清楚。

（2）每个元音在韵母整体中的分量不相等，其中韵腹发音清晰响亮，持续时间稍长。

根据韵腹位置的不同，复韵母可以分为前响复韵母、中响复韵母和后响复韵母。

前响复韵母共有 4 个：ɑi、ei、ɑo、ou。这些韵母发音的共同点是元音舌位都是由低向高滑动，开头的元音音素响亮清晰，收尾的元音音素轻短模糊，因此收尾的字母只表示舌位移动的方向。

后响复韵母有5个：ia、ie、ua、uo、üe。这些韵母发音的共同点是舌位由高向低滑动，收尾的元音音素响亮清晰，在韵母中处在韵腹地位，因此舌位移动的终点是确定的。

中响复韵母共有4个：iao、iou、uai、uei。这些韵母发音的共同点是舌位由高向低滑动，再从低向高滑动。开头的元音音素不响亮，较短促，在音节里特别是在零声母音节里伴有轻微的摩擦。中间的元音音素响亮清晰。收尾的元音音素轻短模糊。

复韵母发音分析：

ai　起点元音是比单元音 a 的舌位靠前的前低不圆唇元音［a］，可以简称它为“前 a”。发音时，舌尖抵住下齿背，使舌面前部隆起与硬腭相对。从“前 a”开始，舌位向 i 的方向滑动升高，大体停在次高元音［I］。

词例：开采 kāicǎi、爱戴 àidài、白菜 báicài

ei　起点元音是前半高不圆唇元音 e。发音过程中，舌尖抵住下齿背，使舌面前部（略后）隆起对着硬腭中部。从 e 开始，舌位升高，向 i 的方向往前往高滑动，大体停在次高元音［I］。

词例：配备 pèibèi、蓓蕾 bèilěi、肥美 féiměi

ao　起点元音比单元音 a 的舌位靠后，是个后低不圆唇元音［ɑ］，可简称为“后 a”。发音时，舌体后缩，舌面后部隆起。从“后 a”开始，舌位向 u（汉语拼音写作-o，实际发音接近 u）的方向滑动升高。收尾的-u 舌位略低，为［u］。

词例：糟糕 zāogāo、逃跑 táopǎo、号召 hàozhào

ou　起点元音比单元音 o 的舌位略高、略前，接近央元音［ə］或［θ］，唇形略圆。发音时，从略带圆唇的央元音［ə］开始，舌位向 u 的方向滑动。收尾的-u 接近［u］。

词例：收购 shōugòu、口头 kǒutóu、漏斗 lòudǒu

ia　起点元音是前高元音 i，由它开始，舌位滑向央低元音 a 止。i 的发音短，a 的发音响而长。止点元音 a 位置确定。

词例：加压 jiāyā、恰恰 qiàqià、假牙 jiǎyá

ie　起点元音是前高元音 i，由它开始，舌位滑向前中元音 ê 止。i 较短，ê 响而长。止点元音 ê 位置确定。

词例：贴切 tiēqiè、结业 jiéyè、爷爷 yéye

ua　起点元音是后高圆唇元音 u，由它开始，舌位滑向央低元音 a 止，唇形由最圆逐步展开到不圆。u 较短，a 响而长。

词例：花袜 huāwà、挂画 guàhuà、耍滑 shuǎhuá

uo　起点元音是后高元音 u，由它开始，舌位向下滑到后中元音 o 止。u 较短，o 响而长。发音过程中，保持圆唇，开头最圆，结尾圆唇度略减。

词例：堕落 duòluò、过错 guòcuò、懦弱 nuòruò

üe　起点元音是圆唇的前高元音 ü，由它开始，舌位下滑到前中元音 ê，唇形由圆到不圆。ü 较短，ê 响而长。

词例：决绝 juéjué、约略 yuēlüè、雀跃 quèyuè

iao　由前高元音 i 开始，舌位降至后低元音 a。然后再向后次高圆唇元音 u 的方向滑升。发音过程中，舌位先降后升，由前到后，曲折幅度大。唇形从中间的元音 ɑ 逐渐圆唇。

词例：飘渺 piāomiǎo、逍遥 xiāoyáo、叫嚣 jiàoxiāo

iou　由前高元音 i 开始，舌位降至央（略后）元音［ə］（或［θ］），然后再向后次高圆唇元音 u 的方向滑升。发音过程中，舌位先降后升，由前到后，曲折幅度较大。唇形从央（略后）元音［ə］逐渐圆唇。

词例：悠久 yōujiǔ、秋游 qiūyóu、绣球 xiùqiú

uai　由圆唇的后高元音 u 开始，舌位向前滑降到前低不圆唇元音 ɑ（即“前 ɑ”），然后再向前高不圆唇元音 i 的方向滑升。舌位先降后升，由后到前，曲折幅度大。唇形从前元音 ɑ 逐渐展唇。

词例：摔坏 shuāihuài、外快 wàikuài、怀揣 huáichuāi

uei　由后高圆唇元音 u 开始，舌位向前向下滑到前半高不圆唇元音偏后靠下的位置，然后再向前高不圆唇元音 i 的方向滑升。发音过程中，舌位先降后升，由后到前，曲折幅度较大。唇形从 e 逐渐展唇。

词例：垂危 chuíwēi、追随 zhuīsuí、摧毁 cuīhuǐ

3. 鼻韵母（复合鼻尾音）的发音

鼻韵母是以复合鼻尾音充当韵母。复合鼻尾音就是在元音音素之后附带一个鼻辅音作为尾音（韵尾）。与复韵母一样，鼻韵母发音时舌位口形有个逐渐移动的过程。

普通话区分以-n 和-ng 为韵尾的两组韵母。普通话有鼻韵母 16 个，其中以-n 为韵尾的韵母叫前鼻音韵母，有 8 个：an、en、in、ün、ian、uan、üan、uen；以-ng 为韵尾的韵母叫后鼻音韵母，有 8 个：ang、eng、ing、ong、iang、uang、ueng、iong。

区分前、后鼻音韵母主要从以下三个方面：（1）韵腹元音舌位的前后不同是两者区分的主要标志。例如：an 与 ang 的区分主要表现在 an 中的元音是前低元音［a］，而 ang 中的元音是后低元音［ɑ］。（2）-n 和-ng 是韵尾，只有与韵腹构成一个整体时才参与前、后鼻音韵母对比区分。为了确切体会鼻尾音的发音和听感性质，要求必须尽量发音完整。（3）它们之间的对比关系是：an—ang、en—eng、in—ing、ian—iang、uan—uang、uen—ueng（ong）、ün—iong。基本上是一对一的对比关系，不是一对多或多对一的关系。

鼻韵母发音分析：

an　起点元音是前低不圆唇元音 ɑ，舌尖抵住下齿背，舌面前部隆起，舌位降到最低，软腭上升，关闭鼻腔通路。发“前 ɑ”之后，软腭下降，打开鼻腔通路，同时舌面前部与硬腭前部闭合，使在口腔受到阻碍的气流从鼻腔里透出。口形开合度由大渐小。舌位动程较大。

词例：灿烂 cànlàn、肝胆 gāndǎn、贪婪 tānlán

en　起点元音是央元音 e，舌位居中（不高不低不前不后），舌尖接触下齿背，舌面隆起部位受韵尾影响略靠前，软腭上升，关闭鼻腔通路。发央元音 e 之后，软腭下降，打开鼻腔通路，同时舌面前部与硬腭前部闭合，使在口腔受到阻碍的气流从鼻腔里透出。口形开合度由大渐小，舌位动程较小。

词例：根本 gēnběn、振奋 zhènfèn、深圳 shēnzhèn

in　起点元音是前高不圆唇元音 i，舌尖抵住下齿背，软腭上升，关闭鼻腔通路。发舌位最高的前元音 i 之后，软腭下降，打开鼻腔通路，同时舌面前部与硬腭前部闭合，使在口腔受到阻碍的气流从鼻腔透出。开口度始终很小，几乎没有变化，舌位动程很小。

词例：贫民 pínmín、引进 yǐnjìn、辛勤 xīnqín

ün　起点元音是前高圆唇元音 ü。与 in 的发音状况只是唇形变化不同。唇形从 ü 开始逐步展开，而 in 始终展唇。

词例：军训 jūnxùn、均匀 jūnyún、芸芸 yúnyún

ang　起点元音是后低不圆唇元音 ɑ，口最开，舌尖离开下齿背，舌体后缩，软腭上升，关闭鼻腔通路。发“后 ɑ”之后，软腭下降，打开鼻腔通路，同时舌面后部与软腭闭合，使在口腔受到阻碍的气流从鼻腔透出。开口度由大到小，舌位动程较大。

词例：商场 shāngchǎng、张扬 zhāngyáng、苍茫 cāngmáng

eng　起点元音是后半高不圆唇元音 e，口半闭，展唇，舌尖离开下齿背，舌体后缩，舌面后部隆起，比发单元音 e 的舌位略低，软腭上升，关闭鼻腔通路。发 e 之后，软腭下降，打开鼻腔通路，同时舌面后部与软腭闭合，使在口腔受到阻碍的气流从鼻腔里透出。

词例：整风 zhěngfēng、省城 shěngchéng、丰盛 fēngshèng

ing　起点元音是前高不圆唇元音 i，舌尖接触下齿背，舌面前部隆起，软腭上升，关闭鼻腔通路。发 i 之后，软腭下降，打开鼻腔通路，同时舌面后部与软腭闭合，使在口腔受到阻碍的气流从鼻腔透出。口形没有明显变化。

词例：命令 mìnglìng、秉性 bǐngxìng、轻盈 qīngyíng

ong　起点元音是比后高圆唇元音 u 舌位略低的后次高圆唇元音［U］，舌尖离开下齿背，舌体后缩，舌面后部隆起，软腭上升，关闭鼻腔通路。发后次高圆唇元音［U］之后，软腭下降，打开鼻腔通路，同时舌面后部与软腭闭合，使在口腔受到阻碍的气流从鼻腔里透出。唇形始终拢圆。

词例：动容 dòngróng、空洞 kōngdòng、公众 gōngzhòng

ian　发音时，从前高元音 i 开始，舌位向前低元音 ɑ（前 ɑ）的方向滑降。舌位只降到前次低元音［æ］位置就开始升高，直到舌面前部抵住硬腭前部形成鼻音-n。

词例：鲜艳 xiānyàn 、偏见 piānjiàn 、前线 qiánxiàn

uan　发音时，从圆唇的后高元音 u 开始，口形迅速由合口变为开口，舌位向前迅速滑降到不圆唇的前低元音（前 ɑ）；然后舌位升高，直到舌面前部抵住硬腭前部形成鼻音-n。

词例：传唤 chuánhuàn、专款 zhuānkuǎn、酸软 suānruǎn

üan　发音时，从圆唇的前高元音 ü 开始，向前低元音 ɑ 的方向滑降。舌位只降到前次低元音［æ］略后就开始升高，直到舌面前部抵住硬腭前部形成鼻音-n。唇形由圆唇在向折点元音的滑动过程中逐渐展唇。

词例：轩辕 xuānyuán、渊源 yuānyuán、涓涓 juānjuān

uen　发音时，从圆唇的后高元音 u 开始，向央元音 e 滑降，然后舌位升高，直到舌面前部抵住硬腭前部形成鼻音-n。唇形由圆唇在向折点元音的滑动过程中逐渐展唇。

词例：困顿 kùndùn、温顺 wēnshùn、馄饨 húntun

iang　发音时，从前高元音 i 开始，舌位向后滑降到后低元音 ɑ，然后舌位升高，接续鼻音-ng。

词例：亮相 liàngxiàng、想象 xiǎngxiàng、洋姜 yángjiāng

uang　发音时，从圆唇的后高元音 u 开始，舌位滑降至后低元音 ɑ，然后舌位升高，接续鼻音-ng。唇形从圆唇在向折点元音的滑动中逐渐展唇。

词例：装潢 zhuānghuáng、双簧 shuānghuáng、往往 wǎngwǎng

ueng　发音时，从圆唇的后高元音 u 开始，舌位滑降到后高半元音 e［ɣ］（稍稍靠前略低）的位置，然后舌位升高，接续鼻音-ng。唇形从圆唇在向折点元音滑动过程中逐渐展唇。在普通话里，韵母 ueng 只有一种零声母的音节形式 weng。

词例：蕹菜 wèngcài、老翁 lǎowēng、水瓮 shuǐwèng

iong　发音时，从前高元音 i 开始，舌位向后略向下滑动到后次高圆唇元音［U］的位置，然后舌位升高，接续鼻音-ng。

词例：汹涌 xiōngyǒng、炯炯 jiǒngjiǒng

四、韵母发音训练（录音示范）

1. 单韵母

a	大厦	喇叭	打靶	发达	杂沓	哪怕
o	薄膜	磨破	婆婆	卧佛	泼墨	脉脉
e	隔阂	特色	客车	苛刻	折射	合格
i	集体	笔记	机器	地理	记忆	稀奇
u	服务	图书	速度	树木	孤独	督促
ü	序曲	女婿	语句	旅居	聚居	区域
-i（前）	自私	孜孜	私自	字词	四次	子嗣
-i（后）	知识	支持	指示	咫尺	日食	智齿
er	儿女	二胡	耳朵	尔后	而且	饵料

2. 复韵母

ai	爱戴	海带	灾害	开采	彩排	买卖
ei	配备	肥美	蓓蕾	违背	黑煤	飞贼
ao	糟糕	草稿	号召	逃跑	祷告	牢骚
ou	收购	丑陋	口头	瘦肉	绸缪	兜售
ia	加压	恰恰	下家	家家	压价	假牙
ie	贴切	结业	爷爷	谢谢	歇业	铁屑
ua	花袜	挂花	耍滑	花褂	画画	娃娃
uo	堕落	过错	懦弱	错过	哆嗦	火锅
üe	雀跃	约略	决绝	绝学	月缺	略略
iao	缥缈	逍遥	叫器	教条	巧妙	调料
iou	悠久	秋游	绣球	有救	牛油	舅舅
uai	摔坏	乖乖	外快	怀揣	外踝	歪槐
uei	回归	追随	摧毁	尾随	归队	退位

3. 鼻韵母

an	暗含	难看	单产	反叛	展览	散漫
en	沉闷	愤恨	振奋	深圳	珍本	门诊
in	引进	信心	辛勤	濒临	殷勤	薪金

ün	芸芸	均匀	军训	逡巡	循循	俊俏
ian	演练	前线	垫肩	偏见	边沿	浅显
uan	转换	专断	贯穿	酸软	软缎	传唤
üan	涓涓	全权	渊源	轩辕	源泉	圆圈
uen	温存	困顿	论文	伦敦	昆仑	问讯
ang	帮忙	仓房	盲肠	苍茫	商场	张扬
eng	承蒙	省城	蒸腾	萌生	升腾	更正
ing	兵营	秉性	经营	叮咛	评定	情景
ong	通融	共同	轰动	公众	隆重	洪钟
iang	想象	亮相	踉跄	洋姜	湘江	相像
uang	狂妄	状况	双簧	往往	装潢	网状
iong	炯炯	汹涌	永远	凶狠	穷尽	凶器
ueng	蕹菜	水瓮	嗡嗡	主人翁		

第二节　韵母辨正

一、单韵母辨正（录音示范）

1. 普通话单韵母发音与方言发音差别

在单韵母方面，许多方言与普通话存在明显差异，如昆明话、有些地方的客家话和湖南岳阳话把普通话中应念 ü 韵母的字读成 i 韵母，还有一些普通话为 u 韵母的字，在湖南的许多方言里又被念成了 ü 韵母。e 与 o 在普通话里分得很清楚，但有些方言，如东北方言把 o 韵母的一些字读成了 e 韵母，西南不少方言把 e 韵母的一些字读成了 o 韵母。

（1）i 与 ü 分辨

i 与 ü 的混淆，一种是 ü 中混入 i，一种是 i 中混入 ü，前者如湖南、昆明和广西等地的一些方言，后者如山东青岛话。ü 与 i 的区别在于圆唇与不圆唇，在保持舌位不变的情况下，把嘴唇圆起来或是展开，就可以发出相应的 ü 与 i 的音来。

（2）u 与 ü 分辨

有些方言韵母 u 和 ü 不分。例如湘方言和西南方言把普通话 zh、ch、sh 与 u 相拼的字读成了 j、q、x 与 ü 相拼。如“主”读成了“举”。u 和 ü 的区别在于：ü 舌位在前，u 舌位在后。其次 ü 的圆唇与 u 的圆唇形状略有不同，u 最圆，ü 略扁；u 双唇向前突出，ü 不太突出。

（3）e 与 o 分辨

有些方言韵母 e 与 o 不分。例如，西南不少方言把 e 韵母的一些字读成了 o 韵母，东北不少地方的方言把 o 韵母的一些字读成了 e 韵母。e 与 o 的发音情况大致相同，它们之间的主要区别在唇形：e 不圆唇，o 圆唇。

（4）分辨 er 单元音发音

这是一个特殊的元音韵母，汉语拼音用两个字母来表示，实际上只是一个元音。它的音色同［ə］很接近，发［ə］时，嘴自然张开，不大不小，舌位自然放置，不前不后，唇形自然，这是一个最容易发的元音。发［ə］的同时，舌尖向硬腭卷起，即可发出 er。如“儿 ér、耳 ěr、二 èr”。

2. 纠正方法

普通话单韵母的发音主要决定于唇形和舌位，要想发准普通话单韵母就必须在区分唇形、找准舌位上下工夫，单韵母舌位的前后、口腔的开闭、嘴唇的圆扁位置要正确。此外，还要找出自己方言与普通话之间的对应转换规律，从而把方言改成普通话。在这里我们主要比较 ü 与 i、u 与 ü、e 和 o 的发音。

（1）i 与 ü：有些人单独发 ü 音有困难，而 i 这个音，一般人都会发，可以采用由 i 过渡到 ü 的方法：先发 i，把声音拖长，舌位不动，嘴唇逐渐收拢呈一圆形小孔就变成 ü 了。学会 ü 的发音，还要进一步记住哪些字韵母是 i 和 i 开头的，哪些字韵母是 ü 和 ü 开头的。也可利用形声字偏旁类推的方法来分辨 i 和 ü，它们一般不相混淆。如：几（i）——机肌饥讥；具（ü）——惧俱狙沮。

（2）u 与 ü：发 u 与 ü 这两个音时，都要注意圆唇度，否则，发音会有缺陷，不够准确。湖南方言大多是将普通话 zh、ch、sh、r 与 u 相拼的字改为 j、q、x 以及零声母与 ü 相拼，因此，湖南人在改 ü 韵母字为 u 韵母时，声母也要做相应的改变。

（3）e 和 o：发 e 时，嘴角咧开，上下齿都可看见，齿间距离约一小指；发 o 时，唇形拢圆，看不见下齿，可见上齿尖。普通话哪些字读 e 韵母，哪些字读 o 韵母，有很强的规律性：o 只和 b、p、m、f 相拼，而 e 恰恰不能和这四个声母相拼（只有一个“什么”的“么”例外）。因此，凡声母不是 b、p、m、f 的，韵母一定不是 o。

3. 辨音训练（录音示范）

（1）i 与 ü

① 单音节词对比训练

i-ü	梨—驴	期—屈	你—女	椅—雨	机—居	李—屡	利—率	稀—虚
ie-üe	爷—约	茄—瘸	节—决	歇—靴	窃—雀	鞋—学	谢—穴	页—悦
ian-üan	见—倦	烟—冤	前—全	减—卷	现—绚	眼—远	闲—悬	兼—娟
in-ün	近—俊	琴—群	因—晕	信—讯	劲—骏	引—陨	新—逊	仅—郡

② 双音节词对比训练

i-ü	比翼—比喻	办理—伴侣	书籍—书局	不及—布局	名义—名誉
ie-üe	蝎子—靴子	切实—确实	写景—雪景	协会—学会	夜色—月色
ian-üan	钱财—全才	油盐—游园	颜料—原料	潜水—泉水	实践—十卷
in-ün	餐巾—参军	心智—熏制	印书—运输	白银—白云	进攻—竣工

（2）u 与 ü

① 单音节词对比训练

u-ü	竹—渠	路—率	属—许	努—女	如—鱼	书—虚	炉—驴	出—居
uan-üan	穿—圈	栓—轩	转—犬	酸—宣	环—旋	关—鹃	串—券	软—选
uen-ün	纯—群	顺—迅	吮—陨	醇—裙	准—郡	春—均	舜—训	文—云

② 双音节词对比训练

u-ü	树木—畜牧	技术—继续	纪录—纪律	主人—举人	通顺—通讯
uan-üan	划船—划拳	栓子—楦子	传说—劝说	官场—全厂	环绕—旋绕

uen-ün　顺道—训导　温顺—驯顺　准尉—寻味　春季—军纪　水文—水运

（3）e与o

① 单音节词对比训练

e-o　歌—播　阁—婆　贺—默　科—坡　禾—佛　扯—抹　河—摸　格—博

② 双音节词对比训练

e-o　合格—破格　特色—叵测　大河—大佛　合法—魔法　磕破—磨破

（4）朗读训练节选自作品6号（录音示范见朗读作品）

我（ǒ）常想读（ú）书（ū）人是（ì）世（ì）间幸福（ú）人，因为他（ā）除（ú）了（e）拥有现实（í）的世（ì）界之（ī）外，还拥有另一（ī）个（è）更为浩瀚也（ě）更为丰富（ù）的（e）世（ì）界。现实（í）的（e）世（ì）界是（ì）人人都有的（e），而（ér）后一（ī）个（è）世（ì）界却为读（ú）书（ū）人所独（ú）有。由此（ǐ）我（ǒ）想，那（à）些失（ī）去（ù）或不（ù）能阅读（ú）的人是（ì）多么（e）的（e）不（ù）幸，他（ā）们的丧失（ī）是不（ù）可（ě）补（ǔ）偿的。世（ì）间有诸（ū）多的不（ù）平等，财富（ù）的不平等，权利（ì）的不平等，而（ér）阅读（ú）能力（ì）的拥有或丧失（ī）却体（ǐ）现为精神的（e）不（ù）平等。

（5）绕口令训练

i-ü：老李去卖鱼，老吕去牵驴。老李要用老吕的驴去驮鱼，老吕说老李要用我的驴去驮鱼，就得给鱼。要不给我鱼，就别想用我老吕的驴去驮鱼。二人争来又争去，都误了去赶集。

e-o：哥哥弟弟坡前坐，坡上卧着一只鹅，坡下流着一条河。哥哥说：宽宽的河，弟弟说：白白的鹅。鹅要过河，河要渡鹅。不知是鹅过河，还是河渡鹅。

u-ü：小曲、小鞠去储蓄，小鞠问储蓄员小徐，储蓄一年利几许。小徐问小曲和小鞠，有多少钱要储蓄，储蓄方式有好几许，各取所需来储蓄，定期活期都可取。

u-i：上土坯，走七步，扯匹白布补皮裤，披上布，补好裤，补好皮裤不披布。

二、复韵母辨正（录音示范）

复韵母要着重处理好韵头、韵腹、韵尾的关系，发音的动程要滑行到位，不要跳跃分割。

1. 复韵母发音中存在的问题

在许多方言中容易出现单韵母复音化、复韵母单元音化、丢失韵头、归音不到位、口腔开度不够、圆唇不够等问题，这都会影响复韵母的正确发音。

（1）单韵母和复韵母分辨不清

有些方言中常有把单韵母读成复韵母或把复韵母读成单韵母的错误。如“滴 di”长沙话念“diɑ”，双峰话念“dio”。“独 du”长沙话念“dou”，双峰话念“tou”。而普通话里一些复韵母字，在湖南一些地方又念成了单韵母字，如“太 tɑi”双峰话念“tɑ”。

① u与ou

湘方言中把u读成ou的现象比较普遍。普通话里m、d、t、n、l、z、c、s、zh、ch、sh与单韵母u相拼时，湘方言大多改成了与复韵母ou相拼。一方面是把单韵母变成了复韵母，单音双音化，另一方面，又把合口呼改成了开口呼。用自己的方言读下面的字，检验是否有单韵母复音化的情况：

亩　牡　毒　督　独　读　图　努

路　祖　醋　苏　竹　初　数　土

② i 与 ei

普通话中一部分以单元音 i 为韵母的字，在湖南一些方言中被读成了 ei。如长沙话中单韵母 i 与 b、p、m 相拼时，一部分字的韵母被改成了 ei：弊、闭、避、臂、币、蔽、毙、篦、坯、批、譬、迷、弥、谜、秘等，个别字改读成 ia 韵母：滴、提等。

普通话中一部分以双元音 ei 为韵母的字，在西南方言中被读成了 ê 或 i。如“北 bei”读成了 bê。

③ ü 与 ou、iou、ei

普通话中一部分韵母为单元音 ü 的字，在一些方言中被读成了复韵母。如“绿、曲”，普通话韵母都是 ü，而在湘方言、西南方言中分别被读成 ou、iou；“虑、去”，在长沙话中韵母都变成了 ei。

④ ai 与 e

湖南许多方言中把一部分普通话 ai 韵母字念成了单韵母字，如长沙话中把“拍 pai”念成了 pe，常德话将“百 bai”念成了 be，而双峰方言通过失落韵尾，把复元音 ai 韵母改成了单元音韵母 a，如“卖 mai”念成 ma，“赖 lai”念成 la。

（2）四呼韵母动程不到位

有些方言与普通话之间存在着“四呼”转换的现象，普通话读齐齿呼、合口呼的某些字，在一些方言中丢掉韵头 i 或 u，读成了开口呼。普通话读合口呼的某些字，有些地方把 u 韵头变为 ü，读成了撮口呼。还有一些地方把普通话读开口呼的某些字读成了齐齿呼。

① 齐齿呼与开口呼分辨

普通话有韵头 i 的韵母，如 ia、iang 等，在南方各大方言区和北方方言区的西南、江淮、西北等地，一般都丢失韵头，变为开口呼韵母 a、ang 等。如“家 jia”读成 ga，“敲 qiao”读成 kao。

湖南有些地方把普通话声母为 zh、ch、sh 的开口呼字读成齐齿呼，声母也相应地改变为舌面音，例如“舟 zhou”读成 jiu，“城 cheng”读成 qing，“受 shou”读成 xiu。

② 合口呼与开口呼分辨

普通话里声母为 d、t、n、l、z、c、s，韵母为合口呼的一些字，西南方言和湘方言往往丢掉韵头 u，读成了开口呼，如“队 dui”读成 dei，“推 tui”读成 tei，“多 duo”读成 do，“嘴 zui”读成 zei，“村 cun”读成 cen，“岁 sui”读成 sei。

③ 合口呼与撮口呼分辨

闽南和客家方言、西南的云南贵州等地没有撮口呼韵母，他们把普通话撮口呼“ü”韵母的字都读成 i。

普通话声母为 zh、ch、sh，韵母为合口呼的一些字，湖南方言大部分地区读成了撮口呼，声母也相应地变为 j、q、x。例如“朱 zhu”读成 ju，“专 zhuan”读成 juan，“顺 shun”读成 xun，“春 chun”读成 qun。

（3）动程错误

单韵母发音是无动程可言的，只有复韵母发音才有动程。普通话复韵母发音中出现的动程错误主要表现为复韵母单元音化、丢失韵头等。

① 复韵母单元音化

在一些方言中常出现把复韵母读成单韵母的现象，造成复韵母归音不到位。如把复韵母 ai 念成单韵母 e，复韵母 ei 念成单韵母 e 或 i 等。

② 丢失韵头

在一些方言中常有丢失韵头 i 或 u 的现象，造成四呼韵母动程不到位。如齐齿呼韵母 ia，在南方各大方言区，一般都丢失韵头，变为开口呼韵母 a。

2. 纠正的方法

复韵母的发音不是几个单元音的简单相加，而是从一个元音向另一个元音逐渐滑动的结果。因此在复韵母的发音中主要是强调动程要滑行到位，不要分割跳跃。

解决方言中复韵母发音存在的问题主要是分清单韵母与复韵母、分清开齐合撮四呼，而要弄清这些知识，就靠我们平常多用心去听，用心去记，找出自己的方言与普通话之间复韵母的对应规律。

（1）利用普通话的声韵调拼合规律，可以帮我们记忆区分一些字。如：

① 普通话里，声母与 ou 相拼时没有阳平字，因此，“读毒独犊渎”等一律为 dú。

② 普通话 b 声母不与 ou 相拼，p m f 这三个声母与 ou 相拼的常用字很少，只有“剖 pōu 掊 póu”“哞 mōu 谋牟眸缪鍪 móu 某 mǒu”“否缶 fǒu”，由此可类推知除这些字外，方言中凡 ou 与这四个声母相拼的其他字，一律改读韵母 u。

③ 普通话 n、c 这两个声母与 ou 相拼，都只有一个字：“耨 nòu”与“凑 còu”，由此可以类推方言中这两个声母与 ou 相拼的其他字，一律应改读韵母 u。

④ 声母 b、p、m、f 只拼 o 不拼 uo，所以“波泼摸佛”可放心读 o 韵母。

⑤ 声母 b、p、m、f、n、l 专拼 ei，所以“背陪妹非内雷”等字可放心读 ei 韵母。其余的声母一般拼 uei，拼 ei 的只有 6 个字：得 děi、给 gěi、黑 hēi、嘿 hēi、谁 shéi、贼 zéi。记住这 6 个字，其余的字不用记肯定要加韵头 u。

⑥ 声母 d、t、l 只拼 uen，不拼 en。声母 z、c、s 拼 uen 的字常用多，拼 en 的常用字少，只有“怎 zěn”、“森 sēn”。

（2）利用形声字偏旁类推的办法，可以帮我们记忆区分一些字。

汉字中形声字较多，利用形声字偏旁类推的办法可让我们事半功倍，更好地区分不同字的韵母。如记住一个“租 zu”，可以类推出“组阻祖诅粗锄助”等字的韵母都是 u。记住一个“寿 shou”，可以类推出“筹踌畴俦帱”等字的韵母都是 ou。

（3）针对动程错误，各个击破。

注意分辨单韵母与复韵母，既不要把单韵母读成复韵母，也不要把复韵母读成单韵母；同时要注意学好有韵头韵母的发音，弄清字音的韵母有无 i 或 u 韵头。

3. 辨音训练（录音示范）

（1）单音节词对比训练

u-ou	促—凑	组—走	堵—斗	酥—叟	书—收	路—漏	图—头	苏—搜
i-ei	逆—内	比—北	米—美	皮—陪	碧—背	密—妹	批—胚	你—馁
ü-ou	许—手	吕—楼	欲—肉	叙—受	锈—陋	于—揉	曲—周	举—丑
ü-iou	蓄—秀	屈—丘	巨—舅	畜—嗅	区—邱	局—九	须—羞	渠—球

ü-ei	旅—累	绿—类	女—内	虚—黑	铝—泪	渠—蕾	律—妹	句—被
uo-o	多—摸	拖—佛	落—末	错—破	蓑—波	做—迫	缩—坡	左—跛
ai-e	摘—遮	柴—车	斋—这	晒—社	该—胳	埋—么	窄—者	菜—册
ai-a	拜—爸	派—怕	买—马	筛—沙	才—擦	灾—匝	债—榨	卖—骂
ia-a	家—伽	恰—咖	吓—哈	呀—拉	掐—旮	夹—砸	峡—擦	鸭—洒
iao-ao	交—高	桥—潮	宵—招	苗—毛	巧—早	妙—貌	叫—靠	笑—臊
ian-an	肩—甘	前—搀	先—山	棉—蛮	篇—盼	面—慢	闲—散	边—班
uen-en	尊—怎	孙—森	吞—身	昆—肯	顺—甚	准—枕	唇—臣	混—很
uei-ei	队—得	嘴—贼	腿—黑	灰—黑	随—谁	鬼—给		

（2）双音节词对比训练

u-ou	补助—步骤	小组—小邹	毒针—斗争	募化—谋划	大陆—大楼
i-ei	铅笔—前辈	自闭—自卑	寻觅—寻妹	皮肤—佩服	米粒—美丽
ü-ou	绿水—漏水	蓄意—授意	局势—楼市	区长—首长	狱卒—揉足
ü-iou	曲直—求职	序幕—朽木	屈才—秀才	句子—舅子	语言—油烟
ü-ei	铝球—垒球	屡次—累次	女人—内人	趣味—美味	举例—费力
uo-o	唾沫—落魄	琢磨—捉摸	罗嗦—摸索	剥落—剥夺	薄弱—破落
ai-e	海水—喝水	木柴—木车	开拔—磕巴	比赛—闭塞	才略—策略
ai-a	代数—答数	菜地—擦地	海拔—哈达	开始—喀什	摘要—炸药
ia-a	牙齿—沙池	架子—叉子	夏天—沙田	恰似—杀死	加法—沙发
iao-ao	消息—稍息	缴费—稿费	敲打—拷打	苗头—矛头	戏票—戏袍
ian-an	见面—干面	仙人—山人	前头—汕头	免疫—满意	篇章—盘帐
uen-en	轮子—榛子	损人—森林	吞吐—身手	困乏—垦荒	遵守—怎样
uei-ei	灰色—黑色	小嘴—小贼	兑换—得亏		

（3）朗读训练节选自作品 53 号（录音示范见朗读作品）

在繁（fán）华（huá）的巴黎大（dà）街（jiē）的路（lù）旁（páng），站着一个衣衫褴（lán）褛（lǚ）、头发斑（bān）白（bái）、双（shuāng）目（mù）失明（míng）的老人（rén）。他不像（xiàng）其他乞丐那样伸（shēn）手（shǒu）向过（guò）路（lù）人乞讨，而（ér）是在身（shēn）旁（páng）立一块木（mù）牌（pái），上面（miàn）写着："我什么也看不见（jiàn）!"街上过往的行（xíng）人很多，看了木牌上的字都（dōu）无动（dòng）于衷（zhōng），有（yǒu）的还（hái）淡淡一笑，便（biàn）姗（shān）姗而去（qù）了。

（4）绕口令训练

o-uo：打南坡走来个老婆婆，两手托着俩笸箩。左手托着的笸箩装的是菠萝，右手托着的笸箩装的是萝卜。你说说，是老婆婆左手托着的笸箩装的菠萝多，还是老婆婆右手托着的笸箩装的萝卜多？说得对送你一笸箩菠萝，说不对不给菠萝也不给萝卜，罚你替老婆婆把装菠萝的笸箩和装萝卜的笸箩送到大北坡。

u-ou：卢六牵牛过马路，牛背驮着一个篓，篓里装了几只兔。车鸣牛蹦篓滚路，篓滚路上跑了兔。卢六拴牛去追兔，东寻西找兔不露，空手牵牛上了路。

ai-e：沼泽地里栽白菜，记者采访要拍摄。选择好菜让拍摄，好菜摘下装汽车。

ai-ei：大妹和小妹，一起去收麦。大妹割大麦，小妹割小麦。大妹帮小妹挑小麦，小妹帮大妹挑大麦。大妹小妹收完麦，噼噼啪啪齐打麦。

üe-ei：真绝，真绝，真叫绝，皓月当空下大雪，麻雀游泳不飞跃，鹊巢鸠占鹊喜悦。

uan-an：大帆船，小帆船，竖起桅杆撑起船。风吹帆，帆引船，帆船顺风转海湾。

uen-en：孙伦打靶真叫准，半蹲射击特别神，本是半路出家人，摸爬滚打练成神。

三、鼻韵母辨正（录音示范）

有些方言两种鼻音尾韵母分不清，或者都读成前鼻音 n 收尾的，或者都读成后鼻音 ng 收尾的。这种混同现象，多数表现为 en 和 eng、in 和 ing 不分，an 和 ang、ian 和 iang、uan 和 uang 混同的较少。如吴方言、湘方言、赣方言、客家方言以及北方方言区的西南方言，都存在前后鼻音混读的现象。相混的现象又以 ng 韵混入 n 韵的为多，n 韵混入 ng 韵的较少。

1. 前鼻音韵母与后鼻音韵母发音存在的问题

（1）前后鼻韵母发音细微差别

前鼻尾音 n 是“舌尖阻”鼻音，后鼻尾音 ng 是“舌根阻”鼻音，发音部位 n 在前 ng 在后；n 口形较闭，ng 口形微开；n 鼻中气息较轻，ng 鼻中气息较重。发前鼻音韵母，收音时，舌尖一定要抵住上齿龈，上下齿较闭合。发后鼻音韵母，收音时，舌头一定要后缩，舌根抬起，抵住软腭，口微开，上下齿不闭合。

一般来说，南京、湖南等地的人要把重点放在后鼻韵母的练习上。发音时，除掌握发音要领外，可以在 ng 尾韵母音节后接“个”或 g、k、h 充当声母的音节，这有利于发准后鼻音韵母，如“等个人”、“帮个忙”或念“赏光”、“征服”等双音节词。

（2）记忆前后鼻韵母常用汉字

掌握正确的发音后，再利用偏旁类推等方法记住哪些是 n 尾字，哪些是 ng 尾字。

① an 和 ang

an 和 ang 在发音上有三点不同。第一，韵腹 a 舌位前后不同，an 由“前 a”开始发音，ang 由“后 a”开始发音。第二，舌位的滑动路线和终点位置不同：发 an，舌尖的活动是顶下齿背到抵上牙床（硬腭前部），舌面稍升；发 ang，舌尖离开下齿背，舌头后缩，舌根抬起与软腭接触。发完 an 音时，舌前伸，发完 ang 音时，舌头后缩。第三，收音时，比较二者口形，an 上下齿闭拢，ang 口微开。

要区别 an 和 ang 韵母的字，通常采用偏旁类推的方法。如“干”是前鼻音韵母，以它为声旁的“赶竿杆肝秆”也是前鼻音韵母。“方”是后鼻音韵母，可推知“放防纺芳访仿坊房妨”都是后鼻音韵母。

② en 和 eng

en 和 eng 发音上的差异也有三条：第一，起点元音不同，en 由央 e［ə］舌位开始发音，eng 由央 e［ə］（比［ə］稍后）开始发音；第二，发 en 舌头前伸，发 eng 舌头后缩；第三，发 en 音舌头位置变化不大，发完音上下齿也是闭拢的，而发 eng 音，舌根上升，软腭下降，收音时，口微开，上下齿不闭拢。

怎样分辨 en、eng 韵母的字呢？

第一，利用声韵配合规律，可以区分一些字。如，除“嫩”字外，en 不能与 d、t、n、l

相拼。因此，凡属这四个声母的字，韵母肯定不念 en。又如，除“怎、参、岑、森”这五个字外，en 不能和 z、c、s 相拼，所以凡属这三个声母的字，韵母肯定不是 en。

第二，利用偏旁类推的方法，还可区分一些字。如记住“朋”是后鼻音，可推出“蹦绷崩棚鹏”等都是 eng 韵母字。记住“正”是后鼻音，可推出“整征怔证政”等都是后鼻音字。学习时参看附录“前后鼻韵母代表字类推表”。

③ in 和 ing

in 由 i 开始发音，上下齿始终不动，只是明显感觉到舌尖从下向上的动作，收音时，舌尖抵住上牙床，不后缩。ing 也是由 i 开始，然后舌尖离开下齿背，舌头后移，抵住软腭。发音时，要注意由 i 到 n、ng 时，舌位不要降低，不要发成 ien、ieng。

如何分辨 in 和 ing 韵母字？

第一，利用声韵配合规律，可以区分一些字。普通话中，韵母 in 不与 d、t 相拼，那么凡是方言中 in 与 d、t 相拼的字，都应改成 ing 韵母，如：钉、顶、定、订、挺、亭等字。

第二，利用偏旁类推的方法，分辨 in 和 ing 韵母字。如：“斤”是 in 韵母字，可类推出“近靳芹新欣”等也是前鼻音韵母字。“经”是后鼻韵母 ing，可类推出“径颈轻氢”也是后鼻韵母字。学习时参见附录“前后鼻韵母代表字类推表”。

2. 辨音训练（录音示范）

（1）单音节词对比训练

an-ang	班—帮	满—莽	淡—荡	盘—旁	蓝—狼	山—伤	谈—堂	寒—航
	畔—胖	单—当	闪—赏	产—厂	赞—葬	叁—桑	餐—仓	干—刚
en-eng	盆—朋	门—蒙	笨—蹦	分—风	身—声	真—争	跟—耕	痕—横
	们—盟	森—僧	审—省	阵—证	岑—层	很—衡	晨—成	珍—睁
in-ing	今—京	宾—兵	贫—平	您—宁	因—英	紧—井	民—明	拼—乒
	秦—晴	信—姓	进—竟	敏—冥	品—凭	彬—冰	侵—庆	闽—鸣

（2）双音节词对比训练

an-ang	烂漫—浪漫	施展—师长	心烦—新房	天坛—天堂	赞颂—葬送
	胆量—当量	扳手—帮手	反问—访问	鸡蛋—激荡	膳食—伤食
en-eng	申明—声明	出身—出生	清真—清蒸	陈旧—成就	审视—省事
	秋分—秋风	诊治—整治	吩咐—丰富	深根—深耕	好闷—好梦
in-ing	人民—人名	临时—零食	贫民—平民	亲近—清静	金鱼—鲸鱼
	亲生—轻生	不仅—布景	紧抱—警报	银洋—营养	新人—行人

（3）朗读训练节选自作品 32 号（录音示范见朗读作品）

朋（péng）友新（xīn）烫（tàng）了个头，不敢（gǎn）回家见（jiàn）母亲（qīn），恐（kǒng）怕惊（jīng）骇了老人（rén）家，却欢（huān）天（tiān）喜地来见（jiàn）我们（men），老朋（péng）友颇能（néng）以一种（zhǒng）趣味性（xìng）的眼（yǎn）光（guāng）欣（xīn）赏（shǎng）这个改变（biàn）。

（4）绕口令训练

an-ang：扁担长，板凳宽，扁担没有板凳宽，板凳没有扁担长。扁担绑在板凳上，板凳不让扁担绑在板凳上，扁担偏要绑在板凳上。

uan-uang：那边划来一艘船，这边漂去一张床，船床河中互相撞，不知船撞床，还是床撞船。

an-ang-uan：城隍庙里俩判官，左边是潘判官，右边是庞判官。不是潘判官管庞判官，而是庞判官管潘判官。

en-eng：老彭拿着一个盆，跨过老陈住的棚；盆碰棚，棚碰盆，棚倒盆碎棚压盆。

eng-en：陈庄程庄都有城，陈庄城通程庄城。陈庄城和程庄城，两庄城墙都有门。陈庄城进程庄人，陈庄人进程庄城。请问陈程两庄城，两庄城门都进人，哪个城进陈庄人，程庄人进哪个城？

ing-in：小青和小琴，小琴手很勤，小青人很精，手勤人精，琴勤青精，你学小琴还是小青？

in-ing：望月空，满天星，光闪闪，亮晶晶，好像那，小银灯，仔细看，看分明，大大小小、密密麻麻、闪闪烁烁，数也数不清。

ong：冲冲栽了十畦葱，松松栽了十棵松。冲冲说栽松不如栽葱，松松说栽葱不如栽松。是栽松不如栽葱，还是栽葱不如栽松？

iong：小涌勇敢学游泳，勇敢游泳是英雄。英雄救人常游泳，小涌游泳学英雄。

eng-ing-ong：东洞庭，西洞庭，洞庭山上一根藤，藤条头上挂铜铃。风吹藤动铜铃响，风停藤定铜铃静。

附录

前后鼻韵母代表字类推表

en

门— mēn 闷（闷热），
mén 门、们（图们江）、扪，
mèn 闷（闷闷不乐）、焖，
men 们（我们）

刃— rěn 忍，rèn 刃、纫、仞、韧、轫

分— pén 盆；
fēn 分（分析）、芬、纷、吩、氛，
fén 汾、焚，fěn 粉，
fèn 分（分量）、份、忿

壬— rén 壬、任（姓），rěn 荏，
rèn 任（任务）、妊、饪、衽

本— běn 本、苯，bèn 笨

申— shēn 申、伸、绅、呻、砷，
shén 神，shěn 审、婶

珍— zhēn 珍、胗，
zhěn 诊、疹、畛、轸；chèn 趁

贞— zhēn 贞、侦、桢、祯、浈

艮— gēn 跟、根，gèn 艮、茛；kěn 恳、垦；
hén 痕，hěn 很、狠，hèn 恨

辰— chén 辰、晨、宸；zhèn 振、震

枕— zhěn 枕；chén 忱；shěn 沈

肯— kěn 肯、啃

参— cēn 参（参差）；shēn 参（人参）；
shèn 渗

贲— bēn 贲；pēn 喷（喷泉），
pèn 喷（喷香）；fèn 愤

真— zhēn 真，zhěn 缜，zhèn 镇；
chēn 嗔；shèn 慎

eng

风— fēng 风、枫、疯，fěng 讽

正— zhēng 正（正月）、征、怔（怔忡）、
症（症结），zhěng 整，zhèng 正（正确）、
证、政、症（症状）；chéng 惩

生— shēng 生、牲、甥、笙，shèng 胜

成— chéng 成、城、诚、盛（盛饭）；
shèng 盛（盛会）

争— zhēng 争、挣（挣扎）、峥、狰、
睁、铮、筝，zhèng 诤、挣（挣脱）

丞— zhēng 蒸，zhěng 拯；chéng 丞

亨— pēng 烹；hēng 亨、哼

更— gēng 更（更正），gěng 梗、埂、
哽、绠、鲠，gèng 更（更加）

呈— chéng 呈、程、酲，chěng 逞

庚— gēng 庚、赓

奉— pěng 捧；fèng 奉、俸

朋— bēng 崩、绷（绷带），běng 绷（绷着脸），
bèng 蹦；péng 朋、棚、鹏、硼

孟— měng 猛、锰、艋、勐、蜢，mèng 孟

峰— péng 蓬、篷；fēng 蜂、峰、锋、烽，
féng 缝（缝衣）、逢，fèng 缝（门缝）

乘— chéng 乘；shèng 乘（史乘）、剩、嵊

曾— zēng 曾（姓）、憎、增、缯，zèng 赠；
céng 曾（曾经）、嶒，cèng 蹭；sēng 僧

彭— péng 彭、澎、膨

塄— léng 塄，lèng 愣、楞

登— dēng 登、蹬（蹬水车），
dèng 凳、澄、瞪、澄（澄沙）、镫；
chéng 橙、澄（澄澈）

誊— téng 誊、腾、藤、滕

蒙— mēng 蒙（蒙骗），
méng 蒙（蒙蔽）、檬、濛、艨、朦，
měng 蒙（蒙古）、蠓

in

心— qìn 沁；xīn 心、芯（灯芯），
xìn 芯（芯子）

今— jīn 今、衿、矜，jìn 妗；
qīn 衾，qín 琴、芩；yín 吟

斤— jīn 斤，jìn 近、靳；qín 芹；
xīn 新、欣、薪、忻、昕

民— mín 民、岷，mǐn 抿

因— yīn 因、茵、姻、洇、铟、氤

阴— yīn 阴，yìn 荫

尽— jǐn 尽（尽管），jìn 尽（尽力）、烬、赆

辛— qīn 亲；xīn 辛、莘（莘庄）、
锌（亲又念 qìng“亲家”）

林— bīn 彬；lín 林、淋、琳、霖

浸— jìn 浸；qīn 侵，qǐn 寝

宾— bīn 宾、滨、傧、缤、槟、镔，
bìn 摈、殡、鬓；pín 嫔

堇— jǐn 谨、馑、瑾、槿；qín 勤；yín 鄞

禽— qín 禽、擒、噙

禁— jīn 襟，jìn 禁、噤

粦— lín 邻、鳞、嶙、遴、辚、粼

ing

丁— dīng 丁、盯、钉（钉子）、仃、疔、
酊（碘酊），dǐng 顶、酊（酩酊），
dìng 订、钉（钉扣子）；tīng 厅、汀

并— bǐng 饼、屏（屏除），bìng 并、
摒（摒挡）；píng 瓶、
屏（屏风）；pīn 拼、姘

宁— níng 宁（安宁）、拧（拧绳子）、
咛、狞、柠，nǐng 拧（拧螺丝钉），
nìng 宁（宁可）、泞、拧（拧脾气）

丙— bǐng 丙、柄、炳，bìng 病

平— píng 平、评、萍、苹、坪、枰

令— líng 铃、玲、龄、伶、羚、苓、
囹、泠、柃、瓴、聆、瓴、零，
lǐng 令（一令纸）、岭、领，
lìng 令（命令）；līn 拎

名— míng 名、铭、茗，mǐng 酩

廷— tíng 廷、庭、蜓、霆，
tǐng 挺、艇、梃、铤

开— jīng 荆；xíng 形、型、刑、邢

京— jīng 京、惊、鲸；qíng 黥

定— dìng 定、锭、腚、碇

英— yīng 英、瑛、媖

巠— jīng 经、泾、茎，jǐng 颈、刭，
jìng 劲（劲敌）、径、痉、胫；
qīng 轻、氢（劲又念 jìn“干劲”）

青— jīng 精、睛、菁，jìng 靖、静；
qīng 青、清、蜻、鲭，qíng 情、晴、氰

冥— míng 冥、暝、螟、溟、瞑

亭— tíng 亭、停、婷、葶

夌— líng 凌、陵、菱、绫

竟— jìng 竟、镜、境

营— yīng 莺，yíng 营、莹、萤、荧、萦、滢

婴— yīng 婴、樱、鹦、缨、撄、嘤、罂

敬— jǐng 警、儆，jìng 敬；qíng 擎

景— jǐng 景、憬，yǐng 影

第四章

声调发音与语流音变

第一节　声调发音

一、声调的性质和作用

普通话中每个音节都有声调，同样的音节“mɑ”标上不同的声调“mā má mǎ mà”，则表示不同的意义，声调具有区别意义的作用，是音节中区别意义的音高变化。声调是音节的重要组成部分，是贯穿整个音节的，也叫“字调”或“单字调”。

音高是由声带在一定时间内颤动的次数决定的，颤动次数多音高就高，反之则音高就低。音高的高低与声带的长短、薄厚、松紧有关系，老人与小孩儿，男性与女性声带长短、薄厚、松紧不一样，发出的音高就不同。老人、男性声带厚、长且松，发音就低；小孩儿、女性声带薄、短且紧，发音就高，这是“绝对音高”。声调的音高变化指的是“相对音高”。无论老人还是小孩儿，男性还是女性，使用同一种方言，在同一时间内保持同样的情绪发出同样的音节，两个人的音高变化形式和升降幅度相同。比如同是北京人的老人与小孩儿发“马”这个音节，都是先降再升，这就是声调的音高现象。掌握声调音高变化不是要求每个人发音同高或同低，而是要求每个人根据自己的声带情况发出合比例的相对音高，掌握声调的高低升降曲直长短的音高变化。

二、调值、调类和调号

普通话音高变化有高低升降曲直长短的变化形式，这些变化是声调的实际读法，语言学家用五度值标记法来记录这些音高变化，用数字表示出来就叫调值。五度竖标为五个刻度，分别是5度为“高”、4度为“半高”、3度为“中”、2度为“半低”、1度为“低”。见表4-1。

普通话四个声调调值分别为“妈”（mā）55调值，调型高而平直属高平调。“麻”（má）35调值，调型由半高升至最高，属高升调。“马”（mǎ）214调值，先降再升高，属降升调。“骂”（mà）51调值，由最高降到最低，属全降调。

相同调值的音归为一类叫调类，普通话共有四个调类：55调值为阴平，35调值为阳平，

214 调值为上声，51 调值为去声。汉语拼音方案规定，调类的标记符号为阴平“ˉ”、阳平“ˊ”、上声“ˇ”、去声“ˋ”，也叫调号。四个调类调值特点分别表现为一平二升三曲四降，统称普通话四声，四个声调的长短是不一样的，上声最长，阳平次长，阴平次短，去声最短。

表 4-1　　普通话声调发音一览表

竖标	例字	例音	调值	调类	调号	特点
高5 半高4 中3 半低2 低1 	妈	mā	55	阴平	ˉ	高平
	麻	má	35	阳平	ˊ	高升
	马	mǎ	214	上声	ˇ	降升
	骂	mà	51	去声	ˋ	全降

三、普通话声调的发音

普通话声调特点是调型区分明显，学习者容易掌握。调型有一定的高度，发音响亮。四个调类高扬成分多，阴平是高平调，阳平是高升调，去声是起点高，上声前半段低调后半段也表现为上扬止在 4 度。普通话四声分布均匀又舒缓柔和，具有韵律美。

1. 第一声阴平为 55 调值，发音时声带要绷到最紧，始终没有变化，保持高音。阴平在四个声调中音长次短。

词例：阿 ā　　春 chūn　　蹬 dēng　　彬 bīn　　根 gēn

2. 第二声阳平为 35 调值，发音时声带从不松不紧的中区开始起音，逐渐绷紧升高至阴平处为止，声音由不高不低逐渐升到最高。阳平在四个声调中音长次长。

词例：颌 hé　　蓝 lán　　蒙 méng　　凝 níng　　潜 qián

3. 第三声上声为 214 调值，发音时声带从略微有些紧张低音段 2 度间开始松弛下来到 1 度，稍稍延长，然后迅速绷紧达到 4 度止。先降再升成为上声的基本特征。上声在四个声调中音长最长。

词例：懂 dǒng　　髓 suǐ　　妥 tuǒ　　挽 wǎn　　纬 wěi

4. 第四声去声为 51 调值，发音时声带从最紧开始到完全松弛为止。声音由高到低。去声在四个声调中音长最短。

词例：辨 biàn　　侧 cè　　唱 chàng　　道 dào　　递 dì

四个声调发音特点总结为：

阴平起音高高一路平——高空飞机

阳平由中到高往上跑——来回航行

上声先降再从低升高——果敢勇猛

去声高歌猛降到底层——胜利迈进

四、声调发音训练（录音示范）

1. 单音节声调训练

妈 mā　　麻 má　　码 mǎ　　骂 mà

坡 pō　　婆 pó　　叵 pǒ　　破 pò
哥 gē　　格 gé　　葛 gě　　个 gè
砰 pēng　　蓬 péng　　捧 pěng　　碰 pèng

2. 双音节词语训练

阴平+阴平　波涛　鲜花　突出　功勋　欢呼
阳平+去声　矛盾　辽阔　评价　回忆　跋涉
去声+去声　荡漾　胜利　庆祝　寂寞　倡议
阴平+阳平　规模　奔流　精华　生活　蹉跎
去声+上声　碧海　电影　庆典　彻底　乐曲
阳平+上声　持久　成果　联想　文采　诚恳

3. 四字成语训练

花红柳绿　风调雨顺　深谋远虑　山穷水尽　飞禽走兽　中流砥柱
背井离乡　大显神通　墨守成规　破釜沉舟　逆水行舟　异曲同工
忠言逆耳　得心应手　语重心长　万马奔腾　神通广大　喜笑颜开

4. 四字短语训练

喝杯咖啡　中央机关　今天出发　非常匆忙　科学发明　公事公办
工作需要　南方农村　严格执行　互相竞争　按劳付酬　正确判断

5. 对比训练

（1）不同音节对比

白花——百花　笔尖——鼻尖　美洲——湄洲　同志——统治　读书——赌输
前进——浅近　火力——活力　长河——场合　筹划——丑化　集合——几何
自习——自喜　历史——历时　停职——停止　合营——合影　惩罚——乘法

（2）两组词语对比

看书——砍树　优等——油灯　练习——联系　及早——急躁　朝阳——照样
兔子——秃子　礼貌——狸猫　伙计——活计　英勇——应用　通知——统治
管理——官吏　包围——保卫　胜利——生理　知道——指导　报复——包袱

（3）三组词语对比

政治——正直——争执　支援——志愿——职员
时间——实践——事件　指示——致使——知识
姿势——子时——自始　珍惜——枕席——阵袭

6. 四声声调朗读训练节选自作品 5 号（录音示范见朗读作品）

大（dà）雪整整下（xià）了一夜（yè）。今天（jīntiān）早晨（zǎo · chén），天（tiān）放晴（fàngqíng）了，太阳出来（chū · lái）了。推开（tuīkāi）门（mén）一看（kàn），嗬！好大的雪啊！山川（shānchuān）、河流、树木（shùmù）、房屋（fángwū），全都（quándōu）罩上（zhào · shàng）了一层（céng）厚厚的雪（xuě）。万里江山（jiāngshān），变成（biànchéng）了粉妆玉砌的世界（shìjiè）。落光（luòguāng）了叶子的柳树上（liǔshù · shàng）挂满了毛茸茸（máoróngróng）亮晶晶（liàngjīngjīng）的银条儿；而那些冬夏常青（dōng-xiàchángqīng）的松树（sōngshù）和柏树上（bǎishù · shàng），则挂满了蓬松松（péng　sōngsōng）沉甸甸（chén diàndiàn）的雪球儿。一阵风吹来，树枝

（shùzhī）轻轻地摇晃（yáo · huàng），美丽的银条儿和雪球儿簌簌（sùsù）地落下来（xià · lái），玉屑似的雪沫儿随风（suífēng）飘扬（piāoyáng），映着清晨（qīngchén）的阳光（yángguāng），显出一道道五光十色的彩虹。

第二节　语流音变

语言是人类交际的工具，人们在相互交流中，根据表意的需要，要不停地连续发出一连串的音节，这种现象称之为"语流"。普通话每个音节有固定的调值，这是基本调值。音节的基本调值在语流中，由于音素与音素之间、音节与音节之间相互影响，产生一些变化，这种变化现象是语流音变现象。普通话音变现象有变调、轻声、儿化和"啊"的变读四种现象。

普通话测试对于语流音变的考查体现在第二题朗读多音节词语、第三题朗读短文和第四题命题说话三个题目。语流音变在人们使用语言交流过程中起着重要的作用，没有音变人们将无法交流，音变掌握得好，普通话水平将会上升到更高的层次。

一、变调

变调是指语流中某个音节的声调受到音节之间的影响而出现的声调变读现象。它是语言中一种比较常见的音变现象，只是有的变调不明显，有的变调比较明显。普通话中几个常见的变调现象有上声变调，"一"、"不"变调。因为普通话变调现象很普遍，往往读原调的情况易被忽略，所以在了解变调的同时也要掌握在什么情况下不变调。

（一）上声变调

普通话上声不变调有以下三种情况：① 上声单念，② 上声在词尾，③ 上声在句尾。其他情况下都要变调。上声是214调值，调型是"ˇ"先降后升的曲折调，变化情况最复杂，在与其他音节结合时，有时丢掉下降部分，有时丢掉上升部分。学习普通话，在朗读和说话过程中，要特别注意把握这种变化。

1. 上声在非上声音节和非上声的轻声音节之前变为半上，由214调值变为211调值即（211+非上）

词例：

在阴平前：首都　普通　海军　老师　体操　水箱　许多　马车　雨衣　纺织

在阳平前：雪人　打球　语言　彩虹　古文　祖国　主持　改革　酒席　取材

在去声前：广大　晚饭　感谢　守候　典范　稿件　讨论　主见　美术　买卖

在轻声前：脑袋　尾巴　比方　本事　伙计　喜欢　老婆　老实　爽快　眼睛

2. 上声在上声音节前变调有几种现象，具体变调要看词语的构词格式

（1）两个上声相连，前一个上声变阳平调值，由214调值变为35调值即（35+214）。

词例：野草　海马　讲演　指点　领导　好马　海岛　勇敢　古典　减少

（2）三个上声相连，前两个上声音节根据词语的构词格式变调。

① 词语结构是"双单格"时，前两个上声音节由214调值变成后半上可读阳平35调值即（35+ 35+ 214）。

"双单格"词例：展览馆　蒙古语　水彩笔　选举法　洗脸水　古典美　手写体

② 词语结构是"单双格"时，前一个音节由214调值变为前半上211调值，第二个音

节由 214 调值变为后半上可读阳平 35 调值即（211+35+214）。

“单双格”词例：纸老虎　冷处理　小两口　搞管理　海产品　老保守　好导演

（3）三个以上上声相连，先根据语意或气息分节，再根据上声变调规律变调。

三个以上上声词句举例：

词例：① 永远（35+35）友好（35+214）

② 古朴（35+211）典雅（35+214）

句例：① 请你（35+211）给我（35+214）也（35）买两把（211+35+214）雨伞（35+214）。

② 我（35）也（211）早已想（35+35+214）买几种（211+35+214）好纸（35+214）。

（4）上声在上声轻声音节前，有两种变调形式，要根据轻声固有调值来按上声变调规律变调。上声在上声轻声音节前读半上，有的由 214 调值变为前半上读 21 调值，如：奶奶、椅子、马虎、耳朵。有的变为后半上可读阳平 35 调值，如：打手、打点、把柄、女子。

（二）“一”、“不”变调

除上声音节外，“一”、“不”也有多种变调现象。“一”的固有声调是阴平 55 调值，不变调的情况有：① 单念；② 表序数；③ 词语末尾；④ 句子末尾四种情况。词例：第一、万一、统一、一班、说一不二、一九九一、数一数二、三七二十一，其他情况都要变调。

“不”的固定调值是去声 51 调值，在以下几种情况读原调：① 单念；② 在词语末尾；③ 在句子末尾；④ 在非去声前。如：不、不佳、不来、不久、不求甚解、功不可没，其他情况都变调。

1. “一”、“不”在去声前变读为阳平 35 调值

词例：一个　一致　一旦　一触即发　一见如故　一步登天

不但　不利　不去　不速之客　不亦乐乎　不屑一顾

2. “一”在非去声前（阴平、阳平、上声）变读为去声 51 调值

词例：（1）在阴平前：一杯　一生　一天　一帆风顺　一知半解

（2）在阳平前：一年　一回　一直　一言为定　一穷二白

（3）在上声前：一把　一起　一碗　一往无前　一五一十

3. “一”夹在重叠动词中读轻声

词例：听一听　看一看　试一试　抖一抖　想一想

4. “不”夹在词语中间读次轻声，按变调规律变调

词例：会不会　了不起　吃不了　说不准　关不住

（三）改变调值的变调

由于普通话中的双音节词语大部分为中重格式，若双音节均为阴平调值并且是中重格式的，一般变为“44+55”调值。

词例：参加　西安　拼音　工兵　交通　磋商

若双音节均为去声调值并且是中重格式的，变为“53+51”调值。

词例：电话　毕业　会议　电视　罪恶　挂号

二、轻声

轻声是一种特殊的变调现象，普通话每个音节都有固定的声调，有些音节长期处于口语

轻音节的地位，失去了原有声调的调值，韵母弱化，读得既轻又短，构成了自身特有的音高形式，这就是轻声。轻声是语流中的音变现象，体现在词语和句子中，因此轻声音节不能独立存在，单念音节仍要读出原有的固定声调。例如们 mén、子 zǐ 等音节。轻声音节的位置是在词语的中间或其他音节的后面，不会出现在词或句子开头的音节中。例如：他们 tāmen、好的 hǎode、好得很 hǎodehěn、姑娘们 gūniángmen。

（一）轻声音节在普通话里的作用

1. 有区别词义作用。如：

东西 dōngxi 词义是物品。
东西 dōngxī 词义是两个方向。

地方 dìfang 词义是固定的位置。
地方 dìfāng 词义是中央下面的行政区。

买卖 mǎimai 词义是指做生意。
买卖 mǎimài 词义是指买和卖两种行为。

兄弟 xiōngdi 词义是指弟弟。
兄弟 xiōngdì 词义是指哥哥和弟弟。

2. 区别词性作用。如：

地道 dìdao 词义是指绝对、确实的意思（形容词）。
地道 dìdào 词义是地下巷道（名词）。

对头 duìtou 词义是对立面，敌人（名词）。
对头 duìtóu 词义是表正确，肯定（形容词）。

生气 shēngqi 词义是有朝气，生机勃勃（形容词）。
生气 shēngqì 词义是不高兴（动词）。

干事 gànshi 词义是工作职位名称（名词）。
干事 gànshì 词义是完成一种工作（动词）。

（二）轻声音节的发音方法

轻声的发音主要体现在音长和音强上，而一般声调发音体现在音高上。轻声发音的特点是用力特别小，音强比较弱，音长比较短。发轻声时要把轻声前的重音音节的音强音长发到位，后一个轻声音节就可以既轻又短。

词例：好的　奶奶　窗户　什么　钥匙

轻声音节发音，受前一个音节音高影响而有高低变化。

1. 轻声在阴平 55 调值后读半低调 2 度。

词例：桌子　她的　哥哥　称呼　高粱

2. 轻声在阳平 35 调值后读中调 3 度。

词例：红的　婆婆　瓶子　合同　狐狸

3. 轻声在上声 214 调值后读半高调 4 度。

词例：椅子　我的　姐姐　嘱咐　点心

4. 轻声在去声 51 调值后读低调 1 度。

词例：凳子　坏的　弟弟　漂亮　报酬

（三）普通话常读轻声的词

1. 语气词、结构助词常读轻声。如：吧、呢、吗、啊、啦、呀、哇；的、地、得、着、了、过。

词例：走吧 zǒuba　人呢 rénne　去吗 qùma　好啊 hǎo'a　怎么啦 zěnmela

快说呀 kuàishuōya　好哇 hǎowa　我的 wǒde　慢慢地 mànmande

跑着 pǎozhe　误过 wùguo　走了 zǒule　好得很 hǎodehěn

2. 构词用的虚语素“子、头”和表示多数的“们”读轻声。

词例：桌子 zhuōzi　木头 mùtou　我们 wǒmen

但当“子、头”作实语素时，不读轻声，读原调。

词例：臣子　电子　埋头　山头

3. 叠音名词和叠音动词后一个音节读轻声。

词例：妈妈 māma　姥姥 lǎolao　看看 kàkan　写写 xiěxie　说说 shuōshuo

4. 口语中，许多双音节词语中的第二个音节习惯读轻声，这类词语不好掌握，需要分门别类记忆，在运用中举一反三。

(1) 表示趋向的词，如“过来”、“回去”等；

(2) 表器官的词，如“头发”、“眼睛”等；

(3) 表称谓的词，如“太太”、“丫头”等；

(4) 表亲属关系的词，如“爷爷”、“奶奶”等。

以上只是必读轻声词的一部分，更多习惯念轻声的词语还需要通过朗读《普通话水平测试用必读轻声词语表》掌握记忆，积累并自如运用。

词例：

姑娘 gūniang	粮食 liángshi	行李 xíngli	清楚 qīngchu
商量 shāngliang	明白 míngbai	告诉 gàosu	挑剔 tiāoti
打听 dǎting	窗户 chuānghu	玻璃 bōli	萝卜 luóbo
糊涂 hútu	阔气 kuòqi	扎实 zhāshi	扫帚 sàozhou
凉快 liángkuai	规矩 guīju	多么 duōme	朋友 péngyou
唠叨 lāodao	大夫 dàifu	庄稼 zhuāngjia	盘算 pánsuan

(四) 词的轻重格式

词的轻重格式是指发生在读多音节词语时的轻重基本定式。一般词语中每个音节分为轻、次轻、中、重四个等级。“轻”就是轻声，轻的连原有的声调都失去了，“次轻”发音时调值也短，但还保留原来的声调。词的轻重有基本的定式，如果违背了这种定式，听起来方言语调浓重。

1. 双音节词语中，轻重格式有“中·重”、“重·轻”两种格式且“中·重”格式占大多数。

(1) “中·重”格式

词例：安全　按时　班长　朗读　产品　词典

海洋　森林　名胜　日常　沙滩　鲜艳

(2) “重·轻”格式

词例：包子　本事　比方　扁担　窗户　护士

伙计　暖和　明白　热闹　庄稼　舒服

2. 三音节词语中，轻重格式有“中·次轻·重”和“中·重·轻”两种格式。

(1)“中·次轻·重”格式

词例：办公室　博物馆　不得了　动物园　工程师
　　　老百姓　摩托车　电风扇　湖南省　花鼓戏

(2)“中·重·轻”格式

词例：不至于　老大爷　看样子　小伙子　大姑娘
　　　牛脾气　明摆着　没关系　老太太　枪杆子

3. 四音节词语多为“中·次轻·中·重”格式。

词例：欢声笑语　龙飞凤舞　花好月圆　不劳而获
　　　岂有此理　吞吞吐吐　万马奔腾　日积月累

三、儿化

“er”是一个独立的音节，在汉语普通话里单独使用“er”韵的音节很少，“er”韵音节在词语中常处在词尾，如：小花儿、这儿 、哪儿等。口语中由于“er”音节长期与前面的音节连读，就产生了音变，使“er”失去了原有的独立性，被化入前一个音节，只保留卷舌动作。两个音节融合，前面音节也发生变化，这种音变现象叫做“儿化”。由于前面音节韵母附加了卷舌动作，所以又叫“儿化韵”。

1.“儿化”的作用

(1) 表喜爱温和的感情色彩

例句：

① 这儿真漂亮！

② 你把东西放这儿吧，一会儿我来拿。

(2) 形容细小轻微状态的性质

例句：

① 小孩儿，你到哪儿去呀？

② 你家小猫儿真好玩儿。

③ 今天干活儿一点儿也不累。

(3) 区别词义作用

词例：

① 头：词义是脑袋，头部。
　 头儿：词义是领导，小头目。

② 眼：词义是眼睛。
　 眼儿：词义是窟窿。

③ 半天：词义是时间比较长。
　 半天儿：词义是一个上午或一个下午。

④ 信：词义是书信。
　 信儿：词义是消息。

(4) 区别词性作用

词例：

① 盖：词义是指由上而下的遮蔽动作（动词）。
　盖儿：词义是指器皿上部起遮蔽作用的部分（名词）。

② 尖：词义是指事物末端细小而尖锐（形容词）。
　尖儿：词义是指事物的末端或顶部（名词）。

③ 破烂：词义是指物品残破陈旧或被损坏（形容词）。
　破烂儿：词义是指残破陈旧的失去使用价值的物品（名词）。

④ 亮：词义是指光线很强（形容词）。
　亮儿：词义是指发光的东西（名词）。

2. 儿化韵的发音方法

儿化韵发音是使一个音节的主要元音带上卷舌色彩。儿化是从后面向前使韵腹、韵尾发生变化，对声母韵头没有影响，所以在儿化发音时，要遵循一定的规律去发音。

（1）不能把儿化韵拆开来读。例如："这儿"、"那儿"不能读成"zhè—ér"、"nà—ér"。

（2）儿化韵词语朗读时只读前一个音节的声调，后面卷舌"儿"的声调就不要再读了。

（3）朗读或说话时注意只要卷着舌读主要元音，卷舌动作不是抬高舌位，训练时要将舌位放在"er"的发音位置，即舌尖放在硬腭中部，发韵腹元音。如果舌尖不卷，舌位抬得再高，还是发不出卷舌音。

（4）儿化韵发音规律

① 韵腹或韵尾是 a、o、e、ê、u（包括 ao 、iao 的 o）的韵母儿化，可在元音后直接卷舌读原韵母。

② 韵尾是 i、n（in、ün 除外）的元音和辅音韵尾，应丢掉韵尾，主要元音卷舌。

③ 韵尾是主要元音 in、ün 的，丢掉 n，在主要元音后加"er"。

④ 韵尾是后鼻音 ng（ing 除外）的，丢掉后鼻音韵尾 ng，再加卷舌动作 r，使主要元音鼻化。

⑤ 韵母是舌间前 -i（前）韵母的，舌间后 -i（后）韵母的，韵母变为"er"。

⑥ 韵尾是"ing"的，丢掉后鼻韵尾 ng，加 er，并使 e 鼻化，读成"er"。

例如下表：

表 4-2　普通话儿化发音例表

例词	元音	儿化韵	例词	元音	儿化韵
刀背儿	ei	er	亮儿	iang	iar+鼻化
烟卷儿	üan	üar	麻绳儿	eng	er+鼻化
纳闷儿	en	er	铜子儿	zi	zer
玩意儿	i	ier	咬字儿	zi	zer
针鼻儿	i	ier	没事儿	shi	sher
小曲儿	ü	üer	电影儿	ing	ier+鼻化
帮忙儿	ang+鼻化	ar+鼻化	打鸣儿	ing	ier+鼻化

四、“啊”的音变现象

“啊”可做叹词用，多数情况下做语气词用。“啊”做语气词常出现在句末，它的读音随前字韵母的不同而有变化。因此在语流中，“啊”读音是有音变现象的。具体变化为：

1. 前面音节的末尾音素是 ɑ、o、e、i、ü（不包括 ɑo、iɑo）的读作“呀”（yɑ）

例句：

（1）快往上爬（ɑ）啊！（yɑ）

（2）这儿的人真多（o）啊！（yɑ）

（3）今天真热（e）啊！（yɑ）

（4）汽车真挤（i）啊！（yɑ）

（5）你到哪儿去（ü）啊！（yɑ）

2. 前面音节末尾音素是 u（包括 ɑo、iɑo）的读“哇”（wɑ）

例句：

（1）你在哪里住（u）啊？（wɑ）

（2）这座楼可真高（ɑo）啊！（wɑ）

（3）真可笑（iɑo）啊！（wɑ）

3. 前面音节的末尾是前鼻音“n”、后鼻音“ng”分别读成“那”（nɑ）和（ngɑ）

例句：

（1）你的判断真准（n）啊！（nɑ）

（2）你快唱（ng）啊！（ngɑ）

4. 前面音节的末尾音素是舌尖前韵母-i（前）、舌尖后韵母-i（后）分别读成“咋”（zɑ）和（rɑ）

例句：

（1）你练毛笔字（-i 前）啊？（zɑ）

（2）你有什么事（-i 后）啊！（rɑ）

五、语流音变发音训练（录音示范）

1. 变调训练

（1）上声变调训练

上声+阴平	摆脱	北方	补充	打击	顶端	法官	纺织	广播	好多	假说
上声+阳平	饱和	比如	表情	采集	阐明	场合	处罚	典型	吻合	改革
上声+去声	保卫	本地	感叹	彩色	处分	导向	等待	顶用	反正	粉末
上声+上声	感慨	景点	可以	口语	苦恼	老板	冷水	理解	领导	美感
上声+轻声	脑袋	嘴巴	铁匠	小气	眼睛	老爷	口袋	姐夫	扁担	点心

上声+上声+上声　展览馆　洗脸水　讲演稿　冷水澡　选举法

纸老虎　买水果　小组长　海产品　好女子

（2）“一”、“不”变调

“一”、“不”在去声前　一半　一道　一概　一律　不必　不愧　不错　不断

“一”在非去声前　一生　一端　一时　一头　一直　一把　一捧　一捆

2. 轻声训练

（1）词语训练

阴平后轻声读 2 度

包袱　苍蝇　称呼　窗户　提防　灯笼　耽误　规矩　胳膊　风筝

阳平后轻声读 3 度

白净　糊涂　锄头　肠子　红火　模糊　难为　盘算　朋友　石榴

上声后轻声读 4 度

本子　耳朵　脊梁　剪子　口袋　喇叭　老实　马虎　首饰　尾巴

去声后轻声读 1 度

爱人　贩子　杠子　对待　故事　叫唤　嫁妆　见识　屁股　木匠

（2）短文训练

有一个护士，她用胳膊支着脑袋，靠在窗户边上，望着蘑菇般的云彩想事情。刚刚接了一个消息，丈夫出差下午回家。他会带什么东西呢？核桃、石榴还是牡丹？不过最稀罕的还是那纸风筝。她盘算着，先客气地和领导打个招呼，说明情况请好假。然后回家用笤帚把地面打扫干净，再把房间收拾利落。还得把自己打扮得漂漂亮亮精精神神的，准时去接他。他的包袱和行李肯定很多，也没关系，反正打个的士也很便宜，很快就会回家了。

3. 儿化韵训练

（1）词语训练

刀把儿	找茬儿	名牌儿	鞋带儿	壶盖儿	蒜瓣儿	脸盘儿
栅栏儿	门槛儿	帮忙儿	赶趟儿	瓜瓤儿	掉价儿	照片儿
扇面儿	差点儿	聊天儿	拉链儿	冒尖儿	坎肩儿	露馅儿
鼻梁儿	透亮儿	脑瓜儿	大褂儿	麻花儿	笑话儿	一块儿
茶馆儿	火罐儿	打转儿	相框儿	打晃儿	烟卷儿	手绢儿
人缘儿	绕远儿	刀背儿	摸黑儿	老本儿	纳闷儿	走神儿
旦角儿	主角儿	那会儿	墨水儿	围嘴儿	走味儿	打盹儿
刀刃儿	小人儿书	夹缝儿	脖颈儿	提成儿	锅贴儿	半截儿
砂轮儿	冰棍儿	没准儿	肚脐儿	脚印儿	墨汁儿	模特儿
火星儿	毛驴儿	痰盂儿	合群儿	挑刺儿	花瓶儿	门铃儿
逗乐儿	打嗝儿	抽空儿	酒盅儿	小熊儿	绝着儿	早早儿
火苗儿	开窍儿	衣兜儿	纽扣儿	顶牛儿	一溜儿	抓阄儿
加油儿	火锅儿	做活儿	邮戳儿	被窝儿	家伙儿	耳膜儿

（2）短文训练

进了门儿，倒杯水儿，喝了两口透透气儿。顺手拿起小唱本儿，唱一曲儿，又一曲儿，练完了嗓音儿我练嘴皮儿。绕口令儿，练字音儿，还有单弦儿牌子曲儿；小快板儿，大鼓词儿，又说又唱我真带劲儿。

有个小孩儿叫小兰儿，兜儿里装着几个钱儿，又打醋，又买盐儿，还买了一个小饭碗儿，小饭碗儿，真好玩儿，红花儿绿叶儿镶金边儿，中间儿还个有小红点儿。

4. “啊”的变读训练

（1）这又怪又丑的石头，原来是天上的啊（yɑ）！（作品 3 号）

（2）嗬！好大的雪啊（yɑ）！（作品5号）

（3）再从家乡放到祖国最需要的地方去啊！（yɑ）（作品9号）

（4）火光啊（ngɑ）……毕竟……毕竟就在前头！（作品16号）

（5）家乡的桥啊（wɑ）！我梦中的桥！（作品18号）

（6）它便敞开美丽的歌喉，唱啊（ngɑ）唱，……（作品22号）

（7）是啊（rɑ），我们有自己的祖国。（作品22号）

（8）人和动物都是一样啊（ngɑ），……（作品22号）

（9）我想张开两臂抱住她，但这是怎样一个妄想啊（ngɑ）。（作品25号）

（10）这才这般的鲜润啊（nɑ）。（作品25号）

（11）狗该是多么庞大的怪物啊（wɑ）！（作品27号）

（12）是啊（rɑ），请不要见笑。（作品27号）

（13）应该奖励你啊（yɑ）！（作品39号）

（14）我砸的不是坏人，而是自己的同学啊（yɑ）……（作品39号）

（15）这真是千金难买的幸福啊（wɑ）。（作品40号）

5. 朗读训练节选自作品17号（录音示范见朗读作品）

设若单单是有（yǒu变21调）阳光，那也（yě变21调）算不了（suàn · bùliǎo变21调）出奇。请闭上（bì · shàng）眼睛（yǎn变21调jing）想（xiǎng）：一（yī变35调）个老城（lǎo变21调chéng），有（yǒu变21调）山有（yǒu变35调）水（shuǐ），全在天底下（dǐ变21调 · xià）晒着（shàizhe）阳光，暖和（nuǎn变21调huo）安适地睡着（shuìzhe），只等（děng变21调）春风来把（bǎ变21调）它们（tāmen）唤醒（huànxǐng），这是不是（shì · bù变35调shì）理（lǐ变35调）想（xiǎng变21调）的境界？小山（xiǎo变21调shān）整（zhěng变35调）把（bǎ变35调）济南（Jǐ变21调nán）围了（wéile）个圈儿（quānr），只有（zhǐ变35调yǒu变35调）北边（běi变21调 · biān）缺着（quēzhe）点（diǎnr变35调）口儿（kǒur），这一圈（yī变51调quān）小山（xiǎo变21调shān）在冬天特别可爱（kě变21调'ài），好像（hǎo变21调xiàng）是把（bǎ变35调）济南（Jǐ变21调nán）放在一个（yī变35调gè）小（xiǎo变21调）摇篮里（yáolán · lǐ），它们（tāmen）安静不（bù变35调）动（dòng）地低声地说："你们（nǐ变21调men）放心吧，这儿（zhèr）准保（zhǔn变35调bǎo变35调）暖和（nuǎn变21调huo）。"真的，济南（Jǐ变21调nán）的人们（rénmen）在冬天是面上（miàn · shàng）含笑的（de）。他们（tāmen）一看（yī变35调kàn）那些小山（xiǎo变21调shān），心中便觉得（jué · dé）有了（yǒu变21调le）着落，有了（yǒu变21调le）依靠。他们（tāmen）由天上（tiān · shàng）看到山上（shān · shàng），便不知不觉（bùzhī-bùjué）地想起（xiǎng变35调qǐ变21调）：明天也许（yě变35调xǔ变21调）就是春天了（le）吧（bɑ）？这样的（de）温暖（nuǎn），今天夜里（yè · lǐ）山草（shāncǎo变21调）也许（yě变35调xǔ变21调）就绿起来（qǐ变21调 · lái）了（le）吧（bɑ）？就是这点儿（diǎnr变21调）幻想（xiǎng变21调）不能（bùnéng）一时（yī变51调shí）实现，他们（tāmen）也（yě变21调）并不着急（bùzháojí），因为（yīn · wèi）这样慈善的冬天，干什么（shénme）还希望别的（de）呢（ne）！

这是朗读测试的一个主要部分。它包括声、韵、调三方面。应试人事先要根据自己方音的难点，确定朗读时语音的重点，读准容易发错的字音，克服方音语调的影响。

附录

普通话音变训练词语表

一、普通话水平测试用必读轻声词语表

说 明

1. 本表根据《普通话水平测试用普通话词语表》编制。

2. 本表供普通话水平测试第二项——读多音节词语（100个音节）测试使用。

3. 本表共收词545条（其中“子”尾词条206条），按汉语拼音字母顺序排列。

4. 条目中的非轻声音节只标本调，不标变调；条目中的轻声音节，注音不标调号。如：“明白 míngbai”。

A

爱人 àiren

案子 ànzi

B

巴掌 bāzhang

把子 bǎzi

把子 bàzi

爸爸 bàba

白净 báijing

班子 bānzi

板子 bǎnzi

帮手 bāngshou

梆子 bāngzi

膀子 bǎngzi

棒槌 bàngchui

棒子 bàngzi

包袱 bāofu

包涵 bāohan

包子 bāozi

豹子 bàozi

杯子 bēizi

被子 bèizi

本事 běnshi

本子 běnzi

鼻子 bízi

比方 bǐfang

鞭子 biānzi

扁担 biǎndan

辫子 biànzi

别扭 bièniu

拨弄 bōnong

脖子 bózi

饼子 bǐngzi

簸箕 bòji

补丁 bǔding

不由得 bùyóude

不在乎 bùzàihu

步子 bùzi

部分 bùfen

C

裁缝 cáifeng

财主 cáizhu

苍蝇 cāngying

差事 chāishi

柴火 cháihuo

肠子 chángzi

厂子 chǎngzi

场子 chǎngzi

车子 chēzi

称呼 chēnghu

池子 chízi

尺子 chǐzi

虫子 chóngzi

绸子 chóuzi

除了 chúle

锄头 chútou

畜生 chùsheng

窗户 chuānghu

窗子 chuāngzi

锤子 chuízi

刺猬 cìwei

凑合 còuhe

村子 cūnzi

D

耷拉 dāla

答应 dāying

打扮 dǎban

打点 dǎdian

打发 dǎfa

打量 dǎliang

打算 dǎsuan

打听 dǎting

大方 dàfang

大爷 dàye

大夫 dàifu

带子 dàizi

袋子 dàizi

耽搁 dānge

耽误 dānwu

单子 dānzi

胆子 dǎnzi

刀子 dāozi

道士 dàoshi

稻子 dàozi

灯笼 dēnglong

提防 dīfang

笛子 dízi

底子 dǐzi

地道 dìdao

地方 dìfang

弟弟 dìdi

弟兄 dìxiong

点心 diǎnxin

调子 diàozi

钉子 dīngzi

东家 dōngjia

东西 dōngxi

动静 dòngjing

动弹 dòngtan

豆腐 dòufu

豆子 dòuzi

嘟囔 dūnang

肚子 dǔzi

缎子 duànzi

对付 duìfu
对头 duìtou
队伍 duìwu
多么 duōme

E

蛾子 ézi
儿子 érzi
耳朵 ěrduo

F

贩子 fànzi
房子 fángzi
份子 fènzi
风筝 fēngzheng
疯子 fēngzi
福气 fúqi
斧子 fǔzi

G

盖子 gàizi
甘蔗 gānzhe
杆子 gānzi
杆子 gǎnzi
干事 gànshi
杠子 gàngzi
高粱 gāoliang
膏药 gāoyao
稿子 gǎozi
告诉 gàosu
疙瘩 gēda
哥哥 gēge
胳膊 gēbo
鸽子 gēzi
格子 gézi
个子 gèzi
根子 gēnzi
跟头 gēntou
工夫 gōngfu
弓子 gōngzi
公公 gōnggong
功夫 gōngfu
钩子 gōuzi
姑姑 gūgu
姑娘 gūniang
谷子 gǔzi
骨头 gǔtou
故事 gùshi
寡妇 guǎfu
褂子 guàzi
怪物 guàiwu
关系 guānxi
官司 guānsi
罐头 guàntou
罐子 guànzi
规矩 guīju
闺女 guīnü
鬼子 guǐzi
柜子 guìzi
棍子 gùnzi
锅子 guōzi
果子 guǒzi

H

蛤蟆 háma
孩子 háizi
含糊 hánhu
汉子 hànzi
行当 hángdang
合同 hétong
和尚 héshang
核桃 hétao
盒子 hézi
红火 hónghuo
猴子 hóuzi
后头 hòutou
厚道 hòudao
狐狸 húli
胡琴 húqin
糊涂 hútu
皇上 huángshang
幌子 huǎngzi
胡萝卜 húluóbo
活泼 huópo
火候 huǒhou
伙计 huǒji
护士 hùshi

J

机灵 jīling
脊梁 jǐliang
记号 jìhao
记性 jìxing
夹子 jiāzi
架子 jiàzi
嫁妆 jiàzhuang
尖子 jiānzi
茧子 jiǎnzi
剪子 jiǎnzi
见识 jiànshi
毽子 jiànzi
将就 jiāngjiu
交情 jiāoqing
饺子 jiǎozi
叫唤 jiàohuan
轿子 jiàozi
结实 jiēshi
街坊 jiēfang
姐夫 jiěfu
姐姐 jiějie
戒指 jièzhi
金子 jīnzi
精神 jīngshen
镜子 jìngzi
舅舅 jiùjiu
橘子 júzi
句子 jùzi
卷子 juànzi

K

咳嗽 késou
客气 kèqi
空子 kòngzi
口袋 kǒudai
口子 kǒuzi
扣子 kòuzi
窟窿 kūlong
裤子 kùzi
快活 kuàihuo
筷子 kuàizi
框子 kuàngzi
困难 kùnnan
阔气 kuòqi

L

喇叭 lǎba
喇嘛 lǎma
篮子 lánzi
懒得 lǎnde
浪头 làngtou
老婆 lǎopo
老实 lǎoshi
老太太 lǎotàitai
老头子 lǎotóuzi
老爷 lǎoye
老子 lǎozi
姥姥 lǎolao
累赘 léizhui
篱笆 líba
里头 lǐtou
力气 lìqi
厉害 lìhai
利落 lìluo
利索 lìsuo
例子 lìzi
栗子 lìzi
痢疾 lìji
连累 liánlei
帘子 liánzi
凉快 liángkuai
粮食 liángshi
两口子 liǎngkǒuzi
料子 liàozi
林子 línzi
翎子 língzi
领子 lǐngzi
溜达 liūda
聋子 lóngzi
笼子 lóngzi
炉子 lúzi
路子 lùzi
轮子 lúnzi
萝卜 luóbo
骡子 luózi
骆驼 luòtuo

M

妈妈 māma
麻烦 máfan
麻利 máli

麻子　mázi
马虎　mǎfu
码头　mǎtou
买卖　mǎimai
麦子　màizi
馒头　mántou
忙活　mánghuo
冒失　màoshi
帽子　màozi
眉毛　méimao
媒人　méiren
妹妹　mèimei
门道　méndao
眯缝　mīfeng
迷糊　míhu
面子　miànzi
苗条　miáotiao
苗头　miáotou
名堂　míngtang
名字　míngzi
明白　míngbai
蘑菇　mógu
模糊　móhu
木匠　mùjiang
木头　mùtou

N

那么　nàme
奶奶　nǎinai
难为　nánwei
脑袋　nǎodai
脑子　nǎozi
能耐　néngnai
你们　nǐmen
念叨　niàndao
念头　niàntou
娘家　niángjia
镊子　nièzi
奴才　núcai
暖和　nuǎnhuo
女婿　nǚxu
疟疾　nüèji

P

拍子　pāizi
牌楼　páilou
牌子　páizi
盘算　pánsuan
盘子　pánzi
胖子　pàngzi
狍子　páozi
盆子　pénzi
朋友　péngyou
棚子　péngzi
脾气　píqi
皮子　pízi
痞子　pǐzi
屁股　pìgu
片子　piānzi
便宜　piányi
骗子　piànzi
票子　piàozi
漂亮　piàoliang
瓶子　píngzi
婆家　pójia
婆婆　pópo
铺盖　pūgai

Q

欺负　qīfu
旗子　qízi
前头　qiántou
钳子　qiánzi
茄子　qiézi
亲戚　qīnqi
勤快　qínkuai
清楚　qīngchu
亲家　qìngjia
曲子　qǔzi
圈子　quānzi
拳头　quántou
裙子　qúnzi

R

热闹　rènao
人家　rénjia
人们　rénmen
认识　rènshi
日子　rizi
褥子　rùzi

S

塞子　sāizi
嗓子　sǎngzi
嫂子　sǎozi
扫帚　sàozhou
沙子　shāzi
傻子　shǎzi
扇子　shànzi
商量　shāngliang
上司　shàngsi
上头　shàngtou
烧饼　shāobing
勺子　sháozi
少爷　shàoye
哨子　shàozi
舌头　shétou
身子　shēnzi
什么　shénme
婶子　shěnzi
生意　shēngyi
牲口　shēngkou
绳子　shéngzi
师父　shīfu
师傅　shīfu
虱子　shīzi
狮子　shīzi
石匠　shíjiang
石榴　shíliu
石头　shítou
时候　shíhou
实在　shízai
拾掇　shíduo
使唤　shǐhuan
世故　shìgu
似的　shìde
事情　shìqing
柿子　shìzi
收成　shōucheng
收拾　shōushi
首饰　shǒushi
叔叔　shūshu
梳子　shūzi
舒服　shūfu
舒坦　shūtan
疏忽　shūhu
爽快　shuǎngkuai
思量　sīliang
算计　suànji
岁数　suìshu
孙子　sūnzi

T

他们　tāmen
它们　tāmen
她们　tāmen
台子　táizi
太太　tàitai
摊子　tānzi
坛子　tánzi
毯子　tǎnzi
桃子　táozi
特务　tèwu
梯子　tīzi
蹄子　tízi
挑剔　tiāoti
挑子　tiāozi
条子　tiáozi
跳蚤　tiàozao
铁匠　tiějiang
亭子　tíngzi
头发　tóufa
头子　tóuzi
兔子　tùzi
妥当　tuǒdang
唾沫　tuòmo

W

挖苦　wāku
娃娃　wáwa
袜子　wàzi
晚上　wǎnshang
尾巴　wěiba
委屈　wěiqu
为了　wèile
位置　wèizhi
位子　wèizi
蚊子　wénzi
稳当　wěndang

我们 wǒmen
屋子 wūzi

X

稀罕 xīhan
席子 xízi
媳妇 xífu
喜欢 xǐhuan
瞎子 xiāzi
匣子 xiázi
下巴 xiàba
吓唬 xiàhu
先生 xiānsheng
乡下 xiāngxia
箱子 xiāngzi
相声 xiàngsheng
消息 xiāoxi
小伙子 xiǎohuǒzi
小气 xiǎoqi
小子 xiǎozi
笑话 xiàohua
谢谢 xièxie
心思 xīnsi
星星 xīngxing
猩猩 xīngxing
行李 xíngli
性子 xìngzi
兄弟 xiōngdi
休息 xiūxi
秀才 xiùcai
秀气 xiùqi
袖子 xiùzi
靴子 xuēzi
学生 xuésheng
学问 xuéwen

Y

丫头 yātou
鸭子 yāzi
衙门 yámen
哑巴 yǎba
胭脂 yānzhi
烟筒 yāntong
眼睛 yǎnjing
燕子 yànzi
秧歌 yāngge
养活 yǎnghuo
样子 yàngzi
吆喝 yāohe
妖精 yāojing
钥匙 yàoshi
椰子 yēzi
爷爷 yéye
叶子 yèzi
一辈子 yībèizi
衣服 yīfu
衣裳 yīshang
椅子 yǐzi
意思 yìsi
银子 yínzi
影子 yǐngzi
应酬 yìngchou
柚子 yòuzi
冤枉 yuānwang
院子 yuànzi
月饼 yuèbing
月亮 yuèliang
云彩 yúncai
运气 yùnqi

Z

在乎 zàihu
咱们 zánmen
早上 zǎoshang
怎么 zěnme
扎实 zhāshi
眨巴 zhǎba
栅栏 zhàlan
宅子 zháizi
寨子 zhàizi
张罗 zhāngluo
丈夫 zhàngfu
帐篷 zhàngpeng
丈人 zhàngren
帐子 zhàngzi
招呼 zhāohu
招牌 zhāopai
折腾 zhēteng
这个 zhège
这么 zhème
枕头 zhěntou
镇子 zhènzi
芝麻 zhīma
知识 zhīshi
侄子 zhízi
指甲 zhǐjia
指头 zhǐtou
种子 zhǒngzi
珠子 zhūzi
竹子 zhúzi
主意 zhǔyi
主子 zhǔzi
柱子 zhùzi
爪子 zhuǎzi
转悠 zhuànyou
庄稼 zhuāngjia
庄子 zhuāngzi
壮实 zhuàngshi
状元 zhuàngyuan
锥子 zhuīzi
桌子 zhuōzi
字号 zìhao
自在 zìzai
粽子 zòngzi
祖宗 zǔzong
嘴巴 zuǐba
作坊 zuōfang
琢磨 zuómo

二、普通话可轻读词语表

说　　明

本表分两部分，第一部分选自国家普通话水平测试大纲《普通话水平测试用词语表》表一、表二里两个注音中加注“·”标记的可轻读词语。第二部分为常用词表里普通话发音习惯第二音节读次轻的词语，语音不太稳定，供学习时参考。

第一部分

表一　可轻读词语表

白天 bái · tiān
报酬 bào · chóu
报复 bào · fù

别人	bié · rén	讲究	jiǎng · jiū	神气	shén · qì
玻璃	bō · lí	进来	jìn · lái	使得	shǐ · dé
差不多	chà · bùduō	觉得	jué · dé	势力	shì · lì
长处	cháng · chù	看见	kàn · jiàn	书记	shū · jì
成分	chéng · fèn	客人	kè · rén	熟悉	shú · xī
诚实	chéng · shí	会计	kuài · jì	太阳	tài · yáng
刺激	cì · jī	来不及	lái · bùjí	听见	tīng · jiàn
错误	cuò · wù	老人家	lǎo · rén · jiā	痛快	tòng · kuài
答复	dá · fù	老鼠	lǎo · shǔ	外边	wài · biān
大人	dà · rén	里边	lǐ · biān	外面	wài · miàn
道理	dào · lǐ	里面	lǐ · miàn	味道	wèi · dào
底下	dǐ · xià	力量	lì · liàng	西瓜	xī · guā
地下	dì · xià	了不起	liǎo · bùqǐ	下边	xià · biān
懂得	dǒng · dé	邻居	lín · jū	下来	xià · lái
对不起	duì · bùqǐ	逻辑	luó · jí	下面	xià · miàn
费用	fèi · yòng	毛病	máo · bìng	下去	xià · qù
分量	fèn · liàng	没有	méi · yǒu	想法	xiǎng · fǎ
父亲	fù · qīn	棉花	mián · huā	小姐	xiǎo · jiě
干净	gān · jìng	摸索	mō · suǒ	心里	xīn · lǐ
感激	gǎn · jī	母亲	mǔ · qīn	新鲜	xīn · xiān
跟前	gēn · qián	哪里	nǎ · lǐ	烟囱	yān · cōng
工人	gōng · rén	那里	nà · lǐ	夜里	yè · lǐ
公平	gōng · píng	佩服	pèi · fú	已经	yǐ · jīng
固执	gù · zhí	菩萨	pú · sà	意见	yì · jiàn
过来	guò · lái	葡萄	pú · táo	意识	yì · shí
过去	guò · qù	葡萄糖	pú · táotáng	应付	yìng · fù
喉咙	hóu · lóng	妻子	qī · zǐ	用处	yòng · chù
后边	hòu · biān	气氛	qì · fēn	右边	yòu · biān
后面	hòu · miàn	前边	qián · biān	遇见	yù · jiàn
花费	huā · fèi	前面	qián · miàn	愿意	yuàn · yì
回来	huí · lái	情形	qíng · xíng	早晨	zǎo · chén
回去	huí · qù	情绪	qíng · xù	照顾	zhào · gù
活动	huó · dòng	任务	rèn · wù	折磨	zhé · mó
机会	jī · huì	容易	róng · yì	这里	zhè · lǐ
机器	jī · qì	上来	shàng · lái	知道	zhī · dào
机器人	jī · qìrén	上面	shàng · miàn	值得	zhí · dé
记得	jì · dé	上去	shàng · qù	主人	zhǔ · rén
家具	jiā · jù	舍不得	shě · bù · dé	资格	zī · gé
价钱	jià · qián	身份	shēn · fèn	左边	zuǒ · biān

表二 可轻读词语表

把手	bǎ · shǒu	摆布	bǎi · bù	摆弄	bǎi · nòng

摆设 bǎi · shè
褒贬 bāo · biǎn
抱怨 bào · yuàn
北边 běi · biān
本钱 běn · qián
鼻涕 bí · tì
别致 bié · zhì
不见得 bùjiàn · dé
残疾 cán · jí
吃不消 chī · bùxiāo
尺寸 chǐ · cùn
抽屉 chōu · tì
搭讪 dā · shàn
打交道 dǎjiāo · dào
大不了 dà · bùliǎo
当铺 dàng · pù
得罪 dé · zuì
底细 dǐ · xì
点缀 diǎn · zhuì
惦记 diàn · jì
短处 duǎn · chù
翻腾 fān · téng
分寸 fēn · cùn
风水 fēng · shuǐ
凤凰 fèng · huáng
扶手 fú · shǒu
服侍 fú · shì
斧头 fǔ · tóu
干粮 gān · liáng
告示 gào · shì
格式 gé · shì
工钱 gōng · qián
公道 gōng · dào
公家 gōng · jiā
功劳 gōng · láo
恭维 gōng · wéi
估量 gū · liáng
行家 háng · jiā
和气 hé · qì
荷包 hé · bāo
滑稽 huá · jī
荒唐 huāng · táng
黄瓜 huáng · guā

晦气 huì · qì
火气 huǒ · qì
伙食 huǒ · shí
祸害 huò · hài
忌讳 jì · huì
缰绳 jiāng · shéng
禁不住 jīn · bùzhù
近视 jìn · shì
看不起 kàn · bùqǐ
考究 kǎo · jiū
苦头 kǔ · tóu
宽敞 kuān · chǎng
魁梧 kuí · wú
拉拢 lā · lǒng
牢骚 láo · sāo
冷不防 lěng · bùfáng
冷清 lěng · qīng
理事 lǐ · shì
了不得 liǎo · bù · dé
伶俐 líng · lì
琉璃 liú · lí
露水 lù · shuǐ
埋伏 mái · fú
卖弄 mài · nòng
玫瑰 méi · guī
门面 mén · miàn
免得 miǎn · dé
南边 nán · biān
南瓜 nán · guā
南面 nán · miàn
难处 nán · chù
泥鳅 ní · qiū
挪动 nuó · dòng
排场 pái · chǎng
牌坊 pái · fāng
喷嚏 pēn · tì
碰见 pèng · jiàn
琵琶 pí · pá
篇幅 piān · fú
撇开 piē · kāi
泼辣 pō · là
破绽 pò · zhàn
魄力 pò · lì

葡萄酒 pú · táojiǔ
敲打 qiāo · dǎ
瞧见 qiáo · jiàn
俏皮 qiào · pí
亲事 qīn · shì
轻巧 qīng · qiǎo
去处 qù · chù
洒脱 sǎ · tuō
神仙 shén · xiān
生日 shēng · rì
尸首 shī · shǒu
势头 shì · tóu
手巾 shǒu · jīn
算盘 suàn · pán
孙女 sūn · nǚ
太监 tài · jiàn
提拔 tí · bá
体谅 tǐ · liàng
体面 tǐ · miàn
通融 tōng · róng
透亮 tòu · liàng
徒弟 tú · dì
围裙 wéi · qún
喜鹊 xǐ · què
薪水 xīn · shuǐ
修行 xiū · xíng
妖怪 yāo · guài
义气 yì · qì
益处 yì · chù
樱桃 yīng · táo
鸳鸯 yuān · yāng
月季 yuè · jì
糟蹋 zāo · tà
渣滓 zhā · zǐ
照应 zhào · yìng
阵势 zhèn · shì
证人 zhèng · rén
侄女 zhí · nǚ
指头 zhǐ · tóu
志气 zhì · qì
周到 zhōu · dào
住处 zhù · chù
左面 zuǒ · miàn

坐位　zuò · wèi

第二部分

A

阿门　āmén
爱护　àihù
爱情　àiqíng
安排　ānpái
安生　ānshēng
安慰　ānwèi
安稳　ānwěn
安置　ānzhì
暗下　ànxià
傲气　àoqì
安顿　āndùn

B

巴望　bāwàng
把柄　bǎbǐng
把握　bǎwò
霸气　bàqì
白菜　báicài
白露　báilù
摆弄　bǎinòng
拜望　bàiwàng
斑鸠　bānjiū
搬弄　bānnòng
办法　bànfǎ
扮相　bànxiàng
帮助　bāngzhù
包庇　bāobì
宝贝　bǎobèi
报务　bàowù
倍数　bèishù
鼻涕　bítì
比喻　bǐyù
编辑　biānjí
便利　biànlì
表示　biǎoshì
别是　biéshì
病人　bìngrén
博士　bóshì
布置　bùzhì

C

才气　cáiqì
材料　cáiliào
财神　cáishén
参与　cānyù
操持　cāochí
岔口　chàkǒu
差役　chāiyì
产物　chǎnwù
产业　chǎnyè
长度　chángdù
敞亮　chǎngliàng
车钱　chēqián
成绩　chéngjì
成全　chéngquán
承应　chéngyìng
乘务　chéngwù
程度　chéngdù
程序　chéngxù
尺度　chǐdù
充裕　chōngyù
仇人　chóurén
臭虫　chòuchóng
处分　chǔfèn
处置　chǔzhì
春天　chūntiān
绰号　chuòhào
次序　cìxù
刺激　cìjī
错误　cuòwù

D

答复　dáfù
打开　dǎkāi
待遇　dàiyù
担待　dāndài
倒转　dàozhuǎn
倒是　dàoshì
敌人　dírén
嫡系　díxì
地步　dìbù
地势　dìshì
地位　dìwèi
冬瓜　dōngguā
冬天　dōngtiān
董事　dǒngshì
动物　dòngwù
动作　dòngzuò
斗笠　dǒulì
督促　dūcù
读物　dúwù
肚量　dùliàng
度量　dùliàng

E

恩人　ēnrén

F

翻译　fānyì
反映　fǎnyìng
犯人　fànrén
方便　fāngbiàn
方式　fāngshì
防备　fángbèi
分析　fēnxī
风气　fēngqì
凤凰　fènghuáng
缝隙　fèngxì
伏天　fútiān
服务　fúwù
福利　fúlì
富裕　fùyù

G

干预　gānyù
干部　gànbù
根据　gēnjù
工程　gōngchéng
购置　gòuzhì

估计 gūjì
观望 guānwàng

H

寒战 hánzhàn
寒颤 hánzhàn
行业 hángyè
和睦 hémù
会务 huìwù
贿赂 huìlù
货物 huòwù
豁亮 huòliàng

J

吉他 jítā
纪律 jìlǜ
技术 jìshù
季度 jìdù
家务 jiāwù
家业 jiāyè
价目 jiàmù
建筑 jiànzhù
将军 jiāngjūn
讲求 jiǎngqiú
将士 jiàngshì
交代 jiāodài
交待 jiāodài
交际 jiāojì
交涉 jiāoshè
较量 jiàoliàng
教育 jiàoyù
接济 jiējì
节目 jiémù
节日 jiérì
解释 jiěshì
界线 jièxiàn
界限 jièxiàn
今天 jīntiān
进度 jìndù
进士 jìnshì
近视 jìnshì
经济 jīngjì
韭菜 jiǔcài
救济 jiùjì
局势 júshì
剧目 jùmù
觉悟 juéwù
爵士 juéshì
军人 jūnrén
军事 jūnshì

K

刊物 kānwù
控制 kòngzhì

L

老虎 lǎohǔ
礼数 lǐshù
里面 lǐmiàn
力度 lìdù
利益 lìyì
利用 lìyòng
联络 liánluò
烈士 lièshì
猎物 lièwù
邻居 línjū
吝惜 lìnxī
灵气 língqì
零碎 língsuì
伦巴 lúnbā

M

埋怨 mányuàn
面积 miànjī
名分 míngfèn
命令 mìnglìng
摩托 mótuō
模样 múyàng
目的 mùdì

N

男士 nánshì
男子 nánzǐ
南瓜 nánguā
南面 nánmiàn
能手 néngshǒu
女儿 nǚ'ér
女士 nǚshì
女子 nǚzǐ

O

偶尔 ǒu'ěr

P

牌坊 páifāng
喷嚏 pēntì
批评 pīpíng
僻静 pìjìng
篇目 piānmù
破费 pòfèi
菩萨 púsà

Q

蹊跷 qīqiāo
气氛 qìfēn
气候 qìhòu
气量 qìliàng
气质 qìzhì
器物 qìwù
器重 qìzhòng
恰当 qiàdàng
迁就 qiānjiù
牵涉 qiānshè
牵制 qiānzhì
前天 qiántiān
轻便 qīngbiàn
轻快 qīngkuài
清静 qīngjìng
请示 qǐngshì
穷人 qióngrén
秋季 qiūjì
秋千 qiūqiān
秋天 qiūtiān
去处 qùchù
趣味 qùwèi
权利 quánlì
权力 quánlì
劝慰 quànwèi

R

人物 rénwù
荣誉 róngyù
容易 róngyì
若是 ruòshì

S

杀气 shāqì
商议 shāngyì
伤势 shāngshì
设计 shèjì

设置 shèzhì
射手 shèshǒu
深度 shēndù
甚至 shènzhì
生计 shēngjì
生物 shēngwù
生育 shēngyù
声势 shēngshì
声音 shēngyīn
省份 shěngfèn
圣人 shèngrén
诗人 shīrén
实惠 shíhuì
时务 shíwù
食物 shíwù
士气 shìqì
世道 shìdào
事故 shìgù
事务 shìwù
适应 shìyìng
嗜好 shìhào
手气 shǒuqì
手势 shǒushì
手艺 shǒuyì
熟悉 shúxī
树木 shùmù
数目 shùmù
耍弄 shuǎnòng
税务 shuìwù
顺序 shùnxù
硕士 shuòshì
私下 sīxià
素质 sùzhì
速度 sùdù
算是 suànshì

T

太监 tàijiān
太阳 tàiyáng
探戈 tàngē
堂上 tángshàng
体会 tǐhuì
天气 tiānqì
天上 tiānshàng
添置 tiānzhì
条理 tiáolǐ
调剂 tiáojì
统计 tǒngjì
痛处 tòngchù
头目 tóumù
腿脚 tuǐjiǎo
退伍 tuìwǔ
托福 tuōfú

W

威风 wēifēng
围裙 wéiqún
维护 wéihù
卫士 wèishì
文凭 wénpíng
文书 wénshū
文艺 wényì
武士 wǔshì
物质 wùzhì
误会 wùhuì

X

西瓜 xīguā
习气 xíqì
席位 xíwèi
媳妇 xífù
戏弄 xìnòng
系数 xìshù
细致 xìzhì
下午 xiàwǔ
嫌弃 xiánqì
显示 xiǎnshì
羡慕 xiànmù
乡里 xiānglǐ
乡亲 xiāngqīn
香椿 xiāngchūn
项目 xiàngmù
销路 xiāolù
孝敬 xiàojìng
孝顺 xiàoshùn
效率 xiàolǜ
效益 xiàoyì
效应 xiàoyìng
心计 xīnjì
信用 xìnyòng
信任 xìnrèn
信誉 xìnyù
刑具 xíngjù
刑事 xíngshì
形式 xíngshì
形势 xíngshì
兴致 xìngzhì
性质 xìngzhì
休克 xiūkè
序数 xùshù

Y

烟囱 yāncōng
延误 yánwù
盐分 yánfèn
掩饰 yǎnshì
样式 yàngshì
药材 yàocái
药物 yàowù
要不 yàobù
业务 yèwù
医务 yīwù
仪器 yíqì
遗弃 yíqì
仪式 yíshì
贻误 yíwù
义务 yìwù
艺术 yìshù
义气 yìqì
印台 yìntái
印象 yìnxiàng
影壁 yǐngbì
应承 yìngchéng
勇士 yǒngshì
犹豫 yóuyù
油性 yóuxìng
右面 yòumiàn
幼稚 yòuzhì
于是 yúshì
院士 yuànshì
愿望 yuànwàng
月份 yuèfèn
月季 yuèjì

乐器 yuèqì
运动 yùndòng

Z

杂货 záhuò
杂种 zázhǒng
责任 zérèn
债务 zhàiwù
战士 zhànshì
账目 zhàngmù
障碍 zhàng'ài
招待 zhāodài
这里 zhèlǐ
这样 zhèyàng
珍惜 zhēnxī
政治 zhèngzhì
植物 zhíwù
职务 zhíwù
制度 zhìdù
质量 zhìliàng
秩序 zhìxù
智慧 zhìhuì
智力 zhìlì
重量 zhòngliàng
重视 zhòngshì
装饰 zhuāngshì
装置 zhuāngzhì
壮士 zhuàngshì
姿势 zīshì
滋味 zīwèi
字据 zìjù
组织 zǔzhī
左面 zuǒmiàn
作物 zuòwù
作用 zuòyòng

三、普通话水平测试用儿化词语表

说　　明

1. 本表参照《普通话水平测试用普通话词语表》及《现代汉语词典》编制。加 * 的是以上二者未收，根据测试需要而酌增的条目。

2. 本表仅供普通话水平测试第二项——读多音节词语（100个音节）测试使用。本表儿化音节，在书面上一律加“儿”，但并不表明所列词语在任何语用场合都必须儿化。

3. 本表共收词189条，按儿化韵母的汉语拼音字母顺序排列。

4. 本表列出原形韵母和所对应的儿化韵，用>表示条目中儿化音的注音，只在基本形式后面加r，如：“一会儿 yīhuìr”，不标语音的实际变化。

一

a>ar

刀把儿 dāobàr
戏法儿 xìfǎr
找茬儿 zhǎochár
板擦儿 bǎncār
号码儿 hàomǎr
在哪儿 zàinǎr
打杂儿 dǎzár

ai>ar

名牌儿 míngpáir
壶盖儿 húgàir
加塞儿 jiāsāir
鞋带儿 xiédàir
小孩儿 xiǎoháir

an>ar

快板儿 kuàibǎnr
蒜瓣儿 suànbànr
脸蛋儿 liǎndànr
栅栏儿 zhàlanr
笔杆儿 bǐgǎnr
老伴儿 lǎobànr
脸盘儿 liǎnpánr
收摊儿 shōutānr
包干儿 bāogānr
门槛儿 ménkǎnr

二

ang>ar（鼻化）

药方儿 yàofāngr
香肠儿 xiāngchángr
赶趟儿 gǎntàngr
瓜瓤儿 guārángr

三

ia>iar

掉价儿 diàojiàr
豆芽儿 dòuyár
一下儿 yīxiàr

ian>iar

小辫儿 xiǎobiànr
扇面儿 shànmiànr
一点儿 yīdiǎnr
聊天儿 liáotiānr
冒尖儿 màojiānr
牙签儿 yáqiānr
心眼儿 xīnyǎnr
照片儿 zhàopiānr
差点儿 chàdiǎnr
雨点儿 yǔdiǎnr
拉链儿 lāliànr
坎肩儿 kǎnjiānr
露馅儿 lòuxiànr

四

iang>iar（鼻化）

鼻梁儿 bíliángr

花样儿 huāyàngr
透亮儿 tòuliàngr

五

ua>uar
脑瓜儿 nǎoguār
麻花儿 máhuār
牙刷儿 yáshuār
大褂儿 dàguàr
笑话儿 xiàohuar

uai>uar
一块儿 yīkuàir

uan>uar
茶馆儿 cháguǎnr
火罐儿 huǒguànr
打转儿 dǎzhuànr
好玩儿 hǎowánr
饭馆儿 fànguǎnr
落款儿 luòkuǎnr
拐弯儿 guǎiwānr
大腕儿 dàwànr

六

uang>uar（鼻化）
蛋黄儿 dànhuángr
天窗儿 tiānchuāngr
打晃儿 dǎhuàngr

七

üan>üar
烟卷儿 yānjuǎnr
出圈儿 chūquānr
人缘儿 rényuánr
杂院儿 záyuànr
手绢儿 shǒujuànr
包圆儿 bāoyuánr
绕远儿 ràoyuǎnr

八

ei>er
刀背儿 dāobèir
摸黑儿 mōhēir

en>er
老本儿 lǎoběnr
嗓门儿 sǎngménr
哥们儿 gēmenr
后跟儿 hòugēnr
别针儿 biézhēnr
走神儿 zǒushénr
小人儿书 xiǎorénrshū
刀刃儿 dāorènr
花盆儿 huāpénr
把门儿 bǎménr
纳闷儿 nàmènr
高跟儿鞋 gāogēnrxié
一阵儿 yīzhènr
大婶儿 dàshěnr
杏仁儿 xìngrénr

九

eng>er（鼻化）
钢蹦儿 gāngbèngr
脖颈儿 bógěngr
夹缝儿 jiāfèngr
提成儿 tíchéngr

十

ie>ier
半截儿 bànjiér
小鞋儿 xiǎoxiér

üe>üer
旦角儿 dànjuér
主角儿 zhǔjuér

十一

uei>uer
跑腿儿 pǎotuǐr
耳垂儿 ěrchuír
围嘴儿 wéizuǐr
一会儿 yīhuir
墨水儿 mòshuǐr
走味儿 zǒuwèir

uen>uer
打盹儿 dǎdǔnr
砂轮儿 shālúnr
没准儿 méizhǔnr
胖墩儿 pàngdūnr
冰棍儿 bīnggùnr
开春儿 kāichūnr

ueng>uer（鼻化）
＊小瓮儿 xiǎowèngr

十二

-ī（前）>er
瓜子儿 guāzǐr
没词儿 méicír
石子儿 shízǐr
挑刺儿 tiāocìr

-ī（后）>er
墨汁儿 mòzhīr
记事儿 jìshìr
锯齿儿 jùchǐr

十三

ī>ī：er
针鼻儿 zhēnbír
肚脐儿 dùqír
垫底儿 diàndǐr
玩意儿 wányìr

in>ī：er
有劲儿 yǒujìnr
脚印儿 jiǎoyìnr
送信儿 sòngxìnr

十四

ing>ī：er（鼻化）
花瓶儿 huāpíngr
图钉儿 túdīngr
眼镜儿 yǎnjìngr
火星儿 huǒxīngr
打鸣儿 dǎmíngr
门铃儿 ménlíngr
蛋清儿 dànqīngr
人影儿 rényǐngr

十五

ü>ü：er
毛驴儿 máolǘr
痰盂儿 tányúr
小曲儿 xiǎoqǔr

ün>ü：er
合群儿 héqúnr

十六

e>er
模特儿 mótèr
唱歌儿 chànggēr
打嗝儿 dǎgér
在这儿 zàizhèr
逗乐儿 dòulèr
挨个儿 āigèr
饭盒儿 fànhér

十七

u>ur

碎步儿 suìbùr

儿媳妇儿 érxífur

泪珠儿 lèizhūr

没谱儿 méipǔr

梨核儿 líhúr

有数儿 yǒushùr

十八

ong>or（鼻化）

果冻儿 guǒdòngr

胡同儿 hútòngr

酒盅儿 jiǔzhōngr

门洞儿 méndòngr

抽空儿 chōukòngr

小葱儿 xiǎocōngr

iong>ior（鼻化）

* 小熊儿 xiǎoxióngr

十九

ao>aor

红包儿 hóngbāor

半道儿 bàndàor

跳高儿 tiàogāor

口罩儿 kǒuzhàor

口哨儿 kǒushàor

灯泡儿 dēngpàor

手套儿 shǒutàor

叫好儿 jiàohǎor

绝着儿 juézhāor

蜜枣儿 mìzǎor

二十

iao>iaor

鱼漂儿 yúpiāor

跑调儿 pǎodiàor

豆角儿 dòujiǎor

火苗儿 huǒmiáor

面条儿 miàntiáor

开窍儿 kāiqiàor

二十一

ou>our

衣兜儿 yīdōur

年头儿 niántóur

门口儿 ménkǒur

线轴儿 xiànzhóur

加油儿 jiāyóur

老头儿 lǎotóur

小偷儿 xiǎotōur

纽扣儿 niǔkòur

小丑儿 xiǎochǒur

二十二

iou>iour

顶牛儿 dǐngniúr

棉球儿 miánqiúr

抓阄儿 zhuājiūr

二十三

uo>uor

火锅儿 huǒguōr

大伙儿 dàhuǒr

小说儿 xiǎoshuōr

做活儿 zuòhuór

邮戳儿 yóuchuōr

被窝儿 bèiwōr

（o）>or

耳膜儿 ěrmór

粉末儿 fěnmòr

第五章

普通话音节与拼音方法

第一节　普通话音节

一、什么是音节

普通话音节是由声母、韵母和声调三部分组成。音节是语音中最小的结构单位，听觉上自然察觉到的最小的语音单位，由一个或几个音素按一定规律组合而成。普通话里，除个别情况外，一般是一个汉字一个音节。如：“妈” mā 就是一个音节，“人民大会堂” Rénmín dà huìtáng 共有五个音节。“儿化”是个别情况，两个汉字一个音节，如“花儿” huār。

二、普通话音节结构

1. 普通话音节结构

音节是由音素构成，音素可以按照音色不同分成元音音素和辅音音素两大类。普通话音节是由声母、韵母和声调三大部分构成，韵母内部结构又可分为韵头、韵腹、韵尾三部分。一个音节最多可由五部分构成，最少可由两部分构成。音节中声母、韵头、韵尾都可以不具备，韵腹和声调是必不可少的。普通话音节主要有以下几种结构类型。

（1）由声母、韵头、韵腹、韵尾和声调五部分构成的。如：窗 chuāng、全 quán、角 jiǎo。

（2）由声母、韵头、韵腹和声调四部分构成的。如：花 huā、下 xià。

（3）由声母、韵腹、韵尾和声调四部分构成的。如：套 tào、手 shǒu、当 dāng。

（4）由声母、韵腹和声调三部分构成的。如：妈 mā、伯 bó、娶 qǔ。

（5）由韵头、韵腹、韵尾和声调四部分构成的。如：微 wēi、盐 yán、远 yuǎn。

（6）由韵头、韵腹和声调三部分构成的。如：也 yě、挖 wā、我 wǒ。

（7）由韵腹、韵尾和声调三部分构成的。如：肮 āng、迎 yíng、爱 ài。

（8）由韵腹和声调两部分构成的。如：鹅 é、已 yǐ、屋 wū。

表 5-1 普通话音节结构表

结构成分 / 例字	声母	韵头	韵腹	韵尾	声调
全	q	ü	ɑ	n	ˊ
花	h	u	ɑ		ˉ
套	t		ɑ	o	ˋ
妈	m		ɑ		ˉ
微		w	e	i	ˉ
也		i	e		ˇ
肮			ɑ	ng	ˉ
偶			o	u	ˇ
鹅			e		ˊ

2. 普通话音节结构特点

从《普通话音节结构表》可以看出，普通话音节结构有以下特点：

（1）每个音节最少要由两个部分组成，声母可以是零声母，其他部分不一定齐全，韵腹和声调是必不可少的。如鹅 é 只有韵腹和声调两部分构成音节。i、u、ü 零声母音节开头书写形式为 y 或 w，这两个不是音素，只起隔离音节作用，分析时 y 和 w 没有列出。

（2）一个音节最多可由五个部分组成，例如：全 quán，由声母 q 、韵头 u、韵腹 ɑ、韵尾 n 和阳平声调组成。

（3）音节中必须有元音音素，至少一个，最多可有三个元音连续排列，分别充当韵头、韵腹和韵尾。如：妈 mā、好 hǎo、笑 xiào。

（4）韵头只能由 i、u、ü 充当，韵尾由元音 i、o、u 或鼻辅音 n、ng 充当。各元音都能充当韵腹，如果韵母不止一个元音时，由开口度较大、发音较响亮的元音充当韵腹。判断韵腹的位置，可根据音节声调的位置判断。即先找 ɑ、o、e 再找 i、u、ü。

（5）iou、uei、uen 与声母构成音节时书写为 iu、ui、un，但在分析音节和读音节时一定恢复为 iou、uei、uen。

（6）音节中辅音最多只能有两个，位置固定在音节的开头和结尾，作声母或韵尾，没有辅音连续排列的情况。

（7）单韵母除舌尖前韵母 -i 舌尖后韵母 -i 外，复韵母和鼻韵母（除 ong 外）都能自成音节，“零”是指零声母。

（8）汉语传统语音学为了表达声韵的拼合关系，按照韵母开头元音的口型，把韵母分成四类：开口呼、齐齿呼、合口呼、撮口呼，简称四呼。

① 韵母为 ɑ、o、e、ê、er、-i（前）、-i（后）或以 ɑ、o、e 开头的韵母称开口呼；

② 韵母为 i 或 i 开头的韵母称为齐齿呼，如 iou、iɑo、ie、iɑ 等；

③ 韵母为 u 或以 u 开头的韵母称为合口呼，如 uɑ、uo、uɑi、uei 等；

④ 韵母为 ü 或以 ü 开头的韵母称为撮口呼，如 üe、ün、üɑn 等。

⑤ 按韵母 ong、iong 发音的口型和舌位，传统语音学将韵母 ong 归入合口呼，将韵母

表 5-2

普通话声韵表

声母 / 韵母	开口呼														齐齿呼									合口呼											撮口呼				
	-i	a	o	e	ê	ai	ei	ao	ou	an	en	ang	eng	er	i	ia	ie	iao	iu		in	iang	ing	u	ua	uo	uai	ui	uan	un	uang	ueng	ong	ü	üe	üan	ün	iong
b		ba 巴	bo 波			bai 白	bei 杯	bao 包		ban 班	ben 奔	bang 邦	beng 崩		bi 逼		bie 憋	biao 彪		bian 边	bin 宾		bing 冰	bu 不														
p		pa 趴	po 泼			pai 拍	pei 配	pao 抛		pan 潘	pen 喷	pang 旁	peng 彭		pi 批		pie 撇	piao 飘		pian 偏	pin 拼		ping 平	pu 扑														
m		ma 吗	mo 摸			mai 买	mei 没	mao 毛	mou 某	man 慢	men 闷	mang 忙	meng 蒙		mi 咪		mie 灭	miao 苗	miu 谬	mian 棉	min 民		ming 名	mu 牧														
f		fa 发	fo 佛				fei 飞		fou 否	fan 翻		fang 方	feng 风											fu 夫														
d		da 大		de 的		dai 带	dei 得	dao 到	dou 都	dan 但	den 扽	dang 当	deng 等		di 低		die 蝶	diao 叼	diu 丢	dian 点			ding 钉	du 独				dui 堆	duan 端	dun 吨			dong 冬					
t		ta 他		te 特		tai 台		tao 陶	tou 头	tan 谈		tang 堂	teng 疼		ti 题		tie 贴	tiao 挑		tian 天			ting 听	tu 图		tuo 托		tui 推	tuan 团	tun 囤			tong 同					
n		na 拿		ne 呢		nai 乃	nei 内	nao 脑	nou 耨	nan 男	nen 嫩	nang 囊	neng 能		ni 你		nie 聂	niao 鸟	niu 牛	nian 年	nin 您	niang 娘	ning 宁	nu 怒		nuo 诺			nuan 暖				nong 农	nü 女	nüe 虐			
l		la 拉		le 乐		lai 来	lei 雷	lao 劳	lou 楼	lan 兰		lang 狼	leng 冷		li 里	lia 俩	lie 裂	liao 料	liu 刘	lian 连	lin 林	liang 亮	ling 领	lu 路		luo 罗			luan 乱	lun 论			long 龙	lü 吕	lüe 略			
g		ga 嘎		ge 个		gai 该	gei 给	gao 高	gou 沟	gan 干	gen 跟	gang 刚	geng 更											gu 谷	gua 挂	guo 郭	guai 乖	gui 规	guan 观	gun 滚	guang 光		gong 工					
k		ka 卡		ke 科		kai 开	kei 尅	kao 靠	kou 扣	kan 看	ken 肯	kang 康	keng 坑											ku 哭	kua 夸	kuo 阔	kuai 快	kui 亏	kuan 宽	kun 捆	kuang 矿		kong 空					
h		ha 哈		he 和		hai 海	hei 黑	hao 好	hou 猴	han 含	hen 很	hang 航	heng 哼											hu 呼	hua 花	huo 货	huai 坏	hui 灰	huan 换	hun 婚	huang 荒		hong 红					
j															ji 及	jia 家	jie 接	jiao 交	jiu 就	jian 间	jin 斤	jiang 将	jing 净											ju 句	jue 觉	juan 娟	jun 军	jiong 窘
q															qi 期	qia 洽	qie 窃	qiao 俏	qiu 秋	qian 前	qin 琴	qiang 枪	qing 青											qu 曲	que 缺	quan 泉	qun 群	qiong 穷
x															xi 希	xia 夏	xie 些	xiao 小	xiu 修	xian 先	xin 新	xiang 想	xing 星											xu 需	xue 靴	xuan 选	xun 寻	xiong 兄
zh	zhi 只	zha 扎		zhe 遮		zhai 摘	zhei 这	zhao 召	zhou 周	zhan 占		zhang 张	zheng 正											zhu 竹	zhua 抓	zhuo 桌	zhuai 拽	zhui 追	zhuan 专	zhun 准	zhuang 庄		zhong 中					
ch	chi 吃	cha 查		che 车		chai 拆		chao 超	chou 抽	chan 产		chang 长	cheng 成											chu 出	chua 欻	chuo 戳	chuai 揣	chui 吹	chuan 穿	chun 春	chuang 窗		chong 冲					
sh	shi 是	sha 沙		she 奢		shai 筛	shei 谁	shao 稍	shou 收	shan 山		shang 商	sheng 生											shu 书	shua 刷	shuo 说	shuai 率	shui 水	shuan 栓	shun 顺	shuang 双							
r	ri 日							rao 绕	rou 肉	ran 燃		rang 让	reng 仍											ru 如		ruo 若		rui 锐	ruan 软	run 润			rong 荣					
z	zi 字	za 杂				zai 灾	zei 贼	zao 遭	zou 邹	zan 咱		zang 脏	zeng 曾											zu 组		zuo 做		zui 最	zuan 钻	zun 尊			zong					
c	ci 次	ca 擦				cai 才		cao 操	cou 凑	can 参		cang 仓	ceng 曾											cu 粗		cuo 错		cui 催	cuan 窜	cun 村			cong 从					
s	si 丝	sa 萨				sai 塞		sao 扫	sou 搜	san 三		sang 桑	seng 僧											su 苏		suo 缩		sui 虽	suan 酸	sun 孙			song 松					
Φ		a 啊	o 哦	e 鹅	ê 欸	ai 哎	ei 欸	ao 澳	ou 欧	an 安	en 恩	ang 肮	eng 鞥	er 儿	yi 衣	ya 呀	ye 耶	yao 腰	you 优	yan 烟	yin 因	yang 央	ying 英	wu 乌	wa 蛙	wo 窝	wai 歪	wei 威	wan 弯	wen 温	wang 汪	weng 翁		yu 迂	yue 约	yuan 渊	yun 云	yong 拥

iong 归入撮口呼。

三、普通话声母、韵母配合关系

1. 普通话声韵配合关系

普通话音节有完整的系统。构成普通话音节的 21 个辅音声母和 39 个元音韵母，有机地拼合成 400 多个基本音节，加上 4 个声调的配合，可组成 1 200 多个音节。普通话声韵调的配合，不是任何声母和任何韵母都可以相拼，也不是每个音节都有四个声调。声、韵、调配合有一定规律，认识这个规律对掌握普通话音节及学习普通话都很重要。声、韵、调配合规律中声母和韵母的拼合规律最为明显，主要表现在声母的发音部位与韵母的四呼关系上。例如：

（1）双唇音 b、p、m 只能拼开口呼、齐齿呼，不能拼撮口呼，除 u 以外，其他的合口呼都不能拼。

（2）唇齿音 f 只能拼开口呼，不能拼齐齿呼、撮口呼和除 u 以外的其他的合口呼。

（3）舌尖中音 d、t 能拼开口呼、齐齿呼、合口呼，而不能拼撮口呼。n、l 能拼开、齐、合、撮四呼。

（4）舌面音 j、q、x 只能拼齐齿呼、撮口呼，不能拼开口呼、合口呼。

（5）舌尖前音 z、c、s 舌尖后音 zh、ch、sh、r 舌根音 g、k、h 只能拼开口呼、合口呼，不能拼齐齿呼、撮口呼。

（6）零声母四呼都有字。

2. 声母、韵母配合规律表。见表 5-2。

第二节 普通话拼音方法

一、普通话拼音方法

拼音就是按照音节的结构规律，把音素和音素连续拼合起来，构成音节。拼音方法主要是辅音在前、元音在后的结合过程，实际就是辅音声母与元音韵母的拼合过程。辅音与元音的结合过程不是从一个音素跳到另一个音素，而要经过人们不易察觉的过渡阶段，叫“过渡音”或“音渡”拼合出来。普通话辅音声母和元音韵母的拼合主要有四种方法：

（以下音例、词例中声母与韵母拼合及韵母的动程均用+代替，过渡到音节用“→”表示，音素间先出现“+”表明先拼，第二次出现“+”表明第二步拼，依此类推。）

1. 支架拼音法（又称支架法）

支架法的拼音要领是，拼音时声母不振动声带，先做好发声母的唇形和舌位的准备，支好发音的架势，然后看准带声调的韵母，一开口就把声母的本音与带声调的韵母合成一个音节读出来。如妈“mā”是先摆好“m”的唇形，然后发“ā”的音，便能呼出“mā”的音节。可用歌诀帮助掌握发音要领：声母做准备，韵母跟着发，声韵气不断，一气读成它。

音例：

（1）声母与单韵母拼 ba、fo、nü、li、ge、ku、he、zhi、chu

（2）声母与复韵母拼 m+ao→mao h+ai→hai

q+iu→qiu　zh+uo→zhuo　f+ou→fou　x+ia→xia

（3）声母与鼻韵母拼 d+un→dun　sh+en→shen

t+ang→tang　p+eng→peng　j+ing→jing

词例：

抹杀：m+ǒ→mǒ-sh+ā→shā-mǒshā

八个：b+ā→bā-g+è→gè-bāgè

2. 声介合母拼音法

声介合母拼音方法是把声母和介音拼合起来，构成一个拼音的部件，再同随后的韵母相拼。这种拼音方法适用于所有带介音 i、u、ü 的音节。此拼法是指把声母和介音看作一个整体，然后再把这个整体与后边的韵母相拼。如“桌” zhuō 这个音节，拼读时把声母“zh”和介音“u”看成一个整体，拼读成“zhu”，再把声介合音“zhu”与韵母“ō”相拼，zhu+ ō-zhuō。声介合母的优点是不容易丢掉介音。再如“况”先用 k+u 拼成 ku，再用 ku+àng-kuàng 连拼成“况”。声介合母共有三十个。

bi　pi　mi　di　ti　ni　li　ji　qi　xi

du　tu　nu　lu　gu　ku　hu　zhu chu　shu　ru　zu　cu　su

nü　lü　ju　qu　xu　yu

词例：

标：b+i-bi+āo→biāo　　小：x+i-xi+ǎo→xiǎo　　变：b+i-bi+àn→biàn

3. 三拼连读法

三拼连读法是把带介音的音节分析成声、介、韵三个部件，拼音时连读成一个音节。三拼连读法适用于有介音 i、u、ü 的音节，也就是声母、介音、韵母齐全的一种拼读方法。其发音要领是“声轻、介快、韵母响，三音相连很顺当。”意思是读声母要轻，连读介音要快，后面的韵母要响。发音时气流不中断，快速连读，整个音节的重音在韵母上。例如，拼读“瓜”这个音节，是由声母“g”，介音“u”和韵母“ā”组成的。拼读时把声母、介音、韵母快速连读 g+u+ā-guā，一气呵成，重音在 ā 上。

音例：

j+i+a→jia	q+i+e→qie	x+i+u→xiu
l+i+ao→liao	n+i+u→niu	g+u+o→guo
k+u+ei→kui	zh+u+an→zhuan	ch+u+en→chun
sh+u+ai→shuai	z+u+ei→zui	c+u+an→cuan
s+u+o→suo	h+u+ang→huang	

词例：

扁：b+i+ǎn→biǎn　　酿：n+i+àng→niàng　　聊：l+i+áo→liáo

4. 音素连读法

音节是由音素构成的，音素连读法就是音素与音素连读成音节的方法。音素连读法在操作上，与支架拼音法的连着声母读韵母的方法相似，发音时摆好辅音声母的口型，直接发出有声调的韵母。如“忙” máng 的音节，先摆好 m 的口型，再发韵母 á+ng。这种方法能很快地适应并掌握，适用于自主学习。对复韵母、鼻韵母采用音素连读法，可以减少整体认读难度。

音例：

ao-a+o→ao　　ei-e+i→ei　　ou-o+u→ou

an-a+n→an　　en-e+n→en　　in-i+n→in

ang-a+ng→ang　　eng-e+ng→eng　　ing-i+ng→ing

词例：

喊：h-a+n-h+ǎn→hǎn

陈：ch-e+n-ch+én→chén

二、拼音方法整体性原则

1. 声母、韵母相拼的整体性

声母和韵母相拼的音节，关键在声母与韵母开头的衔接部分，要掌握前一个音素短轻，后一个音素长重，两个音素相拼时快速地拼合在一起。声母、介音、韵母相拼的音节，要掌握声母轻、介音快、韵母响的拼音要领，三个音节连读一是要顺畅，二是要快速。

整体认读音节是：

bi　pi　mi　di　ti　ni　li　ji　qi　xi

du　tu　nu　lu　gu　ku　hu　zhu　chu　shu　ru　zu　cu　su

nü　lü　ju　qu　xu　yu

zhi　chi　shi　ri　zi　ci　si

2. 复韵母鼻韵母的整体性

复韵母、鼻韵母是由两个以上元音或一个元音与鼻辅音复合而成的。无论采用什么拼音方法都应把复韵母、鼻韵母看成一个整体来认读。因为韵母在音节中占有四分之三的位置，复韵母与鼻韵母的音素之间都是复合关系，不能拆开读成多个个体音素，必须读成一个整体才是音节。整体认读音节，可分为两步或三步拼读。比如前响复韵母 ai、ei、ou、ao，前鼻、后鼻韵母 an、en、in、uen，ang、eng、ing、ong 等，都是一个整体韵母，拼音时要注意音节的整体性。如果有介音的前鼻后鼻韵母或是有声母的音节就多一个或两个动程。

音例：

a+i→ai　　e+i→ei　　a+n→an

e+ng→eng　　i-a+ng-i+ang→iang　　u-a+ng-u+ang→uang

q-u-a+n-q-u+an-q+uán→quán 或 q+ü-a+n-qü+án→quán

词例：

弹：t-a+n-t+án→tán

沈：sh-ě+n-sh+ěn→shěn

修：x-i-ō+u-x-i+ōu-x+iū→xiū 或 x+i-o+u-xi+ōu→xiū

拼：p-i+n-p+īn→pīn 或 p+i-pi+n→pīn

3. 拼读音节纠正方言音

现代汉语常用字 3 500 个，包含 392 个音节，还有一些不太常用的音节，学习普通话要全面掌握普通话 400 个音节的发音，不常用的音节在普通话测试时也会出现，又是某些方言难点音，要注意训练并掌握。

音例：

cen　chuai　chuo　cou　cuan　die　guai　jiong

词例：

参差 cēncī　揣手 chuāishǒu　戳子 chuōzi　凑数 còushù

奇怪 qíguài　窘迫 jiǒngpò　卡车 kǎchē　我俩 wǒliǎ

在语音训练中会出现这样的问题，某些声母、韵母通过训练，单独发音能够发准确，但在音节中受到前后音素的影响，各个音素的发音比单独发音有变化，出现发音不准确的现象。还有些音节出现一些常见的不正确的发音习惯，需要纠正和训练。

（1）舌尖前音声母 z、c、s（平舌音）与舌尖后音声母 zh、ch、sh、r（翘舌音）同合口呼韵母相拼，容易出现 z、c、s 发音靠后，接近舌尖后音 zh、ch、sh，而舌尖后音 zh、ch sh、r 容易出现发音靠前，接近舌尖前音 z、c、s。原因是合口呼韵母圆唇影响了声母的发音，使舌尖前音与舌尖后音的舌位没有及时的靠前至上齿背或靠后至硬腭前部。纠正的方法可以用分步练习方法训练。还可以用不圆唇音节引导，注意找准声母的发音部位。

音例：

zhua-①zhi-②zha-③zhu+a→④zhua

chuan-chi-cha-chan-chu+an→chuan

shun-shi-she-shen-shu+en→shun

zuan-zi-za-zan-zu+an→zuan

cun-ci-ce-cen-cu+en→cuen

suo-si-so-su+o→suo

词例：

树桩 shùzhuāng　橱窗 chúchuāng　示弱 shìruò

春笋 chūnsǔn　蜘蛛 zhīzhū　失主 shīzhǔ

茶砖 cházhuān　始终 shǐzhōng

（2）舌尖后音声母与鼻韵母构成音节，特别是 zhen、chen、shen 三个音节，容易把舌尖后音发得靠后，接近 zen、cen、sen。纠正的方法先找准声母部位，发韵母时舌尖下移迅速抵住下齿背，使舌位隆起部位不致靠后，并有意拖长韵母的发音，为发好鼻韵母留出时间。

音例：

zh+en→zhen　ch+en→chen　sh+en→shen

z+en→zen　c+en→cen　s+en→sen

词例：

指针 zhǐzhēn　扎针 zhāzhēn　时辰 shíchén

沙尘 shāchén　失神 shīshén　置身 zhìshēn

山珍 shānzhēn　山神 shānshén

（3）舌根音与前鼻韵母相拼时，容易将前鼻韵母发成后鼻韵母。纠正的方法是舌位要从舌根音位置及时调整到前面，找准韵母的舌位，舌尖抵住下齿背。

音例：

g-e+n-g+en→gen

k-u-a+n-k-u+an-k+uan→kuan

h-u-e+n-h-u+en-h+uen→hun

词例：

宽敞 kuān · chǎng　　看管 kānguǎn　　官办 guānbàn

甘愿 gānyuàn　　肯定 kěndìng　　困难 kùnnan

呼喊 hūhǎn　　浑厚 húnhòu

4. 利用多种拼音方法纠正方言音

一般北方方言中的山西话、河南话、山东话声调问题相对突出，调值把握不住，纠正困难；而南方方言中的吴方言、客家方言、赣方言、湘方言、西南方言一般都没有翘舌音，闽方言、粤方言也没有翘舌音，还有单韵母双音化、复韵母单音化及介音丢失、尾音脱落等语音问题。普通话学习还应该遵循应试人主体化、个性化学习原则，重视共性，突出个性，并在共性中比照自己方音的个性，从而由对方音的感性认识过渡到有针对性的训练。

难点音列举如下：

（1）舌尖前音 z、c、s 与合口呼相拼，发音时容易出现发音靠后接近翘舌音现象；而舌尖后音 zh、ch、sh 发音时又容易靠前接近平舌音现象。纠正方法可用不圆唇音节来引导发音。

词例：

词素 císù　　死罪 sǐzuì　　自尊 zìzūn

辞岁 císuì　　思忖 sīcǔn　　诗书 shīshū

直率 zhíshuài　　市容 shìróng　　示弱 shìruò

湿润 shīrùn

（2）翘舌音声母与开口呼前鼻韵母相拼，容易把舌尖后音的发音部位靠前，接近舌尖前音。纠正的方法是先找准声母的部位，发韵母时舌尖下移迅速抵住下齿背，使舌位隆起部位不靠后并有意拖长韵母的发音。

词例：

层次 céngcì　　城镇 chéngzhèn　　真正 zhēnzhèng

缝纫 féngrèn　　蒸腾 zhēngténg　　新兴 xīnxīng

病因 bìngyīn　　阴平 yīnpíng

（3）舌根音声母与前鼻音韵母相拼，注意前鼻韵母不能发得靠前。

词例：

杠杆 gànggǎn　　公关 gōngguān　　洪水 hóngshuǐ

灌溉 guàngài

（4）舌尖后音发音时，要注意口型，不能将开口呼读成合口呼。

词例：

医治 yīzhì　　制止 zhìzhǐ　　意志 yìzhì

衣食 yīshí

（5）发好介音 u，不要丢掉介音或口型不到位。

词例：

苦瓜 kǔguā　　梳妆 shūzhuāng　　无双 wúshuāng

独断 dúduàn

三、拼音训练

1. 拼音方法训练

（1）认读声母与单韵母音节

ba pa ma fa da ta na la ga ka ha

zha cha sha za ca sa

zhe che she ze ce se

zhi chi shi ri zi ci si

bi pi mi di ti ni li

bu pu mu fu du tu nu lu gu ku hu

zhu chu shu ru zu cu su

ju qu xu nü lü

（2）认读声母与带介音的韵母构成的音节

jia：i+a−ia−j+i−ji+a→jia

lia：i+a−ia−l+i−li+a→lia

bie：i+e−ie−b+i−bi+e→bie

tie：i+e−ie−t+i−ti+e→tie

xie：i+e−ie−x+i−xi+e→xie

gua：u+a−ua−g+u−gu+a→gua

shua：u+a−ua−sh+u−shu+a→shua

duo：u+o−uo−d+u−du+o→duo

kuo：u+o−uo−k+u−ku+o→kuo

ruo：u+o−uo−r+u−ru+o→ruo

zuo：u+o−uo−z+u−zu+o→zuo

lüe：ü+e−üe−l+ü−lü +e→lüe

xue：ü+e−üe−x+ü−xü+e→xue

（3）认读声母与带韵尾的韵母构成的音节

bai：a+i−ai−b+ai→bai

mei：e+i−ei−m+ei→mei

zhao：a+o−ao−zh+ao→zhao

tou：o+u−ou−t+ou→tou

ben：e+n−en−b+en→ben

shang：a+ng−ang−sh+ang→shang

peng：e+ng−eng−p+eng→peng

lin：i+n−in−l+in→lin

xing：i+ng−ing−x+ing→xing

zong：o+ng−ong−z+ong→zong

xun：ü+n−ün−x+un→xun

（4）认读声母与带介音韵尾的韵母构成的音节

liao：i−a+o−i+ao−iao−l+iao→liao

diu：i−o+u−i+ou−iou−d+iou→diu

pian：i−a+n−i+an−ian−p+ian→pian

niang：i−a+ng−i+ang−n+iang→niang

shuai：u−a+i−u+ai−uai−sh+uai→shuai

zui：u−e+i−u+ei−uei−z+uei→zui

nuan：u−a+n−u+an−uan−n+uan→nuan

chun：u−e+n−u+en−uen−ch+uen→chun

huang：u−a+ng−u+ang−uang−h+uang→huang

quan：ü−a+n−ü+an−üan−q+üan→quan

qiong：i−o+ng−i+omg−iong−q+iong→qiong

（5）认读零声母音节

you：i−o+u−i+ou→you

yan：i−a+n−i+an→yan

yang：i−a+ng−i+ang→yang

wa：u+a→wa

wo：u+o→wo

wai：u−a+i−u+ai→wai

wei：u−e+i−u+ei→wei

wan：u−a+n−u+an→wan

wen：u−e+n−u+en→wen

wang：u−a+ng−u+ang→wang

weng：u−e+ng−u+eng→weng

yuan：ü−a+n−üan→yuan

2. 用直呼音节方法拼读短文训练（录音示范见朗读作品）

（1）作品 6 号（节选）

Yī gè rén de yīshēng，zhǐnéng jīnglì zìjǐ yōngyǒu de nà yī fèn xīnyuè，nà yī fèn kǔnàn，yěxǔ zài jiā · shàng tā qīnzì wén zhī de nà yīxiē guānyú zìshēn yǐwài de jīnglì hé jīngyàn。Rán’ér，rénmen tōngguò yuèdú，què néng jìnrù bùtóng shíkōng de zhūduō tārén de shìjiè。Zhèyàng，jùyǒu yuèdú nénglì de rén，wúxíng jiān huòdéle chāoyuè yǒuxiàn shēngmìng de wúxiàn kěnéngxìng。Yuèdú bùjǐn shǐ tā duōshíle cǎo-mù-chóng-yú zhī míng，érqiě kěyǐ shàngsù yuǎngǔ xià jí wèilái，bǎolǎn cúnzài de yǔ fēicúnzài de qífēng-yìsú。

（2）作品 11 号（节选）

Dìqiú · shàng de rén dōu huì yǒu guójiā de gàiniàn，dàn wèibì shíshí dōu yǒu guójiā de gǎnqíng。Wǎngwǎng rén dào yìguó，sīniàn jiāxiāng，xīn huái gùguó，zhè guójiā gàiniàn jiù biànde yǒu xiě yǒu ròu，àiguó zhī qíng lái dé fēicháng jùtǐ。Ér xiàndài shèhuì，kējì chāngdá，xìnxī kuàijié，shìshì shàngwǎng，shìjiè zhēn shì tài xiǎo tài xiǎo，guójiā de jièxiàn sìhū yě bù nàme qīngxī le。Zàishuō zúqiú zhèngzài kuàisù shìjièhuà，píngrì · lǐ gè guó qiúyuán pínfán zhuǎn huì，wǎnglái suíyì，zhìshǐ yuèláiyuè duō de guójiā liánsài dōu jùyǒu guójì de yīnsù。Qiúyuánmen bùlùn guójí，zhǐ xiàolì yú zìjǐ de jùlèbù，tāmen bǐsài shí de jīqíng zhōng wánquán méi · yǒu àiguózhǔyì de yīnzǐ。

3. 根据拼音朗读38号作品（录音示范见朗读作品）

Tài Shān jí dǐng kàn rìchū，lìlái bèi miáohuì chéng shífēn zhuàngguān de qíjǐng。Yǒu rén shuō：Dēng Tài Shān ér kàn · bùdào rìchū，jiù xiàng yī chū dàxì méi · yǒu xìyǎn，wèir zhōngjiū yǒu diǎnr guǎdàn。

Wǒ qù páshān nà tiān，zhèng gǎn · shàng gè nándé de hǎotiān，wànlǐ chángkōng，yúncaisīr dōu bù jiàn。Sùcháng，yānwù téngténg de shāntóu，xiǎn · de méi · mù fēnmíng。Tóngbànmen dōu xīnxǐ de shuō：“Míngtiān zǎo · chén zhǔn kěyǐ kàn · jiàn rìchūle。”Wǒ yě shì bàozhe zhèzhǒng xiǎngtou，pá · shàng shān · qù。

Yīlù cóng shānjiǎo wǎngshàng pá，xì kàn shānjǐng，wǒ jué · de guà zài yǎnqián de bù shì Wǔ Yuè dú zūn de Tài Shān，què xiàng yī fú guīmó jīngrén de qīnglǜ shānshuǐhuà，cóng xià · mian dǎo zhǎn kāi · lái。Zài huàjuàn zhōng zuì xiān lòuchū de shì shāngēnr dǐ nà zuò Míngcháo jiànzhù Dàizōngfāng，mànmàn de biàn xiànchū Wángmǔchí、Dǒumǔgōng、Jīngshíyù。Shān shì yī céng bǐ yī céng shēn，yī dié bǐ yī dié qí，céngcéng-diédié，bù zhī hái huì yǒu duō shēn duō qí。Wàn shān cóng zhōng，shí'ér diǎnrǎnzhe jíqí gōngxì de rénwù。Wángmǔchí páng de Lǚzǔdiàn · lǐ yǒu bùshǎo zūn míngsù，sùzhe Lǚ Dòngbīn děng yīxiē rén，zītài shénqíng shì nàyàng yǒu shēngqì，nǐ kàn le，bùjīn huì tuōkǒu zàntàn shuō：“Huó la”。

Huàjuàn jìxù zhǎnkāi，lǜyīn sēnsēn de Bǎidòng lòumiàn bù tài jiǔ，biàn láidào Duìsōngshān。Liǎngmiàn qífēng duìzhìzhe，mǎn shānfēng dōu shì qíxíng-guàizhuàng de lǎosōng，niánjì pà dōu yǒu shàng qiān suì le，yánsè jìng nàme nóng，nóng de hǎoxiàng yào liú xià · lái shìde。Láidào zhèr，nǐ bùfáng quándāng yī ci huà · lǐ de xiěyì rénwù，zuòzài lùpáng de Duìsōngtíng · lǐ，kànkan shānsè，tīngting liú//shuǐ hé sōngtāo。

Yī shíjiān，wǒ yòu jué · de zìjǐ bùjǐn shì zài kàn huàjuàn，què yòu xiàng shì zài línglíng-luànluàn fānzhe yī juàn lìshǐ gǎoběn。

附录

普通话水平测试用普通话词语表（节选）

说　明

1. 本表节选自国家《普通话水平测试实施纲要》。

2. 本表供普通话水平测试第一项——读单音节字词（100 个音节）和第二项——读多音节词语（100 个音节）测试使用。

3. 本表由“表一”和“表二”两部分组成，条目按汉语拼音字母顺序排列。“表一”里带＊的是频率在 4 000 以上的最常用词。

4. 本表条目除必读轻声音节外，一律只标本调，不标变调。

5. 条目中的必读轻声音节，注音不标调号，如：“明白 míngbai”；一般轻读、间或重读的音节，注音上标调号，注音前再加圆点提示，如：“玻璃 bō · lí”。

6. 条目中儿化音节的注音，只在基础形式后面加 r，如：“一会儿 yīhuìr”，不标语音上的实际变化。

表　一

＊阿	ā
阿姨	āyí
挨	āi
挨	ái
矮	ǎi
爱好	àihào
爱护	àihù
＊爱情	àiqíng
安定	āndìng
安静	ānjìng
＊安慰	ānwèi
安心	ānxīn
安置	ānzhì
安装	ānzhuāng
氨基酸	ānjīsuān
岸	àn
＊按照	ànzhào
＊案件	ànjiàn
暗示	ànshì
暗中	ànzhōng
凹	āo
熬	āo
熬	áo
奥秘	àomì
奥运会	Àoyùnhuì
＊八	bā
巴	bā
扒	bā
拔	bá
＊把	bǎ
＊把儿	bàr
爸	bà
罢工	bàgōng
＊白色	báisè
百年	bǎinián
百姓	bǎixìng
摆动	bǎidòng
摆脱	bǎituō
败	bài
拜	bài
＊班	bān
＊般	bān
颁布	bānbù
搬运	bānyùn
＊板	bǎn
板凳	bǎndèng
板块	bǎnkuài
版	bǎn
＊办法	bànfǎ
＊办公室	bàngōngshì
＊办理	bànlǐ
＊办事	bànshì
半导体	bàndǎotǐ
＊半径	bànjìng
半夜	bànyè
扮演	bànyǎn
伴随	bànsuí
伴奏	bànzòu
瓣	bàn
＊帮助	bāngzhù
榜样	bǎngyàng
傍晚	bàngwǎn
＊包括	bāokuò
包装	bāozhuāng
孢子	bāozǐ
＊薄	báo
＊饱和	bǎohé
宝贝	bǎobèi
＊保持	bǎochí
＊保存	bǎocún
＊保留	bǎoliú
保守	bǎoshǒu
保险	bǎoxiǎn
＊保障	bǎozhàng
＊保证	bǎozhèng
报名	bàomíng
＊报纸	bàozhǐ
＊抱	bào
暴力	bàolì
＊暴露	bàolù
＊爆发	bàofā
＊爆炸	bàozhà
＊杯	bēi
＊背	bēi
悲惨	bēicǎn
＊悲剧	bēijù
＊北方	běifāng
＊背	bèi
＊背景	bèijǐng
＊倍	bèi
被动	bèidòng
辈	bèi

奔	bēn
*本领	běnlǐng
本能	běnnéng
本事	běnshì
本事	běnshi
*本质	běnzhì
苯	běn
奔	bèn
笨	bèn
崩溃	bēngkuì
蹦	bèng
逼	bī
鼻	bí
*比较	bǐjiào
*比如	bǐrú
*比赛	bǐsài
*彼此	bǐcǐ
笔者	bǐzhě
必然性	bìránxìng
*必须	bìxū
必需	bìxū
*毕竟	bìjìng
*毕业	bìyè
闭合	bìhé
壁画	bìhuà
*避免	bìmiǎn
臂	bì
边界	biānjiè
边缘	biānyuán
编辑	biānjí
鞭	biān
扁	biǎn
变更	biàngēng
*变化	biànhuà
变换	biànhuàn
变量	biànliàng
变迁	biànqiān
变态	biàntài
便利	biànlì
*遍	biàn
辨认	biànrèn
辩护	biànhù
*辩证法	biànzhèngfǎ
标准化	biāozhǔnhuà
表层	biǎocéng
*表明	biǎomíng
表述	biǎoshù
表彰	biǎozhāng
*别	bié
*别	biè
宾	bīn
冰川	bīngchuān
兵力	bīnglì
丙	bǐng
柄	bǐng
饼	bǐng
屏	bǐng
*并且	bìngqiě
*病	bìng
拨	bō
*波	bō
剥夺	bōduó
*剥削	bōxuē
播种	bōzhǒng
播种	bōzhòng
伯	bó
*博士	bóshì
搏斗	bódòu
*薄	bó
薄弱	bóruò
*薄	bò
补偿	bǔcháng
*补充	bǔchōng
捕捞	bǔlāo
捕捉	bǔzhuō
不曾	bùcéng
不当	bùdàng
不妨	bùfáng
*不禁	bùjīn
*不仅	bùjǐn
不堪	bùkān
不容	bùróng
不惜	bùxī
不幸	bùxìng
*不宜	bùyí
不已	bùyǐ
*布置	bùzhì
*步骤	bùzhòu
部署	bùshǔ
*擦	cā
猜	cāi
*才能	cáinéng
*材料	cáiliào
*财产	cáichǎn
采集	cǎijí
彩色	cǎisè
踩	cǎi
*菜	cài
蔡	cài
参	cān
参谋	cānmóu
参数	cānshù
*参与	cānyù
残酷	cánkù
蚕	cán
灿烂	cànlàn
仓库	cāngkù
舱	cāng
*藏	cáng
操纵	cāozòng
曹	cáo
槽	cáo
*草	cǎo
册	cè
*侧	cè
*测	cè
*测量	cèliáng
策略	cèlüè
*层次	céngcì
*曾经	céngjīng
叉	chā
差	chā
差价	chājià
差距	chājù
*差异	chāyì
*插	chā
*茶	chá
*查	chá
察	chá
叉	chǎ
*差	chà
拆	chāi
*差	chāi
柴	chái
缠	chán
*产品	chǎnpǐn
阐述	chǎnshù
颤抖	chàndǒu
长短	chángduǎn
*长期	chángqī
长征	chángzhēng
*场	cháng
肠	cháng
尝试	chángshì
常识	chángshí
*厂	chǎng
*场所	chǎngsuǒ
*唱	chàng
抄	chāo
*超	chāo
*巢	cháo
朝	cháo
朝廷	cháotíng
*潮	cháo
吵	chǎo
炒	chǎo
车辆	chēliàng
车站	chēzhàn
扯	chě
*彻底	chèdǐ
撤	chè
臣	chén
尘	chén
*沉淀	chéndiàn
沉积	chénjī
沉着	chénzhuó
*陈	chén
称	chèn
趁	chèn
*称	chēng
称号	chēnghào
称呼	chēnghū

称赞	chēngzàn
撑	chēng
*成绩	chéngjì
*成熟	chéngshú
*成为	chéngwéi
*成长	chéngzhǎng
*呈	chéng
诚恳	chéngkěn
*承担	chéngdān
*承认	chéngrèn
城镇	chéngzhèn
*乘	chéng
乘客	chéngkè
*盛	chéng
程式	chéngshì
惩罚	chéngfá
秤	chèng
吃惊	chījīng
池塘	chítáng
*迟	chí
*持续	chíxù
*尺度	chǐdù
齿	chǐ
赤	chì
*翅膀	chìbǎng
*冲	chōng
*冲突	chōngtū
*充分	chōngfèn
充足	chōngzú
*虫	chóng
*重	chóng
*崇拜	chóngbài
*冲	chòng
*抽象	chōuxiàng
仇恨	chóuhèn
愁	chóu
丑	chǒu
臭	chòu
*出	chū
出发点	chūfādiǎn
出身	chūshēn
*出生	chūshēng
出血	chūxiě
*初期	chūqī
初中	chūzhōng
除非	chúfēi
*处	chǔ
处罚	chǔfá
处分	chǔfèn
处境	chǔjìng
*处理	chǔlǐ
*处于	chǔyú
储蓄	chǔxù
楚	chǔ
*处	chù
*畜	chù
触	chù
川	chuān
*穿着	chuānzhuó
*传	chuán
传教士	chuánjiàoshì
传染病	chuánrǎnbìng
传授	chuánshòu
船舶	chuánbó
喘	chuǎn
串联	chuànlián
创	chuāng
创伤	chuāngshāng
窗口	chuāngkǒu
*床	chuáng
幢	chuáng
闯	chuǎng
创	chuàng
*创造性	chuàngzàoxìng
*创作	chuàngzuò
吹	chuī
*垂直	chuízhí
锤	chuí
春秋	chūnqiū
*纯	chún
唇	chún
词典	cídiǎn
辞	cí
*磁场	cíchǎng
雌	cí
此刻	cǐkè
*次数	cìshù
次序	cìxù
*刺	cì
赐	cì
*从	cóng
丛	cóng
凑	còu
粗糙	cūcāo
促	cù
簇	cù
窜	cuàn
催	cuī
摧毁	cuīhuǐ
村庄	cūnzhuāng
*存在	cúnzài
寸	cùn
挫折	cuòzhé
*措施	cuòshī
*错	cuò
*搭	dā
*打	dá
*达	dá
*答	dá
答案	dá'àn
*打	dǎ
大伯	dàbó
*大多数	dàduōshù
大风	dàfēng
*大概	dàgài
大街	dàjiē
*大脑	dànǎo
大厦	dàshà
大王	dàwáng
*大学生	dàxuéshēng
大爷	dàyé
大爷	dàye
大自然	dàzìrán
*呆	dāi
*待	dāi
代理人	dàilǐrén
*带	dài
*贷款	dàikuǎn
*待	dài
袋	dài
逮捕	dàibǔ
*戴	dài
*担	dān
担负	dānfù
*单纯	dānchún
胆	dǎn
*石	dàn
*但是	dànshì
*担	dàn
*诞生	dànshēng
淡水	dànshuǐ
*弹	dàn
*蛋白质	dànbáizhì
*氮	dàn
*当	dāng
*当地	dāngdì
当即	dāngjí
*当年	dāngnián
*当时	dāngshí
*当事人	dāngshìrén
当选	dāngxuǎn
当中	dāngzhōng
挡	dǎng
党性	dǎngxìng
*当	dàng
当成	dàngchéng
*当年	dàngnián
*当时	dàngshí
当天	dàngtiān
当做	dàngzuò
档案	dàng'àn
导	dǎo
导管	dǎoguǎn
岛屿	dǎoyǔ
*倒	dǎo
倒霉	dǎoméi
*到处	dàochù
*倒	dào
盗窃	dàoqiè
*道德	dàodé
稻谷	dàogǔ
*得	dé

*得以	déyǐ
德育	déyù
*得	děi
*灯	dēng
登	dēng
蹬	dēng
*等	děng
邓	Dèng
*瞪	dèng
低下	dīxià
*滴	dī
*的确	díquè
敌对	díduì
抵	dǐ
*底	dǐ
*地方	dìfāng
*地方	dìfang
*地面	dìmiàn
地壳	dìqiào
*地下	dìxià
*地下	dì · xià
地下水	dìxiàshuǐ
地震	dìzhèn
弟子	dìzǐ
帝	dì
递	dì
*第	dì
*典型	diǎnxíng
*点头	diǎntóu
碘	diǎn
电磁波	diàncíbō
*电荷	diànhè
电视剧	diànshìjù
*电子	diànzǐ
*电阻	diànzǔ
*店	diàn
垫	diàn
淀粉	diànfěn
奠定	diàndìng
雕塑	diāosù
吊	diào
*调	diào
调拨	diàobō
*掉	diào
*爹	diē
跌	diē
迭	dié
叠	dié
*丁	dīng
盯	dīng
钉	dīng
*顶	dǐng
订	dìng
钉	dìng
*定	dìng
*丢	diū
*东西	dōngxī
*东西	dōngxi
*冬季	dōngjì
*懂	dǒng
动能	dòngnéng
*冻	dòng
*洞	dòng
*都	dōu
兜	dōu
*斗	dǒu
抖	dǒu
*斗	dòu
豆	dòu
逗	dòu
*都	dū
*都会	dūhuì
都市	dūshì
毒素	dúsù
*独特	dútè
*读书	dúshū
堵	dǔ
杜	dù
肚皮	dùpí
*度	dù
渡	dù
*端	duān
*短	duǎn
短暂	duǎnzàn
*段	duàn
断定	duàndìng
*锻炼	duànliàn
堆积	duījī
*队	duì
*对	duì
*对称	duìchèn
*对应	duìyìng
*吨	dūn
*蹲	dūn
*顿	dùn
*多	duō
夺	duó
*度	duó
*朵	duǒ
*躲	duǒ
*阿	ē
俄	é
鹅	é
*额	é
*恶	è
恶劣	èliè
*饿	è
恩	ēn
*儿童	értóng
*而且	érqiě
尔	ěr
*耳	ěr
饵料	ěrliào
*二	èr
*发	fā
*发挥	fāhuī
发掘	fājué
*发射	fāshè
发音	fāyīn
发作	fāzuò
罚款	fákuǎn
*法律	fǎlǜ
法西斯	fǎxīsī
*发	fà
番	fān
*翻译	fānyì
*凡是	fánshì
烦恼	fánnǎo
*繁殖	fánzhí
*反而	fǎn'ér
反馈	fǎnkuì
*反应	fǎnyìng
*反映	fǎnyìng
返回	fǎnhuí
*犯罪	fànzuì
*饭	fàn
泛	fàn
*范畴	fànchóu
方法论	fāngfǎlùn
*方针	fāngzhēn
防御	fángyù
妨碍	fáng'ài
*房	fáng
*仿佛	fǎngfú
访	fǎng
纺织	fǎngzhī
放射性	fàngshèxìng
飞翔	fēixiáng
飞跃	fēiyuè
非法	fēifǎ
肥料	féiliào
匪	fěi
*肺	fèi
废除	fèichú
沸腾	fèiténg
*费	fèi
*分	fēn
分辨	fēnbiàn
*分泌	fēnmì
分歧	fēnqí
*分散	fēnsàn
*分析	fēnxī
*分子	fēnzǐ
粉碎	fěnsuì
*分	fèn
*分子	fènzǐ
*份	fèn
*奋斗	fèndòu
粪	fèn
愤怒	fènnù
*丰富	fēngfù
风俗	fēngsú

风速	fēngsù	赋予	fùyǔ	*更	gēng	雇	gù
封闭	fēngbì	富裕	fùyù	*更新	gēngxīn	瓜	guā
疯狂	fēngkuáng	*腹	fù	耕作	gēngzuò	刮	guā
峰	fēng	覆盖	fùgài	*更	gèng	*挂	guà
锋	fēng	*该	gāi	工会	gōnghuì	拐	guǎi
蜂	fēng	*改善	gǎishàn	工商业	gōngshāngyè	*怪	guài
冯	Féng	钙	gài	*工作	gōngzuò	*关	guān
缝	féng	*盖	gài	弓	gōng	*观	guān
讽刺	fěngcì	*概括	gàikuò	*公	gōng	*官	guān
奉	fèng	概率	gàilǜ	公主	gōngzhǔ	官吏	guānlì
*缝	fèng	*干	gān	功率	gōnglǜ	冠	guān
*佛	fó	*干燥	gānzào	*功能	gōngnéng	馆	guǎn
*佛教	fójiào	*杆	gān	*攻击	gōngjī	管辖	guǎnxiá
否	fǒu	肝脏	gānzàng	*供	gōng	*观	guàn
*否则	fǒuzé	杆	gǎn	*供给	gōngjǐ	*贯彻	guànchè
*夫	fū	*赶紧	gǎnjǐn	供求	gōngqiú	冠	guàn
孵化	fūhuà	敢于	gǎnyú	*供应	gōngyìng	*冠军	guànjūn
*伏	fú	感慨	gǎnkǎi	宫廷	gōngtíng	惯性	guànxìng
*扶	fú	感应	gǎnyìng	*巩固	gǒnggù	*灌溉	guàngài
服务员	fúwùyuán	*干	gàn	汞	gǒng	光滑	guānghuá
俘虏	fúlǔ	*刚才	gāngcái	拱	gǒng	*广泛	guǎngfàn
浮	fú	纲领	gānglǐng	共和国	gònghéguó	逛	guàng
*符号	fúhào	钢琴	gāngqín	*贡献	gòngxiàn	归结	guījié
*符合	fúhé	*岗位	gǎngwèi	供	gòng	*规律	guīlǜ
*幅	fú	港口	gǎngkǒu	*勾结	gōujié	*规模	guīmó
幅度	fúdù	*高兴	gāoxìng	沟	gōu	*硅	guī
*辐射	fúshè	高涨	gāozhǎng	钩	gōu	*轨道	guǐdào
福	fú	*搞	gǎo	*狗	gǒu	*鬼	guǐ
抚摸	fǔmō	稿	gǎo	构	gòu	*贵族	guìzú
府	fǔ	告别	gàobié	购	gòu	桂	guì
辅助	fǔzhù	搁	gē	*够	gòu	跪	guì
腐蚀	fǔshí	割	gē	*估计	gūjì	*滚	gǔn
*父母	fùmǔ	歌颂	gēsòng	孤独	gūdú	郭	guō
付出	fùchū	*革命	gémìng	*古老	gǔlǎo	锅	guō
*负担	fùdān	*革新	géxīn	*谷	gǔ	*国营	guóyíng
*妇女	fùnǚ	格外	géwài	股票	gǔpiào	果断	guǒduàn
附	fù	隔壁	gébì	*骨	gǔ	*果然	guǒrán
附着	fùzhuó	*个别	gèbié	骨骼	gǔgé	裹	guǒ
*服	fù	*各自	gèzì	鼓吹	gǔchuī	过度	guòdù
赴	fù	*给	gěi	*固	gù	*过渡	guòdù
复辟	fùbì	给以	gěiyǐ	*故	gù	哈	hā
*复杂	fùzá	根系	gēnxì	顾	gù	*还	hái
*副	fù	跟随	gēnsuí	顾虑	gùlǜ	海域	hǎiyù

害虫	hàichóng
*含	hán
*函数	hánshù
寒冷	hánlěng
罕见	hǎnjiàn
*喊	hǎn
*汉	hàn
*汗	hàn
旱	hàn
*行	háng
航行	hángxíng
*号	háo
*好	hǎo
好转	hǎozhuǎn
*号召	hàozhào
*好	hào
好奇	hàoqí
好事	hàoshì
耗费	hàofèi
*呵	hē
*喝	hē
*合适	héshì
*合作社	hézuòshè
何况	hékuàng
*和	hé
*和谐	héxié
*河流	héliú
荷	hé
*核	hé
盒	hé
颌	hé
*和	hè
荷	hè
*喝	hè
*黑暗	hēi'àn
痕迹	hénjì
*很	hěn
恨	hèn
*恒星	héngxīng
*横	héng
衡量	héngliáng
*横	hèng
轰	hōng
哄	hōng
红旗	hóngqí
洪	hóng
哄	hǒng
哄	hòng
后悔	hòuhuǐ
厚度	hòudù
候	hòu
*乎	hū
呼唤	hūhuàn
*呼吸	hūxī
呼吁	hūyù
忽略	hūlüè
*和	hú
*胡	hú
壶	hú
弧	hú
*核儿	húr
湖泊	húpō
蝴蝶	húdié
*虎	hǔ
*互	hù
*户	hù
护	hù
沪	hù
*花	huā
划	huá
*华	huá
滑	huá
化肥	huàféi
划	huà
*划分	huàfēn
*华	Huà
*画	huà
话筒	huàtǒng
*怀疑	huáiyí
*坏	huài
欢乐	huānlè
*欢迎	huānyíng
*还	huán
还原	huányuán
*环境	huánjìng
缓和	huǎnhé
幻觉	huànjué
*换	huàn
唤	huàn
*患	huàn
荒	huāng
慌	huāng
*皇帝	huángdì
*黄	huáng
晃	huǎng
晃	huàng
灰尘	huīchén
挥	huī
*恢复	huīfù
辉煌	huīhuáng
回避	huíbì
毁	huǐ
*汇报	huìbào
会场	huìchǎng
*绘画	huìhuà
*婚姻	hūnyīn
*浑身	húnshēn
*混	hún
魂	hún
*混	hùn
*混合	hùnhé
*混乱	hùnluàn
混淆	hùnxiáo
*和	huó
*活跃	huóyuè
*火柴	huǒchái
*或者	huòzhě
*和	huò
*货币	huòbì
*获得	huòdé
*几乎	jīhū
击	jī
饥饿	jī'è
机械化	jīxièhuà
*肌肉	jīròu
*鸡	jī
*积	jī
*积极	jījí
*积累	jīlěi
*基督教	Jīdūjiào
畸形	jīxíng
激	jī
*及时	jíshí
*级	jí
*极	jí
即将	jíjiāng
*即使	jíshǐ
*急	jí
*疾病	jíbìng
*集团	jítuán
*几	jǐ
己	jǐ
*挤	jǐ
济济	jǐjǐ
*给予	jǐyǔ
脊	jǐ
*计算	jìsuàn
*记载	jìzǎi
*记录	jìlù
*技术	jìshù
*系	jì
季风	jìfēng
*剂	jì
济	jì
*既	jì
*既然	jìrán
*既是	jìshì
*继承	jìchéng
祭祀	jìsì
寄	jì
寂寞	jìmò
*加速	jiāsù
*夹	jiā
家畜	jiāchù
*夹	jiá
*甲	jiǎ
钾	jiǎ
*假	jiǎ
*价	jià
驾驶	jiàshǐ
*架	jià
*假	jià

嫁接	jiàjiē	郊区	jiāoqū	*斤	jīn	*车	jū
*尖锐	jiānruì	浇	jiāo	*今	jīn	*居民	jūmín
歼灭	jiānmiè	骄傲	jiāo'ào	金融	jīnróng	*居住	jūzhù
坚硬	jiānyìng	胶	jiāo	津	jīn	局势	júshì
*间	jiān	*教	jiāo	*仅	jǐn	菊花	júhuā
肩膀	jiānbǎng	*教学	jiāoxué	*尽	jǐn	咀嚼	jǔjué
艰难	jiānnán	焦急	jiāojí	*尽管	jǐnguǎn	*举行	jǔxíng
*监督	jiāndū	嚼	jiáo	尽快	jǐnkuài	*巨大	jùdà
*兼	jiān	*角	jiǎo	*尽量	jǐnliàng	*句	jù
拣	jiǎn	脚印	jiǎoyìn	*进入	jìnrù	*拒绝	jùjué
茧	jiǎn	搅	jiǎo	近似	jìnsì	*具	jù
捡	jiǎn	*叫做	jiàozuò	*劲	jìn	俱	jù
检	jiǎn	*觉	jiào	晋	jìn	剧烈	jùliè
*检查	jiǎnchá	*校	jiào	浸	jìn	*据说	jùshuō
减弱	jiǎnruò	*较为	jiàowéi	*禁止	jìnzhǐ	*距离	jùlí
剪	jiǎn	*教会	jiàohuì	*茎	jīng	聚集	jùjí
简称	jiǎnchēng	*教学	jiàoxué	京剧	jīngjù	捐	juān
*碱	jiǎn	阶层	jiēcéng	*经济	jīngjì	*圈	juān
*见解	jiànjiě	*皆	jiē	惊讶	jīngyà	*卷	juǎn
*件	jiàn	*结	jiē	*晶	jīng	*卷	juàn
*间	jiàn	*结果	jiēguǒ	*精神	jīngshén	圈	juàn
间隔	jiàngé	*接触	jiēchù	*精神	jīngshen	*决策	juécè
*间接	jiànjiē	*揭露	jiēlù	鲸	jīng	*角	jué
*建筑	jiànzhù	街	jiē	井	jǐng	*角色	juésè
剑	jiàn	节省	jiéshěng	景	jǐng	*觉	jué
*健全	jiànquán	*节奏	jiézòu	*警察	jǐngchá	觉察	juéchá
*渐渐	jiànjiàn	杰出	jiéchū	*劲	jìng	*绝对	juéduì
鉴别	jiànbié	洁白	jiébái	径流	jìngliú	嚼	jué
*键	jiàn	*结	jié	净化	jìnghuà	*军阀	jūnfá
箭	jiàn	*结果	jiéguǒ	*竞争	jìngzhēng	均衡	jūnhéng
江南	jiāngnán	*结合	jiéhé	竟然	jìngrán	*均匀	jūnyún
*将	jiāng	*结束	jiéshù	敬	jìng	君主	jūnzhǔ
浆	jiāng	截	jié	静脉	jìngmài	*菌	jūn
*讲话	jiǎnghuà	竭力	jiélì	*境界	jìngjiè	咖啡	kāfēi
奖励	jiǎnglì	*解	jiě	*镜	jìng	卡	kǎ
*蒋	Jiǎng	解剖	jiěpōu	*纠正	jiūzhèng	开垦	kāikěn
降	jiàng	解散	jiěsàn	*究竟	jiūjìng	*开辟	kāipì
降落	jiàngluò	*介绍	jièshào	*九	jiǔ	开拓	kāituò
降水	jiàngshuǐ	戒	jiè	*久	jiǔ	刊登	kāndēng
*将	jiàng	*届	jiè	酒精	jiǔjīng	看	kān
*强	jiàng	*界限	jièxiàn	*旧	jiù	勘探	kāntàn
交叉	jiāochā	借助	jièzhù	救济	jiùjì	砍	kǎn
交织	jiāozhī	*解	jiè	*就业	jiùyè	*看	kàn

扛	káng	*昆虫	kūnchóng	*历史	lìshǐ	铃	líng
*抗战	kàngzhàn	捆	kǔn	*立场	lìchǎng	零售	língshòu
炕	kàng	困境	kùnjìng	*立即	lìjí	龄	líng
*考虑	kǎolǜ	扩展	kuòzhǎn	*利润	lìrùn	*令	lǐng
靠近	kàojìn	阔	kuò	*例如	lìrú	岭	lǐng
*科技	kējì	*拉	lā	*粒	lì	*领导	lǐngdǎo
*棵	kē	*拉	lá	俩	liǎ	*另外	lìngwài
颗粒	kēlì	*落	là	连结	liánjié	*令	lìng
壳	ké	蜡烛	làzhú	莲子	liánzǐ	溜	liū
咳	ké	辣椒	làjiāo	联结	liánjié	*刘	liú
*可怜	kělián	来临	láilín	联盟	liánméng	*留	liú
*可惜	kěxī	*来信	láixìn	廉价	liánjià	流氓	liúmáng
渴望	kěwàng	赖	lài	*脸色	liǎnsè	流血	liúxuè
*克服	kèfú	兰	lán	*练	liàn	*硫酸	liúsuān
刻画	kèhuà	栏	lán	炼	liàn	瘤	liú
客厅	kètīng	*蓝	lán	恋爱	liàn'ài	柳	liǔ
*课程	kèchéng	烂	làn	链	liàn	*六	liù
*肯定	kěndìng	狼	láng	良种	liángzhǒng	陆	liù
啃	kěn	*浪费	làngfèi	凉	liáng	溜	liù
坑	kēng	捞	lāo	梁	liáng	*龙	lóng
空	kōng	劳力	láolì	*量	liáng	笼	lóng
*空间	kōngjiān	牢固	láogù	*粮	liáng	*垄断	lǒngduàn
孔雀	kǒngquè	老虎	lǎohǔ	*两	liǎng	拢	lǒng
恐怖	kǒngbù	*老师	lǎoshī	*亮	liàng	笼罩	lǒngzhào
*空	kòng	*落	lào	凉	liàng	*弄	lòng
空白	kòngbái	*乐	lè	*辆	liàng	搂	lōu
*控制	kòngzhì	*累	léi	*量	liàng	楼房	lóufáng
扣	kòu	雷达	léidá	辽阔	liáokuò	搂	lǒu
*哭	kū	*累	lěi	*了	liǎo	漏	lòu
苦难	kǔnàn	*泪	lèi	*了解	liǎojiě	*露	lòu
苦恼	kǔnǎo	*类似	lèisì	*料	liào	炉	lú
库存	kùcún	*累	lèi	咧	liě	卤	lǔ
夸张	kuāzhāng	冷却	lěngquè	*列	liè	鲁	lǔ
跨	kuà	愣	lèng	烈士	lièshi	陆	lù
*块	kuài	*离婚	líhūn	猎	liè	陆续	lùxù
*快	kuài	梨	lí	裂	liè	录	lù
宽阔	kuānkuò	犁	lí	邻	lín	鹿	lù
款	kuǎn	礼貌	lǐmào	*林	lín	路程	lùchéng
筐	kuāng	*李	lǐ	临	lín	*露	lù
狂	kuáng	*里	lǐ	*临床	línchuáng	驴	lǘ
况且	kuàngqiě	*理论	lǐlùn	淋	lín	旅	lǚ
矿产	kuàngchǎn	理智	lǐzhì	*磷	lín	*铝	lǚ
亏损	kuīsǔn	力图	lìtú	*灵魂	línghún	缕	lǚ

*履行	lǚxíng	帽	mào	鸣	míng	囊	náng
*律	lǜ	*没	méi	*命运	mìngyùn	*脑	nǎo
率	lǜ	*枚	méi	*摸	mō	*闹	nào
绿化	lǜhuà	眉头	méitóu	模范	mófàn	内脏	nèizàng
氯气	lǜqì	梅	méi	模拟	mónǐ	嫩	nèn
滤	lǜ	媒介	méijiè	*模式	móshì	*能量	néngliàng
*卵	luǎn	煤炭	méitàn	*膜	mó	泥土	nítǔ
*乱	luàn	酶	méi	摩擦	mócā	拟	nǐ
掠夺	lüèduó	*每年	měinián	*磨	mó	*你	nǐ
*略	lüè	美感	měigǎn	*抹	mǒ	逆	nì
伦理	lúnlǐ	镁	měi	末期	mòqī	年初	niánchū
轮廓	lúnkuò	魅力	mèilì	*没	mò	年青	niánqīng
*论	lùn	闷	mēn	没落	mòluò	*年轻	niánqīng
*罗	luó	*门口	ménkǒu	*抹	mò	*念	niàn
螺旋	luóxuán	闷	mèn	陌生	mòshēng	*娘	niáng
络	luò	蒙	mēng	*莫	mò	*鸟	niǎo
*落	luò	萌芽	méngyá	墨	mò	尿	niào
*落实	luòshí	蒙	méng	*默默	mòmò	捏	niē
*抹	mā	猛烈	měngliè	*磨	mò	*您	nín
麻醉	mázuì	孟	mèng	谋	móu	宁	níng
马车	mǎchē	*梦	mèng	*某	mǒu	宁静	níngjìng
码	mǎ	弥漫	mímàn	模样	múyàng	拧	níng
*蚂蚁	mǎyǐ	迷	mí	*母	mǔ	凝结	níngjié
*骂	mà	谜	mí	*亩	mǔ	拧	nǐng
埋	mái	*米	mǐ	木材	mùcái	宁	nìng
*买	mǎi	*秘密	mìmì	*目标	mùbiāo	拧	nìng
迈	mài	*密	mì	墓	mù	*牛顿	Niúdùn
麦	mài	蜜	mì	幕	mù	扭转	niǔzhuǎn
*卖	mài	*棉	mián	*拿	ná	*农村	nóngcūn
脉	mài	免疫	miǎnyì	*哪	nǎ	浓厚	nónghòu
蛮	mán	勉强	miǎnqiǎng	*哪儿	nǎr	脓	nóng
瞒	mán	*面积	miànjī	*那	nà	*弄	nòng
*满意	mǎnyì	*苗	miáo	*那儿	nàr	*奴隶	núlì
漫长	màncháng	*描绘	miáohuì	纳税	nàshuì	奴役	núyì
*慢	màn	*秒	miǎo	*钠	nà	*努力	nǔlì
忙碌	mánglù	妙	miào	乃至	nǎizhì	怒	nù
*盲目	mángmù	庙	miào	奶	nǎi	女士	nǚshì
茫然	mángrán	灭亡	mièwáng	耐心	nàixīn	*暖	nuǎn
*猫	māo	民俗	mínsú	*男人	nánrén	欧	ōu
毛巾	máojīn	*民族	mínzú	*南	nán	偶尔	ǒu’ěr
*矛盾	máodùn	敏捷	mǐnjié	*难	nán	扒	pá
冒险	màoxiǎn	*名称	míngchēng	难得	nándé	*爬	pá
*贸易	màoyì	*明显	míngxiǎn	*难	nàn	*怕	pà

*拍	pāi	*片	piàn	契约	qìyuē	倾斜	qīngxié
拍摄	pāishè	骗	piàn	砌	qì	*清晰	qīngxī
*排斥	páichì	飘	piāo	器材	qìcái	情操	qíngcāo
*牌	pái	票	piào	卡	qiǎ	请示	qǐngshì
派出所	pàichūsuǒ	拼命	pīnmìng	恰当	qiàdàng	庆祝	qìngzhù
派遣	pàiqiǎn	贫穷	pínqióng	千方百计	qiānfāng-bǎijì	穷人	qióngrén
潘	pān	频繁	pínfán	迁移	qiānyí	秋季	qiūjì
攀	pān	*品质	pǐnzhì	牵	qiān	求证	qiúzhèng
*盘	pán	乒乓球	pīngpāngqiú	铅笔	qiānbǐ	酋长	qiúzhǎng
判处	pànchǔ	*平衡	pínghéng	*签定	qiāndìng	*球	qiú
盼望	pànwàng	*平行	píngxíng	前景	qiánjǐng	*区分	qūfēn
庞大	pángdà	评选	píngxuǎn	*前途	qiántú	*曲	qū
*旁边	pángbiān	苹果	píngguǒ	*钱	qián	*曲线	qūxiàn
*胖	pàng	凭借	píngjiè	潜力	qiánlì	曲折	qūzhé
抛弃	pāoqì	屏幕	píngmù	*浅	qiǎn	驱逐	qūzhú
*泡	pāo	*瓶	píng	遣	qiǎn	屈服	qūfú
炮	páo	坡	pō	欠	qiàn	*趋势	qūshì
*跑	pǎo	*颇	pō	嵌	qiàn	渠道	qúdào
*泡	pào	迫使	pòshǐ	*枪	qiāng	*曲	qǔ
炮	pào	破裂	pòliè	腔	qiāng	*取消	qǔxiāo
炮弹	pàodàn	剖面	pōumiàn	*强调	qiángdiào	娶	qǔ
胚胎	pēitāi	扑	pū	墙壁	qiángbì	去世	qùshì
陪	péi	*铺	pū	抢救	qiǎngjiù	趣味	qùwèi
培训	péixùn	朴素	pǔsù	*强	qiǎng	*圈	quān
赔偿	péicháng	*普遍	pǔbiàn	*悄悄	qiāoqiāo	权益	quányì
*配合	pèihé	谱	pǔ	*敲	qiāo	全民	quánmín
喷	pēn	*铺	pù	桥梁	qiáoliáng	泉	quán
盆地	péndì	*七	qī	*瞧	qiáo	拳	quán
彭	péng	凄凉	qīliáng	巧妙	qiǎomiào	*劝	quàn
棚	péng	*期	qī	壳	qiào	*缺陷	quēxiàn
蓬勃	péngbó	漆	qī	*切	qiē	*却	què
*膨胀	péngzhàng	*齐	qí	*且	qiě	*确实	quèshí
捧	pěng	*其次	qícì	*切	qiè	*群众	qúnzhòng
*碰	pèng	奇迹	qíjì	切实	qièshí	*然而	rán'ér
*批准	pīzhǔn	*骑	qí	*侵略	qīnlüè	*燃料	ránliào
披	pī	旗帜	qízhì	亲密	qīnmì	*染色体	rǎnsètǐ
*皮肤	pífū	*企图	qǐtú	亲眼	qīnyǎn	嚷	rǎng
疲倦	píjuàn	*企业	qǐyè	*秦	Qín	*让	ràng
脾	pí	*启发	qǐfā	琴	qín	扰动	rǎodòng
*匹	pǐ	起初	qǐchū	勤劳	qínláo	扰乱	rǎoluàn
*譬如	pìrú	*气候	qìhòu	青春	qīngchūn	*绕	rào
*偏	piān	弃	qì	轻微	qīngwēi	惹	rě
*篇	piān	*汽车	qìchē	*氢气	qīngqì	热能	rènéng

人均	rénjūn
人民币	rénmínbì
仁	rén
*任	Rén
忍耐	rěnnài
认识论	rènshílùn
*任	rèn
扔	rēng
仍旧	réngjiù
日趋	rìqū
荣誉	róngyù
容纳	róngnà
*溶液	róngyè
熔点	róngdiǎn
融合	rónghé
柔软	róuruǎn
揉	róu
肉体	ròutǐ
*如何	rúhé
儒家	Rújiā
*乳	rǔ
入侵	rùqīn
*软	ruǎn
*若干	ruògān
弱点	ruòdiǎn
撒	sā
洒	sǎ
撒	sǎ
腮	sāi
塞	sāi
塞	sài
赛	sài
*三角形	sānjiǎoxíng
伞	sǎn
*散	sǎn
散射	sǎnshè
*散	sàn
散步	sànbù
散布	sànbù
嗓子	sǎngzi
*丧失	sàngshī
扫荡	sǎodàng
*色彩	sècǎi
塞	sè
*森林	sēnlín
僧侣	sēnglǚ
杀害	shāhài
沙滩	shātān
纱	shā
砂	shā
傻	shǎ
*色	shǎi
晒	shài
山峰	shānfēng
*扇	shān
闪烁	shǎnshuò
*单	Shàn
*扇	shàn
善良	shànliáng
伤害	shānghài
*商品	shāngpǐn
*上	shǎng
赏	shǎng
*上	shàng
上诉	shàngsù
上涨	shàngzhǎng
*尚	shàng
*烧	shāo
*梢	shāo
稍微	shāowēi
*少	shǎo
*少量	shǎoliàng
*少	shào
少女	shàonǚ
*舌	shé
*折	shé
*蛇	shé
舍	shě
*设置	shèzhì
*社会学	shèhuìxué
舍	shè
射击	shèjī
*涉及	shèjí
摄影	shèyǐng
*谁	shéi
申请	shēnqǐng
伸手	shēnshǒu
身影	shēnyǐng
参	shēn
深远	shēnyuǎn
*神经	shénjīng
沈	Shěn
*审美	shěnměi
婶	shěn
*肾	shèn
*甚至	shènzhì
*渗透	shèntòu
慎重	shènzhòng
*升	shēng
生意	shēngyì
生意	shēngyi
*生殖	shēngzhí
*声音	shēngyīn
牲畜	shēngchù
绳	shéng
*省	shěng
圣经	Shèngjīng
*胜利	shènglì
盛行	shèngxíng
剩余	shèngyú
尸体	shītǐ
失调	shītiáo
师长	shīzhǎng
诗歌	shīgē
施行	shīxíng
湿润	shīrùn
*十	shí
石灰	shíhuī
时髦	shímáo
识别	shíbié
*实在	shízài
*实在	shízai
拾	shí
食盐	shíyán
史学	shǐxué
使劲	shǐjìn
*始终	shǐzhōng
士兵	shìbīng
*氏族	shìzú
示范	shìfàn
*世界观	shìjièguān
*市场	shìchǎng
*式	shì
*似的	shìde
事迹	shìjì
势必	shìbì
试图	shìtú
视野	shìyě
*是否	shìfǒu
*适应	shìyìng
*室	shì
逝世	shìshì
*释放	shìfàng
*收缩	shōusuō
收音机	shōuyīnjī
*熟	shóu
手臂	shǒubì
手脚	shǒujiǎo
手榴弹	shǒuliúdàn
*手指	shǒuzhǐ
守恒	shǒuhéng
*首都	shǒudū
寿命	shòumìng
受伤	shòushāng
狩猎	shòuliè
授	shòu
兽	shòu
*瘦	shòu
书籍	shūjí
抒情	shūqíng
梳	shū
舒适	shūshì
疏	shū
输送	shūsòng
*蔬菜	shūcài
熟练	shúliàn
*属性	shǔxìng
鼠	shǔ
*数	shǔ
术语	shùyǔ
*束缚	shùfù
述	shù

树干	shùgàn
竖	shù
数值	shùzhí
刷	shuā
耍	shuǎ
衰变	shuāibiàn
衰老	shuāilǎo
摔	shuāi
甩	shuǎi
*率领	shuàilǐng
拴	shuān
*双方	shuāngfāng
霜	shuāng
*谁	shuí
水泥	shuǐní
水银	shuǐyín
水蒸气	shuǐzhēngqì
税收	shuìshōu
睡眠	shuìmián
*顺序	shùnxù
瞬间	shùnjiān
说服	shuōfú
司令	sīlìng
丝毫	sīháo
私有制	sīyǒuzhì
*思维	sīwéi
斯	sī
死刑	sǐxíng
四边形	sìbiānxíng
寺院	sìyuàn
*似乎	sìhū
*饲料	sìliào
*松	sōng
*宋	Sòng
*送	sòng
搜集	sōují
艘	sōu
*苏	sū
俗称	súchēng
诉讼	sùsòng
*素质	sùzhì
*速度	sùdù
宿舍	sùshè
*塑料	sùliào
*酸	suān
*算	suàn
*虽然	suīrán
隋	Suí
随即	suíjí
*遂	suí
髓	suǐ
岁月	suìyuè
*遂	suì
碎	suì
穗	suì
*孙	sūn
损耗	sǔnhào
缩短	suōduǎn
所属	suǒshǔ
*所有制	suǒyǒuzhì
索	suǒ
锁	suǒ
*他	tā
*它	tā
*她	tā
塔	tǎ
踏	tà
胎	tāi
台风	táifēng
抬头	táitóu
太空	tàikōng
*态	tài
摊	tān
滩	tān
谈判	tánpàn
*弹	tán
痰	tán
坦克	tǎnkè
叹息	tànxī
探测	tàncè
*碳	tàn
*汤	tāng
*唐	táng
堂	táng
塘	táng
*糖	táng
倘若	tǎngruò
*躺	tǎng
烫	tàng
*趟	tàng
掏	tāo
逃走	táozǒu
桃	táo
陶冶	táoyě
淘汰	táotài
*讨论	tǎolùn
*套	tào
特权	tèquán
*特殊	tèshū
疼	téng
疼痛	téngtòng
藤	téng
踢	tī
提炼	tíliàn
题目	tímù
*体积	tǐjī
替代	tìdài
天鹅	tiān'é
天真	tiānzhēn
天主教	Tiānzhǔjiào
添	tiān
田野	tiányě
*甜	tián
*填	tián
*挑	tiāo
挑选	tiāoxuǎn
条款	tiáokuǎn
*调	tiáo
调和	tiáohé
*挑	tiǎo
挑战	tiǎozhàn
跳舞	tiàowǔ
*贴	tiē
*铁路	tiělù
厅	tīng
听觉	tīngjué
停顿	tíngdùn
*挺	tǐng
*通	tōng
*通讯	tōngxùn
同行	tóngháng
同行	tóngxíng
*铜	tóng
童话	tónghuà
*统治	tǒngzhì
桶	tǒng
筒	tǒng
*通	tòng
*痛	tòng
偷偷	tōutōu
头顶	tóudǐng
投降	tóuxiáng
*投资	tóuzī
透露	tòulù
凸	tū
突击	tūjī
图画	túhuà
图纸	túzhǐ
徒	tú
*途径	tújìng
涂	tú
屠杀	túshā
土匪	tǔfěi
*土壤	tǔrǎng
吐	tǔ
*吐	tù
湍流	tuānliú
*团结	tuánjié
推荐	tuījiàn
*腿	tuǐ
退休	tuìxiū
*托	tuō
*拖拉机	tuōlājī
*脱离	tuōlí
妥协	tuǒxié
挖掘	wājué
瓦	wǎ
歪曲	wāiqū
外贸	wàimào
弯曲	wānqū
完备	wánbèi
完毕	wánbì

* 完整	wánzhěng
玩具	wánjù
顽强	wánqiáng
挽	wǎn
晚期	wǎnqī
* 碗	wǎn
万物	wànwù
汪	wāng
亡	wáng
王朝	wángcháo
网络	wǎngluò
往来	wǎnglái
* 忘记	wàngjì
旺盛	wàngshèng
望远镜	wàngyuǎnjìng
* 危机	wēijī
* 威胁	wēixié
微生物	wēishēngwù
* 为	wéi
为难	wéinán
为人	wéirén
违背	wéibèi
围剿	wéijiǎo
* 围绕	wéirào
唯	wéi
维生素	wéishēngsù
* 伟大	wěidà
伪	wěi
* 尾	wěi
纬度	wěidù
委托	wěituō
* 委员会	wěiyuánhuì
* 卫星	wèixīng
* 为	wèi
为何	wèihé
未曾	wèicéng
* 位	wèi
* 味	wèi
* 胃	wèi
* 谓	wèi
* 喂	wèi
魏	wèi
* 温暖	wēnnuǎn
* 文献	wénxiàn
纹	wén
* 闻	wén
吻	wěn
* 稳定	wěndìng
问世	wènshì
窝	wō
* 我	wǒ
卧室	wòshì
握手	wòshǒu
乌龟	wūguī
* 污染	wūrǎn
* 屋	wū
无非	wúfēi
无可奈何	wúkěnàihé
无情	wúqíng
无穷	wúqióng
吾	wú
* 吴	wú
* 五	wǔ
* 武装	wǔzhuāng
侮辱	wǔrǔ
* 舞蹈	wǔdǎo
勿	wù
务	wù
* 物质	wùzhì
误差	wùchā
误解	wùjiě
* 恶	wù
* 雾	wù
西风	xīfēng
吸取	xīqǔ
* 吸引	xīyǐn
* 希望	xīwàng
* 牺牲	xīshēng
息	xī
稀少	xīshǎo
锡	xī
熄灭	xīmiè
* 习惯	xíguàn
席	xí
袭击	xíjī
洗澡	xǐzǎo
喜悦	xǐyuè
* 戏曲	xìqǔ
* 系	xì
* 系统	xìtǒng
* 细胞	xìbāo
* 细菌	xìjūn
虾	xiā
瞎	xiā
狭隘	xiá'ài
狭窄	xiázhǎi
下颌	xiàhé
下旬	xiàxún
* 吓	xià
* 夏	xià
仙	xiān
先前	xiānqián
* 纤维	xiānwéi
掀起	xiānqǐ
鲜	xiān
鲜血	xiānxuè
闲	xián
* 弦	xián
咸	xián
衔	xián
嫌	xián
显露	xiǎnlù
显微镜	xiǎnwēijìng
* 显著	xiǎnzhù
险	xiǎn
鲜	xiǎn
县城	xiànchéng
现存	xiàncún
* 现代化	xiàndàihuà
* 限制	xiànzhì
* 线圈	xiànquān
线索	xiànsuǒ
* 宪法	xiànfǎ
陷于	xiànyú
羡慕	xiànmù
献身	xiànshēn
腺	xiàn
* 乡村	xiāngcūn
* 相似	xiāngsì
* 相应	xiāngyìng
香烟	xiāngyān
箱	xiāng
* 详细	xiángxì
降	xiáng
* 享受	xiǎngshòu
响应	xiǎngyìng
想象力	xiǎngxiànglì
向来	xiànglái
* 项目	xiàngmù
* 相	xiàng
* 象征	xiàngzhēng
* 像	xiàng
橡胶	xiàngjiāo
削	xiāo
* 消除	xiāochú
硝酸	xiāosuān
* 销售	xiāoshòu
小儿	xiǎo'ér
小朋友	xiǎopéngyǒu
小学生	xiǎoxuéshēng
* 校长	xiàozhǎng
效	xiào
* 效应	xiàoyìng
* 些	xiē
歇	xiē
* 协调	xiétiáo
* 协作	xiézuò
邪	xié
* 斜	xié
携带	xiédài
* 鞋	xié
* 写作	xiězuò
* 血	xiě
泄	xiè
谢	xiè
* 解	xiè
蟹	xiè
心血	xīnxuè
辛苦	xīnkǔ
* 欣赏	xīnshǎng
锌	xīn
新陈代谢	xīnchén-dàixiè

新娘	xīnniáng
新型	xīnxíng
新颖	xīnyǐng
信贷	xìndài
信徒	xìntú
兴	xīng
*兴奋	xīngfèn
*星期	xīngqī
星系	xīngxì
刑罚	xíngfá
刑法	xíngfǎ
*行使	xíngshǐ
行驶	xíngshǐ
*形式	xíngshì
*形势	xíngshì
*型	xíng
*省	xǐng
*醒	xǐng
兴	xìng
*兴趣	xìngqù
*幸福	xìngfú
*性质	xìngzhì
姓名	xìngmíng
凶	xiōng
*兄弟	xiōngdì
*兄弟	xiōngdi
胸脯	xiōngpú
雄伟	xióngwěi
熊	xióng
休眠	xiūmián
修辞	xiūcí
宿	xiǔ
臭	xiù
袖	xiù
宿	xiù
绣	xiù
嗅	xiù
*须	xū
*虚	xū
*需求	xūqiú
*徐	xú
*许多	xǔduō
序	xù
*叙述	xùshù
*畜	xù
*宣传	xuānchuán
悬挂	xuánguà
旋律	xuánlǜ
*旋转	xuánzhuǎn
选拔	xuǎnbá
旋	xuàn
削弱	xuēruò
穴	xué
学派	xuépài
*雪	xuě
*血	xuè
*血管	xuèguǎn
*血液	xuèyè
*寻找	xúnzhǎo
询问	xúnwèn
*循环	xúnhuán
*训练	xùnliàn
*迅速	xùnsù
压抑	yāyì
押	yā
鸦片	yāpiàn
鸭	yā
牙齿	yáchǐ
*芽	yá
亚	yà
咽	yān
*烟	yān
延伸	yánshēn
严峻	yánjùn
*严肃	yánsù
*言语	yányǔ
*岩石	yánshí
炎	yán
沿岸	yán'àn
研究生	yánjiūshēng
*研制	yánzhì
盐酸	yánsuān
*颜色	yánsè
掩护	yǎnhù
眼镜	yǎnjìng
演绎	yǎnyì
*演奏	yǎnzòu
厌恶	yànwù
咽	yàn
宴会	yànhuì
验证	yànzhèng
秧	yāng
扬	yáng
羊毛	yángmáo
*阳光	yángguāng
*杨	yáng
洋	yáng
仰	yǎng
养分	yǎngfèn
*氧	yǎng
样式	yàngshì
*约	yāo
*要	yāo
*要求	yāoqiú
*腰	yāo
邀请	yāoqǐng
遥远	yáoyuǎn
*咬	yǎo
药品	yàopǐn
*要素	yàosù
耶稣	Yēsū
*也许	yěxǔ
冶金	yějīn
野蛮	yěmán
业余	yèyú
叶片	yèpiàn
*页	yè
*夜晚	yèwǎn
*液体	yètǐ
一辈子	yībèizi
一端	yīduān
*一致	yīzhì
*衣	yī
医疗	yīliáo
依附	yīfù
*依赖	yīlài
*仪器	yíqì
宜	yí
*移动	yídòng
遗憾	yíhàn
遗嘱	yízhǔ
疑惑	yíhuò
*乙	yǐ
*已	yǐ
以内	yǐnèi
*以至	yǐzhì
以致	yǐzhì
*矣	yǐ
蚁	yǐ
椅	yǐ
*亿	yì
*义务	yìwù
*艺术家	yìshùjiā
议论	yìlùn
*亦	yì
*异常	yìcháng
*抑制	yìzhì
役	yì
译	yì
易于	yìyú
益	yì
意境	yìjìng
意象	yìxiàng
毅然	yìrán
翼	yì
因地制宜	yīndì-zhìyí
*因素	yīnsù
阴谋	yīnmóu
*音乐	yīnyuè
*银行	yínháng
*引导	yǐndǎo
饮食	yǐnshí
隐蔽	yǐnbì
印刷	yìnshuā
饮	yìn
*应	yīng
*应当	yīngdāng
*应该	yīnggāi
*英雄	yīngxióng
*婴儿	yīng'ér
鹰	yīng
迎接	yíngjiē

荧光屏	yíngguāngpíng
盈利	yínglì
*营养	yíngyǎng
赢得	yíngdé
影片	yǐngpiàn
*应	yìng
*应用	yìngyòng
映	yìng
*硬	yìng
拥护	yōnghù
永恒	yǒnghéng
*勇敢	yǒnggǎn
涌现	yǒngxiàn
用户	yònghù
优惠	yōuhuì
忧郁	yōuyù
幽默	yōumò
悠久	yōujiǔ
*尤其	yóuqí
尤为	yóuwéi
*由于	yóuyú
邮票	yóupiào
犹豫	yóuyù
油画	yóuhuà
铀	yóu
游泳	yóuyǒng
*友谊	yǒuyì
*有力	yǒulì
*有利	yǒulì
有益	yǒuyì
有意	yǒuyì
*又	yòu
*右手	yòushǒu
幼儿	yòu'ér
诱导	yòudǎo
*于是	yúshì
予	yú
余地	yúdì
*鱼	yú
娱乐	yúlè
渔业	yúyè
*愉快	yúkuài
舆论	yúlùn
*与	yǔ
与其	yǔqí
予	yǔ
*予以	yǔyǐ
*宇宙	yǔzhòu
羽毛	yǔmáo
雨水	yǔshuǐ
*语音	yǔyīn
*玉米	yùmǐ
育种	yùzhǒng
*预防	yùfáng
预算	yùsuàn
域	yù
欲望	yùwàng
遇	yù
*愈	yù
*元素	yuánsù
圆	yuán
*员	yuán
袁	Yuán
原材料	yuáncáiliào
原谅	yuánliàng
*原始	yuánshǐ
原子核	yuánzǐhé
圆心	yuánxīn
援助	yuánzhù
*缘故	yuángù
源泉	yuánquán
远方	yuǎnfāng
怨	yuàn
*院	yuàn
*愿望	yuànwàng
*曰	yuē
*约束	yuēshù
月初	yuèchū
*乐	yuè
*乐曲	yuèqǔ
*阅读	yuèdú
跃	yuè
越过	yuèguò
粤	yuè
*云	yún
匀	yún
*允许	yǔnxǔ
*运动员	yùndòngyuán
运转	yùnzhuǎn
韵	yùn
蕴藏	yùncáng
扎	zā
杂志	zázhì
杂质	zázhì
砸	zá
灾难	zāinàn
栽培	zāipéi
再现	zàixiàn
在场	zàichǎng
*载	zài
*咱	zán
*暂时	zànshí
赞叹	zàntàn
脏	zāng
脏	zàng
葬	zàng
*藏	zàng
遭遇	zāoyù
糟	zāo
*早已	zǎoyǐ
藻	zǎo
灶	zào
造型	zàoxíng
*则	zé
*责任	zérèn
贼	zéi
*怎么样	zěnmeyàng
*曾	zēng
*增产	zēngchǎn
增添	zēngtiān
扎	zhā
炸	zhá
眨	zhǎ
炸弹	zhàdàn
摘	zhāi
窄	zhǎi
债务	zhàiwù
寨	zhài
*占	zhān
沾	zhān
粘	zhān
盏	zhǎn
展示	zhǎnshì
崭新	zhǎnxīn
占据	zhànjù
占用	zhànyòng
*战略	zhànlüè
战役	zhànyì
*站	zhàn
*张	zhāng
章程	zhāngchéng
*长	zhǎng
长官	zhǎngguān
涨	zhǎng
*掌握	zhǎngwò
丈	zhàng
仗	zhàng
帐	zhàng
账	zhàng
胀	zhàng
涨	zhàng
*障碍	zhàng'ài
招待	zhāodài
*着	zhāo
*朝	zhāo
*着	zháo
着急	zháojí
*找	zhǎo
召集	zhàojí
*召开	zhàokāi
*赵	Zhào
照例	zhàolì
*照片	zhàopiàn
照耀	zhàoyào
遮	zhē
*折	zhé
折射	zhéshè
*哲学	zhéxué
*者	zhě
*这样	zhèyàng
针灸	zhēnjiǔ
侦查	zhēnchá

侦察	zhēnchá	*纸	zhǐ	*竹	zhú	桌	zhuō
珍珠	zhēnzhū	*指挥	zhǐhuī	*逐渐	zhújiàn	卓越	zhuóyuè
真诚	zhēnchéng	*至少	zhìshǎo	主教	zhǔjiào	啄木鸟	zhuómùniǎo
*真正	zhēnzhèng	*志	zhì	*主义	zhǔyì	*着	zhuó
*诊断	zhěnduàn	*制订	zhìdìng	*主意	zhǔyi	着手	zhuóshǒu
*阵地	zhèndì	*制定	zhìdìng	煮	zhǔ	*着重	zhuózhòng
振兴	zhènxīng	*制约	zhìyuē	*属	zhǔ	琢磨	zhuómó
震惊	zhènjīng	制止	zhìzhǐ	助	zhù	咨询	zīxún
*镇压	zhènyā	*制作	zhìzuò	住宅	zhùzhái	*姿态	zītài
*争论	zhēnglùn	*质量	zhìliàng	贮藏	zhùcáng	*资本	zīběn
征收	zhēngshōu	*治疗	zhìliáo	贮存	zhùcún	资产	zīchǎn
挣	zhēng	致富	zhìfù	*注意	zhùyì	滋味	zīwèi
睁	zhēng	*秩序	zhìxù	*驻	zhù	子弹	zǐdàn
*蒸发	zhēngfā	*智慧	zhìhuì	*柱	zhù	*仔细	zǐxì
*整顿	zhěngdùn	滞	zhì	祝贺	zhùhè	姊妹	zǐmèi
*正当	zhèngdāng	置	zhì	著	zhù	紫	zǐ
*正当	zhèngdàng	中等	zhōngděng	*著名	zhùmíng	自称	zìchēng
证据	zhèngjù	中断	zhōngduàn	筑	zhù	*自从	zìcóng
郑	zhèng	*中间	zhōngjiān	抓紧	zhuājǐn	自豪	zìháo
*政策	zhèngcè	中枢	zhōngshū	*专政	zhuānzhèng	自力更生	zìlì-gēngshēng
*政党	zhèngdǎng	忠诚	zhōngchéng	专制	zhuānzhì	*自然	zìrán
挣	zhèng	终究	zhōngjiū	砖	zhuān	自信	zìxìn
*症状	zhèngzhuàng	*钟	zhōng	*转	zhuǎn	自行	zìxíng
*之	zhī	肿瘤	zhǒngliú	*转动	zhuǎndòng	自在	zìzài
支撑	zhīchēng	*种	zhǒng	*转身	zhuǎnshēn	自在	zìzai
*支援	zhīyuán	种族	zhǒngzú	*转向	zhuǎnxiàng	*自治区	zìzhìqū
*只	zhī	*中	zhòng	*传	zhuàn	自转	zìzhuàn
汁	zhī	中毒	zhòngdú	*转	zhuàn	字母	zìmǔ
枝条	zhītiáo	*众多	zhòngduō	*转动	zhuàndòng	宗旨	zōngzhǐ
知觉	zhījué	*种植	zhòngzhí	*转向	zhuànxiàng	*综合	zōnghé
肢	zhī	重工业	zhònggōngyè	赚	zhuàn	总额	zǒng'é
织	zhī	*重视	zhòngshì	庄严	zhuāngyán	*总之	zǒngzhī
脂肪	zhīfáng	*州	zhōu	桩	zhuāng	纵队	zòngduì
*执行	zhíxíng	*周期	zhōuqī	装饰	zhuāngshì	走廊	zǒuláng
*直接	zhíjiē	*周转	zhōuzhuǎn	壮大	zhuàngdà	奏	zòu
*直径	zhíjìng	轴	zhóu	*状况	zhuàngkuàng	租界	zūjiè
直辖市	zhíxiáshì	*昼夜	zhòuyè	撞	zhuàng	足球	zúqiú
值班	zhíbān	皱	zhòu	幢	zhuàng	*族	zú
职责	zhízé	朱	zhū	追究	zhuījiū	*阻碍	zǔ'ài
*植物	zhíwù	珠	zhū	追逐	zhuīzhú	*组织	zǔzhī
*殖民地	zhímíndì	*株	zhū	*准确	zhǔnquè	祖父	zǔfù
止	zhǐ	诸如	zhūrú	准则	zhǔnzé	祖母	zǔmǔ
*只得	zhǐdé	*猪	zhū	*捉	zhuō	*钻	zuān

钻研	zuānyán	罪行	zuìxíng	＊昨天	zuótiān	＊作战	zuòzhàn
＊钻	zuàn	醉	zuì	＊左右	zuǒyòu	坐标	zuòbiāo
＊嘴唇	zuǐchún	尊敬	zūnjìng	＊作	zuò	座位	zuòwèi
＊最初	zuìchū	＊遵守	zūnshǒu	＊作风	zuòfēng	做梦	zuòmèng

表　二

哀愁	āichóu	把柄	bǎbǐng	蚌	bàng	背脊	bèijǐ
哀悼	āidào	靶场	bǎchǎng	棒球	bàngqiú	钡	bèi
哀乐	āiyuè	坝	bà	傍	bàng	倍增	bèizēng
皑皑	ái'ái	耙	bà	磅	bàng	被褥	bèirù
癌	ái	罢免	bàmiǎn	包庇	bāobì	奔驰	bēnchí
矮小	ǎixiǎo	霸占	bàzhàn	包裹	bāoguǒ	奔赴	bēnfù
艾	ài	掰	bāi	包揽	bāolǎn	本分	běnfèn
爱抚	àifǔ	白骨	báigǔ	包罗万象	bāoluó-wànxiàng	本色	běnsè
碍事	àishì	白桦	báihuà	包扎	bāozā	本原	běnyuán
安分	ānfèn	白皙	báixī	苞	bāo	本源	běnyuán
安抚	ānfǔ	白昼	báizhòu	胞	bāo	笨拙	bènzhuō
安居乐业	ānjū-lèyè	百花齐放	bǎihuā-qífàng	剥	bāo	崩	bēng
安理会	ānlǐhuì	百家争鸣	bǎijiā-zhēngmíng	雹	báo	绷	bēng
安闲	ānxián	百科全书	bǎikē-quánshū	饱含	bǎohán	绷带	bēngdài
安详	ānxiáng	柏	bǎi	宝藏	bǎozàng	绷	běng
庵	ān	柏油	bǎiyóu	保佑	bǎoyòu	泵	bèng
按摩	ànmó	败坏	bàihuài	保证金	bǎozhèngjīn	迸发	bèngfā
按捺	ànnà	拜访	bàifǎng	堡垒	bǎolěi	绷	bèng
案头	àntóu	扳	bān	报导	bàodǎo	逼迫	bīpò
暗号	ànhào	班主任	bānzhǔrèn	报到	bàodào	鼻腔	bíqiāng
黯然	ànrán	颁发	bānfā	报警	bàojǐng	匕首	bǐshǒu
昂首	ángshǒu	斑斓	bānlán	刨	bào	比例尺	bǐlìchǐ
盎然	àngrán	搬迁	bānqiān	抱不平	bàobùpíng	比率	bǐlǜ
凹陷	āoxiàn	板栗	bǎnlì	豹	bào	比拟	bǐnǐ
遨游	áoyóu	版权	bǎnquán	鲍鱼	bàoyú	彼岸	bǐ'àn
螯	áo	半成品	bànchéngpǐn	暴	bào	笔直	bǐzhí
翱翔	áoxiáng	半截	bànjié	暴躁	bàozào	鄙夷	bǐyí
袄	ǎo	扮	bàn	暴涨	bàozhǎng	币	bì
拗	ào	伴侣	bànlǚ	爆竹	bàozhú	必需品	bìxūpǐn
傲慢	àomàn	拌	bàn	卑鄙	bēibǐ	毕生	bìshēng
奥妙	àomiào	绊	bàn	卑劣	bēiliè	闭塞	bìsè
懊丧	àosàng	邦	bāng	悲凉	bēiliáng	庇护	bìhù
八卦	bāguà	帮凶	bāngxiōng	碑文	bēiwén	陛下	bìxià
芭蕉	bājiāo	梆	bāng	北极星	běijíxīng	毙	bì
芭蕾舞	bālěiwǔ	绑架	bǎngjià	贝壳	bèiké	婢女	bìnǚ
疤痕	bāhén	榜	bǎng	背包	bèibāo	痹	bì
跋涉	báshè	膀	bǎng	背道而驰	bèidào'érchí	辟	bì

弊端	bìduān	兵役	bīngyì	不屑	bùxiè	插嘴	chāzuǐ
碧绿	bìlǜ	兵营	bīngyíng	不懈	bùxiè	茬	chá
蔽	bì	饼干	bǐnggān	不约而同	bùyuē'értóng	茶几	chájī
壁垒	bìlěi	屏息	bǐngxī	布匹	bùpǐ	查处	cháchǔ
避难	bìnàn	禀	bǐng	步履	bùlǚ	查禁	chájìn
璧	bì	并发	bìngfā	部属	bùshǔ	查询	cháxún
敝	bì	病菌	bìngjūn	埠	bù	查找	cházhǎo
臂膀	bìbǎng	病榻	bìngtà	簿	bù	察觉	chájué
弊病	bìbìng	病症	bìngzhèng	擦拭	cāshì	杈	chà
边陲	biānchuí	摒弃	bìngqì	猜测	cāicè	岔	chà
编撰	biānzhuàn	拨款	bōkuǎn	才智	cáizhì	刹那	chànà
编纂	biānzuǎn	波澜	bōlán	财会	cáikuài	诧异	chàyì
鞭策	biāncè	波折	bōzhé	裁军	cáijūn	拆除	chāichú
贬低	biǎndī	钵	bō	采掘	cǎijué	拆卸	chāixiè
匾	biǎn	剥蚀	bōshí	采摘	cǎizhāi	差使	chāishǐ
变压器	biànyāqì	菠萝	bōluó	彩绘	cǎihuì	柴油	cháiyóu
便秘	biànmì	播送	bōsòng	彩塑	cǎisù	搀扶	chānfú
遍布	biànbù	伯父	bófù	睬	cǎi	掺	chān
辩证	biànzhèng	伯母	bómǔ	菜蔬	càishū	馋	chán
辩驳	biànbó	驳斥	bóchì	菜肴	càiyáo	禅宗	chánzōng
辫	biàn	泊	bó	参赛	cānsài	缠绕	chánrào
标兵	biāobīng	铂	bó	参预	cānyù	蝉	chán
标的	biāodì	脖	bó	餐厅	cāntīng	潺潺	chánchán
标签	biāoqiān	博得	bódé	残留	cánliú	蟾蜍	chánchú
标新立异	biāoxīn-lìyì	博览会	bólǎnhuì	蚕食	cánshí	产销	chǎnxiāo
标识	biāozhì	搏击	bójī	惭愧	cánkuì	铲除	chǎnchú
膘	biāo	膊	bó	惨案	cǎn'àn	阐释	chǎnshì
表露	biǎolù	箔	bó	仓促	cāngcù	颤	chàn
表率	biǎoshuài	帛	bó	沧桑	cāngsāng	颤动	chàndòng
憋	biē	跛	bǒ	苍翠	cāngcuì	忏悔	chànhuǐ
鳖	biē	补给	bǔjǐ	藏身	cángshēn	昌	chāng
别出心裁	biéchū-xīncái	捕杀	bǔshā	操持	cāochí	猖獗	chāngjué
别具一格	biéjù-yīgé	哺乳	bǔrǔ	嘈杂	cáozá	娼妓	chāngjì
别开生面	biékāi-shēngmiàn	哺育	bǔyù	草丛	cǎocóng	长臂猿	chángbìyuán
别墅	biéshù	卜	bǔ	草率	cǎoshuài	长颈鹿	chángjǐnglù
瘪	biě	不啻	bùchì	厕所	cèsuǒ	长袍	chángpáo
宾馆	bīnguǎn	不得了	bùdéliǎo	策划	cèhuà	长衫	chángshān
滨	bīn	不得已	bùdéyǐ	层出不穷	céngchū-bùqióng	长足	chángzú
濒临	bīnlín	不动声色	bùdòng-shēngsè	蹭	cèng	肠胃	chángwèi
摈弃	bìnqì	不符	bùfú	叉腰	chāyāo	常设	chángshè
鬓	bìn	不计其数	bùjì-qíshù	杈	chā	尝新	chángxīn
冰雹	bīngbáo	不胫而走	bùjìng'érzǒu	差错	chācuò	偿还	chánghuán
冰窖	bīngjiào	不祥	bùxiáng	差额	chā'é	厂矿	chǎngkuàng

场景	chǎngjǐng
敞开	chǎngkāi
怅惘	chàngwǎng
畅快	chàngkuài
倡议	chàngyì
唱片	chàngpiàn
抄袭	chāoxí
钞票	chāopiào
超导体	chāodǎotǐ
超声波	chāoshēngbō
剿	chāo
巢穴	cháoxué
朝野	cháoyě
嘲讽	cháofěng
潮汐	cháoxī
吵闹	chǎonào
车祸	chēhuò
扯皮	chěpí
彻	chè
撤回	chèhuí
澈	chè
抻	chēn
臣民	chénmín
尘埃	chén'āi
沉寂	chénjì
沉郁	chényù
辰	chén
陈列	chénliè
晨曦	chénxī
衬托	chèntuō
趁早	chènzǎo
称职	chènzhí
称霸	chēngbà
称道	chēngdào
称颂	chēngsòng
称谓	chēngwèi
撑腰	chēngyāo
成行	chéngxíng
成形	chéngxíng
丞相	chéngxiàng
逞	chěng
诚挚	chéngzhì
承袭	chéngxí
城楼	chénglóu
乘积	chéngjī
乘务员	chéngwùyuán
乘坐	chéngzuò
惩处	chéngchǔ
惩戒	chéngjiè
澄清	chéngqīng
橙	chéng
吃亏	chīkuī
嗤	chī
痴呆	chīdāi
驰骋	chíchěng
迟缓	chíhuǎn
持之以恒	chízhīyǐhéng
齿龈	chǐyín
耻辱	chǐrǔ
斥责	chìzé
赤裸	chìluǒ
炽烈	chìliè
炽热	chìrè
冲锋	chōngfēng
充沛	chōngpèi
充塞	chōngsè
充血	chōngxuè
充溢	chōngyì
舂	chōng
憧憬	chōngjǐng
崇敬	chóngjìng
宠爱	chǒng'ài
抽搐	chōuchù
抽泣	chōuqì
抽穗	chōusuì
踌躇	chóuchú
仇	chóu
惆怅	chóuchàng
绸缎	chóuduàn
稠密	chóumì
愁苦	chóukǔ
筹划	chóuhuà
丑恶	chǒu'è
丑陋	chǒulòu
臭氧	chòuyǎng
出类拔萃	chūlèi-bácuì
出没	chūmò
出其不意	chūqíbùyì
出生率	chūshēnglǜ
出资	chūzī
初春	chūchūn
初恋	chūliàn
除夕	chúxī
厨师	chúshī
锄	chú
雏形	chúxíng
橱窗	chúchuāng
处方	chǔfāng
处决	chǔjué
处世	chǔshì
处事	chǔshì
处死	chǔsǐ
处置	chǔzhì
储藏	chǔcáng
处女	chǔnǚ
处所	chùsuǒ
畜力	chùlì
触角	chùjiǎo
触觉	chùjué
触目惊心	chùmù-jīngxīn
矗立	chùlì
揣	chuāi
揣测	chuǎicè
揣摩	chuǎimó
踹	chuài
川剧	chuānjù
穿梭	chuānsuō
传承	chuánchéng
船舷	chuánxián
船闸	chuánzhá
喘气	chuǎnqì
喘息	chuǎnxī
创口	chuāngkǒu
疮疤	chuāngbā
窗帘	chuānglián
床铺	chuángpù
创举	chuàngjǔ
炊烟	chuīyān
吹拂	chuīfú
吹嘘	chuīxū
吹奏	chuīzòu
垂钓	chuídiào
捶	chuí
锤炼	chuíliàn
春耕	chūngēng
纯净	chúnjìng
淳朴	chúnpǔ
醇	chún
蠢事	chǔnshì
戳穿	chuōchuān
啜泣	chuòqì
绰号	chuòhào
瓷砖	cízhuān
祠堂	cítáng
辞典	cídiǎn
慈祥	cíxiáng
磁头	cítóu
雌蕊	círuǐ
雌性	cíxìng
雌雄	cíxióng
此起彼伏	cǐqǐ-bǐfú
次品	cìpǐn
刺骨	cìgǔ
赐予	cìyǔ
匆忙	cōngmáng
葱	cōng
聪慧	cōnghuì
从容	cóngróng
从众	cóngzhòng
丛林	cónglín
凑巧	còuqiǎo
粗笨	cūbèn
粗犷	cūguǎng
粗鲁	cūlǔ
醋	cù
簇拥	cùyōng
蹿	cuān
攒	cuán
篡夺	cuànduó
崔	Cuī
催眠	cuīmián
摧	cuī

璀璨 cuǐcàn
脆弱 cuìruò
萃取 cuìqǔ
啐 cuì
淬火 cuìhuǒ
翠绿 cuìlǜ
村寨 cūnzhài
皴 cūn
存折 cúnzhé
搓 cuō
磋商 cuōshāng
撮 cuō
挫伤 cuòshāng
锉 cuò
错综复杂 cuòzōng-fùzá
搭救 dājiù
搭配 dāpèi
答辩 dábiàn
答话 dáhuà
打搅 dǎjiǎo
打扰 dǎrǎo
打扫 dǎsǎo
打战 dǎzhàn
大抵 dàdǐ
大凡 dàfán
大方 dàfāng
大方 dàfang
大褂 dàguà
大汉 dàhàn
大陆架 dàlùjià
大气压 dàqìyā
大使 dàshǐ
大势 dàshì
大肆 dàsì
大相径庭 dàxiāng-jìngtíng
呆板 dāibǎn
呆滞 dāizhì
歹徒 dǎitú
逮 dǎi
代词 dàicí
玳瑁 dàimào
带劲 dàijìn
贷 dài
待命 dàimìng
怠工 dàigōng
逮 dài
丹顶鹤 dāndǐnghè
担忧 dānyōu
单薄 dānbó
掸 dǎn
胆固醇 dǎngùchún
胆囊 dǎnnáng
胆怯 dǎnqiè
胆汁 dǎnzhī
旦 dàn
诞辰 dànchén
淡薄 dànbó
淡漠 dànmò
弹药 dànyào
氮肥 dànféi
当差 dāngchāi
当量 dāngliàng
裆 dāng
党籍 dǎngjí
党纪 dǎngjì
当日 dàngrì
当晚 dàngwǎn
当夜 dàngyè
当真 dàngzhēn
荡漾 dàngyàng
档次 dàngcì
导航 dǎoháng
捣乱 dǎoluàn
倒塌 dǎotā
祷告 dǎogào
蹈 dǎo
倒挂 dàoguà
倒立 dàolì
倒数 dàoshǔ
倒数 dàoshù
倒转 dàozhuǎn
倒转 dàozhuàn
盗贼 dàozéi
悼念 dàoniàn
道谢 dàoxiè
得逞 déchěng
得天独厚 détiān-dúhòu
得心应手 déxīn-yìngshǒu
登载 dēngzǎi
澄 dèng
瞪眼 dèngyǎn
凳 dèng
低廉 dīlián
低劣 dīliè
低洼 dīwā
堤坝 dībà
敌寇 díkòu
涤纶 dílún
笛 dí
嫡 dí
诋毁 dǐhuǐ
抵挡 dǐdǎng
抵押 dǐyā
抵御 dǐyù
地道 dìdào
地道 dìdao
地窖 dìjiào
地幔 dìmàn
地毯 dìtǎn
地址 dìzhǐ
帝王 dìwáng
谛听 dìtīng
蒂 dì
缔结 dìjié
缔约 dìyuē
掂 diān
滇 Diān
颠簸 diānbǒ
巅 diān
典籍 diǎnjí
电磁场 diàncíchǎng
电镀 diàndù
电焊 diànhàn
电解质 diànjiězhì
电缆 diànlǎn
电筒 diàntǒng
电信 diànxìn
电讯 diànxùn
电影院 diànyǐngyuàn
店铺 diànpù
垫圈 diànquān
惦念 diànniàn
奠基 diànjī
佃 diàn
殿堂 diàntáng
貂 diāo
碉堡 diāobǎo
雕琢 diāozhuó
刁难 diāonàn
叼 diāo
钓竿 diàogān
调配 diàopèi
调遣 diàoqiǎn
跌落 diēluò
碟 dié
蝶 dié
叮嘱 dīngzhǔ
顶峰 dǐngfēng
鼎盛 dǐngshèng
订正 dìngzhèng
定罪 dìngzuì
锭 dìng
丢脸 diūliǎn
东正教 Dōngzhèngjiào
董事会 dǒngshìhuì
动画片 dònghuàpiàn
动辄 dòngzhé
冻疮 dòngchuāng
栋 dòng
洞穴 dòngxué
斗笠 dǒulì
抖擞 dǒusǒu
陡峭 dǒuqiào
逗留 dòuliú
痘 dòu
窦 dòu
都城 dūchéng
督军 dūjūn
毒蛇 dúshé
独裁 dúcái
独创 dúchuàng
独奏 dúzòu

犊	dú	恶果	èguǒ	防范	fángfàn	份儿	fènr
笃信	dǔxìn	恶魔	èmó	防护林	fánghùlín	奋不顾身	fènbùgùshēn
堵截	dǔjié	恶作剧	èzuòjù	防汛	fángxùn	愤慨	fènkǎi
堵塞	dǔsè	萼片	èpiàn	防疫	fángyì	丰腴	fēngyú
赌博	dǔbó	遏止	èzhǐ	妨害	fánghài	风驰电掣	fēngchí-diànchè
睹	dǔ	愕然	èrán	房产	fángchǎn	风帆	fēngfān
杜鹃	dùjuān	腭	è	仿照	fǎngzhào	风靡	fēngmǐ
妒忌	dùjì	鄂	È	放假	fàngjià	风起云涌	fēngqǐ-yúnyǒng
度量	dùliàng	恩赐	ēncì	放哨	fàngshào	风韵	fēngyùn
镀	dù	儿孙	érsūn	放肆	fàngsì	枫	fēng
端详	duānxiáng	尔后	ěrhòu	放纵	fàngzòng	封面	fēngmiàn
端庄	duānzhuāng	耳目	ěrmù	非得	fēiděi	疯	fēng
断层	duàncéng	饵	ěr	非难	fēinàn	烽火	fēnghuǒ
缎	duàn	二胡	èrhú	绯红	fēihóng	锋芒	fēngmáng
煅	duàn	发疯	fāfēng	飞溅	fēijiàn	蜂巢	fēngcháo
锻	duàn	发酵	fājiào	飞禽	fēiqín	蜂峦	fēngluán
堆砌	duīqì	发愣	fālèng	妃	fēi	逢	féng
对等	duìděng	发泄	fāxiè	肥沃	féiwò	缝纫	féngrèn
对偶	duì'ǒu	乏味	fáwèi	肥皂	féizào	讽	fěng
对峙	duìzhì	伐木	fámù	诽谤	fěibàng	凤	fèng
兑换	duìhuàn	罚金	fájīn	匪徒	fěitú	奉命	fèngmìng
敦促	dūncù	阀	fá	翡翠	fěicuì	缝隙	fèngxì
墩	dūn	筏	fá	吠	fèi	佛经	fójīng
囤	dùn	法治	fǎzhì	肺结核	fèijiéhé	佛寺	fósì
炖	dùn	发型	fàxíng	废物	fèiwù	佛像	fóxiàng
钝	dùn	帆船	fānchuán	废物	fèiwu	佛学	fóxué
盾	dùn	番茄	fānqié	废渣	fèizhā	否决	fǒujué
顿悟	dùnwù	藩镇	fānzhèn	沸点	fèidiǎn	肤浅	fūqiǎn
多寡	duōguǎ	翻滚	fāngǔn	沸水	fèishuǐ	孵	fū
夺目	duómù	烦闷	fánmèn	费劲	fèijìn	敷衍	fūyǎn
踱	duó	烦躁	fánzào	分娩	fēnmiǎn	弗	fú
垛	duǒ	繁琐	fánsuǒ	分蘖	fēnniè	伏贴	fútiē
躲闪	duǒshǎn	繁衍	fányǎn	分享	fēnxiǎng	芙蓉	fúróng
剁	duò	反刍	fǎnchú	芬芳	fēnfāng	扶桑	fúsāng
垛	duò	反倒	fǎndào	纷飞	fēnfēi	扶助	fúzhù
舵	duò	反扑	fǎnpū	纷纭	fēnyún	拂晓	fúxiǎo
堕	duò	反省	fǎnxǐng	氛围	fēnwéi	服饰	fúshì
惰性	duòxìng	返还	fǎnhuán	酚	fēn	服侍	fúshì
跺脚	duòjiǎo	泛滥	fànlàn	坟头	féntóu	服役	fúyì
鹅卵石	éluǎnshí	梵文	fànwén	焚毁	fénhuǐ	氟	fú
额头	étóu	贩运	fànyùn	粉饰	fěnshì	浮雕	fúdiāo
厄运	èyùn	方兴未艾	fāngxīng-wèi'ài	分外	fènwài	符	fú
扼杀	èshā	芳香	fāngxiāng	份额	fèn'é	辐	fú

福音	fúyīn
甫	fǔ
抚摩	fǔmó
俯瞰	fǔkàn
辅导	fǔdǎo
腐烂	fǔlàn
负荷	fùhè
负载	fùzài
负债	fùzhài
附和	fùhè
附庸	fùyōng
复核	fùhé
复习	fùxí
复兴	fùxīng
复员	fùyuán
复原	fùyuán
副作用	fùzuòyòng
赋税	fùshuì
富饶	fùráo
富庶	fùshù
富翁	fùwēng
腹膜	fùmó
腹泻	fùxiè
缚	fù
覆灭	fùmiè
改换	gǎihuàn
概况	gàikuàng
概述	gàishù
干瘪	gānbiě
干涸	gānhé
甘露	gānlù
坩埚	gānguō
柑橘	gānjú
竿	gān
杆菌	gǎnjūn
秆	gǎn
感触	gǎnchù
橄榄	gǎnlǎn
擀	gǎn
干劲	gànjìn
干流	gànliú
干线	gànxiàn
赣	Gàn
刚劲	gāngjìng
肛门	gāngmén
钢盔	gāngkuī
缸	gāng
岗	gǎng
杠	gàng
杠杆	gànggǎn
高档	gāodàng
高亢	gāokàng
高耸	gāosǒng
高血压	gāoxuèyā
羔羊	gāoyáng
膏	gāo
篙	gāo
糕	gāo
糕点	gāodiǎn
镐	gǎo
告诫	gàojiè
膏	gào
戈壁	gēbì
搁置	gēzhì
割据	gējù
柑	gān
阁楼	gélóu
格调	gédiào
隔阂	géhé
隔膜	gémó
膈	gé
葛	gě
各别	gèbié
根深蒂固	gēnshēn-dìgù
更改	gēnggǎi
庚	gēng
耕耘	gēngyún
羹	gēng
埂	gěng
耿	gěng
哽咽	gěngyè
梗	gěng
工头	gōngtóu
工友	gōngyǒu
公差	gōngchāi
公函	gōnghán
公仆	gōngpú
公寓	gōngyù
公转	gōngzhuàn
功绩	gōngjì
功勋	gōngxūn
攻陷	gōngxiàn
供销	gōngxiāo
供需	gōngxū
供养	gōngyǎng
宫殿	gōngdiàn
恭敬	gōngjìng
躬	gōng
龚	gōng
拱桥	gǒngqiáo
共振	gòngzhèn
贡	gòng
供奉	gòngfèng
供养	gòngyǎng
勾勒	gōulè
沟渠	gōuqú
篝火	gōuhuǒ
苟且	gǒuqiě
构筑	gòuzhù
垢	gòu
估价	gūjià
姑息	gūxī
孤寂	gūjì
孤僻	gūpì
辜负	gūfù
古籍	gǔjí
古迹	gǔjì
古朴	gǔpǔ
骨盆	gǔpén
骨气	gǔqì
骨肉	gǔròu
骨髓	gǔsuǐ
骨折	gǔzhé
故障	gùzhàng
顾及	gùjí
顾忌	gùjì
顾名思义	gùmíng-sīyì
雇佣	gùyōng
雇用	gùyòng
寡	guǎ
卦	guà
挂帅	guàshuài
乖	guāi
拐棍	guǎigùn
关卡	guānqiǎ
关头	guāntóu
观摩	guānmó
官府	guānfǔ
管弦乐	guǎnxiányuè
贯通	guàntōng
惯例	guànlì
灌输	guànshū
罐	guàn
光复	guāngfù
光束	guāngshù
光速	guāngsù
广袤	guǎngmào
广漠	guǎngmò
归属	guīshǔ
归宿	guīsù
龟	guī
规范化	guīfànhuà
皈依	guīyī
瑰丽	guīlì
轨迹	guǐjì
诡辩	guǐbiàn
诡秘	guǐmì
鬼魂	guǐhún
柜	guì
贵宾	guìbīn
贵妃	guìfēi
桂冠	guìguān
桂花	guìhuā
棍棒	gùnbàng
锅炉	guōlú
国难	guónàn
国庆	guóqìng
果真	guǒzhēn
过滤	guòlǜ
过剩	guòshèng
过失	guòshī
过瘾	guòyǐn

过硬	guòyìng	耗资	hàozī	呼号	hūháo	谎话	huǎnghuà
哈密瓜	hāmìguā	浩劫	hàojié	呼啸	hūxiào	晃动	huàngdòng
孩提	hátí	呵斥	hēchì	忽而	hū'ér	灰烬	huījìn
海参	hǎishēn	禾	hé	狐疑	húyí	诙谐	huīxié
海市蜃楼	hǎishì-shènlóu	合营	héyíng	弧光	húguāng	挥霍	huīhuò
海棠	hǎitáng	何尝	hécháng	胡闹	húnào	辉映	huīyìng
海豚	hǎitún	和蔼	hé'ǎi	花萼	huā'è	徽	huī
海啸	hǎixiào	和缓	héhuǎn	花冠	huāguān	回荡	huídàng
海蜇	hǎizhé	和睦	hémù	花卉	huāhuì	回升	huíshēng
氦	hài	和约	héyuē	花蕾	huālěi	回声	huíshēng
骇	hài	河滩	hétān	花圃	huāpǔ	回旋	huíxuán
害羞	hàixiū	核准	hézhǔn	花蕊	huāruǐ	回应	huíyìng
蚶	hān	贺喜	hèxǐ	哗然	huárán	回转	huízhuǎn
酣睡	hānshuì	喝彩	hècǎi	化纤	huàxiān	洄游	huíyóu
憨厚	hānhòu	赫然	hèrán	画廊	huàláng	蛔虫	huíchóng
鼾声	hānshēng	褐	hè	桦	huà	悔恨	huǐhèn
含混	hánhùn	鹤	hè	怀孕	huáiyùn	毁坏	huǐhuài
含蓄	hánxù	壑	hè	淮	Huái	汇编	huìbiān
函授	hánshòu	黑洞	hēidòng	槐	huái	会晤	huìwù
涵义	hányì	痕	hén	坏事	huàishì	讳言	huìyán
韩	Hán	狠	hěn	欢腾	huānténg	荟萃	huìcuì
寒噤	hánjìn	恒定	héngdìng	欢心	huānxīn	绘制	huìzhì
寒暄	hánxuān	横行	héngxíng	欢欣	huānxīn	贿赂	huìlù
寒颤	hánzhàn	衡	héng	还击	huánjī	彗星	huìxīng
罕	hǎn	轰炸	hōngzhà	环绕	huánrào	惠	huì
汗流浃背	hànliú-jiābèi	烘托	hōngtuō	缓刑	huǎnxíng	喙	huì
悍然	hànrán	弘扬	hóngyáng	幻灯	huàndēng	慧	huì
焊接	hànjiē	红领巾	hónglǐngjīn	宦官	huànguān	昏暗	hūn'àn
憾	hàn	红润	hóngrùn	涣散	huànsàn	荤	hūn
行会	hánghuì	红晕	hóngyùn	焕然一新	huànrán-yīxīn	婚事	hūnshì
杭	Háng	宏大	hóngdà	豢养	huànyǎng	浑浊	húnzhuó
航程	hángchéng	虹	hóng	荒诞	huāngdàn	魂魄	húnpò
巷道	hàngdào	洪流	hóngliú	荒芜	huāngwú	混凝土	hùnníngtǔ
毫	háo	鸿沟	hónggōu	慌张	huāngzhāng	混浊	hùnzhuó
豪爽	háoshuǎng	侯	hóu	皇冠	huángguān	豁	huō
壕沟	háogōu	喉	hóu	黄疸	huángdǎn	豁口	huōkǒu
嚎啕	háotáo	喉舌	hóushé	黄澄澄	huángdēngdēng	活塞	huósāi
好歹	hǎodǎi	吼	hǒu	黄鼠狼	huángshǔláng	活捉	huózhuō
好似	hǎosì	后盾	hòudùn	黄莺	huángyīng	火坑	huǒkēng
郝	Hǎo	后顾之忧	hòugùzhīyōu	惶惑	huánghuò	火葬	huǒzàng
号称	hàochēng	后劲	hòujìn	蝗虫	huángchóng	伙	huǒ
好客	hàokè	后裔	hòuyì	簧	huáng	货款	huòkuǎn
好恶	hàowù	厚薄	hòubó	恍然	huǎngrán	获悉	huòxī

祸	huò	计量	jìliàng	坚贞	jiānzhēn	桨	jiǎng
惑	huò	伎俩	jìliǎng	肩胛	jiānjiǎ	匠	jiàng
霍乱	huòluàn	纪实	jìshí	肩头	jiāntóu	降临	jiànglín
豁免	huòmiǎn	技师	jìshī	间距	jiānjù	将领	jiànglǐng
几率	jīlǜ	妓女	jìnǚ	监察	jiānchá	绛	jiàng
讥笑	jīxiào	剂量	jìliàng	监禁	jiānjìn	酱油	jiàngyóu
击毙	jībì	迹象	jìxiàng	兼并	jiānbìng	犟	jiàng
饥	jī	继任	jìrèn	缄默	jiānmò	交还	jiāohuán
机舱	jīcāng	祭礼	jìlǐ	煎熬	jiān'áo	交纳	jiāonà
肌肤	jīfū	祭坛	jìtán	柬	jiǎn	交融	jiāoróng
肌腱	jījiàn	寄予	jìyǔ	检察	jiǎnchá	交涉	jiāoshè
积聚	jījù	寂	jì	检索	jiǎnsuǒ	交响乐	jiāoxiǎngyuè
积蓄	jīxù	暨	jì	减产	jiǎnchǎn	交易所	jiāoyìsuǒ
姬	jī	髻	jì	剪裁	jiǎncái	郊外	jiāowài
基本功	jīběngōng	冀	jì	简陋	jiǎnlòu	浇灌	jiāoguàn
激增	jīzēng	忌	jì	简朴	jiǎnpǔ	娇嫩	jiāonèn
羁绊	jībàn	加油	jiāyóu	见长	jiàncháng	胶片	jiāopiàn
及格	jígé	夹攻	jiāgōng	间谍	jiàndié	教书	jiāoshū
吉利	jílì	夹击	jiājī	间断	jiànduàn	椒	jiāo
吉他	jítā	夹杂	jiāzá	间或	jiànhuò	焦躁	jiāozào
汲取	jíqǔ	佳肴	jiāyáo	间隙	jiànxì	焦灼	jiāozhuó
极限	jíxiàn	枷锁	jiāsuǒ	间歇	jiànxiē	跤	jiāo
即兴	jíxìng	家眷	jiājuàn	间作	jiànzuò	礁石	jiāoshí
急促	jícù	家禽	jiāqín	建树	jiànshù	角质	jiǎozhì
急遽	jíjù	家喻户晓	jiāyù-hùxiǎo	荐	jiàn	狡猾	jiǎohuá
急中生智	jízhōng-shēngzhì	嘉奖	jiājiǎng	贱	jiàn	绞	jiǎo
疾驰	jíchí	荚	jiá	涧	jiàn	矫健	jiǎojiàn
棘手	jíshǒu	颊	jiá	健儿	jiàn'ér	矫揉造作	jiǎoróu-zàozuò
集结	jíjié	甲虫	jiǎchóng	舰艇	jiàntǐng	矫正	jiǎozhèng
集聚	jíjù	甲骨文	jiǎgǔwén	渐次	jiàncì	矫治	jiǎozhì
集镇	jízhèn	甲壳	jiǎqiào	谏	jiàn	皎洁	jiǎojié
辑	jí	甲状腺	jiǎzhuàngxiàn	践踏	jiàntà	脚手架	jiǎoshǒujià
嫉妒	jídù	贾	Jiǎ	腱	jiàn	脚趾	jiǎozhǐ
瘠	jí	钾肥	jiǎféi	溅	jiàn	剿	jiǎo
几经	jǐjīng	假若	jiǎruò	鉴赏	jiànshǎng	缴获	jiǎohuò
纪	Jǐ	驾驭	jiàyù	江山	jiāngshān	叫嚷	jiàorǎng
给养	jǐyǎng	架设	jiàshè	姜	jiāng	叫嚣	jiàoxiāo
脊背	jǐbèi	假期	jiàqī	僵硬	jiāngyìng	校对	jiàoduì
脊髓	jǐsuǐ	假日	jiàrì	缰	jiāng	校样	jiàoyàng
脊椎	jǐzhuī	尖端	jiānduān	疆域	jiāngyù	校正	jiàozhèng
戟	jǐ	奸商	jiānshāng	讲授	jiǎngshòu	轿车	jiàochē
麂	jǐ	歼	jiān	奖惩	jiǎngchéng	较量	jiàoliàng
计较	jìjiào	坚韧	jiānrèn	奖券	jiǎngquàn	教诲	jiàohuì

教科书	jiàokēshū	进驻	jìnzhù	揪	jiū	绝迹	juéjì
窖	jiào	近邻	jìnlín	久远	jiǔyuǎn	绝技	juéjì
酵母	jiàomǔ	劲头	jìntóu	灸	jiǔ	绝缘	juéyuán
阶梯	jiētī	晋升	jìnshēng	韭菜	jiǔcài	倔强	juéjiàng
接洽	jiēqià	浸泡	jìnpào	旧址	jiùzhǐ	掘	jué
接壤	jiērǎng	靳	Jìn	臼齿	jiùchǐ	崛起	juéqǐ
接吻	jiēwěn	禁	jìn	厩	jiù	厥	jué
秸秆	jiēgǎn	禁锢	jìngù	就绪	jiùxù	蕨	jué
揭晓	jiēxiǎo	禁忌	jìnjì	就坐	jiùzuò	爵士乐	juéshìyuè
街市	jiēshì	京城	jīngchéng	舅妈	jiùmā	攫取	juéqǔ
节拍	jiépāi	经纪人	jīngjìrén	拘谨	jūjǐn	倔	juè
劫持	jiéchí	经络	jīngluò	拘泥	jūnì	军属	jūnshǔ
杰作	jiézuò	荆棘	jīngjí	拘束	jūshù	均等	jūnděng
洁净	jiéjìng	惊诧	jīngchà	居室	jūshì	钧	jūn
结核	jiéhé	惊愕	jīng'è	驹	jū	俊俏	jùnqiào
捷径	jiéjìng	惊骇	jīnghài	鞠躬尽瘁	jūgōng-jìncuì	郡	jùn
睫毛	jiémáo	惊惶	jīnghuáng	局促	júcù	峻	jùn
截止	jiézhǐ	惊吓	jīngxià	菊	jú	骏马	jùnmǎ
截至	jiézhì	晶莹	jīngyíng	沮丧	jǔsàng	竣工	jùngōng
竭	jié	睛	jīng	矩形	jǔxíng	卡车	kǎchē
解雇	jiěgù	精简	jīngjiǎn	举例	jǔlì	卡片	kǎpiàn
介入	jièrù	精髓	jīngsuǐ	举足轻重	jǔzú-qīngzhòng	咯	kǎ
戒律	jièlǜ	精微	jīngwēi	巨著	jùzhù	开场	kāichǎng
诫	jiè	精湛	jīngzhàn	拒	jù	开赴	kāifù
届时	jièshí	颈椎	jǐngzhuī	俱乐部	jùlèbù	开掘	kāijué
借贷	jièdài	景观	jǐngguān	剧变	jùbiàn	开窍	kāiqiào
巾	jīn	警戒	jǐngjiè	据悉	jùxī	开凿	kāizáo
金黄	jīnhuáng	警觉	jǐngjué	惧怕	jùpà	揩	kāi
金丝猴	jīnsīhóu	警犬	jǐngquǎn	锯齿	jùchǐ	凯旋	kǎixuán
金字塔	jīnzìtǎ	劲旅	jìnglǚ	聚餐	jùcān	慨然	kǎirán
津液	jīnyè	径直	jìngzhí	聚积	jùjī	慨叹	kǎitàn
矜持	jīnchí	净土	jìngtǔ	踞	jù	楷模	kǎimó
筋骨	jīngǔ	竞相	jìngxiāng	捐赠	juānzèng	刊载	kānzǎi
禁	jīn	敬佩	jìngpèi	卷烟	juǎnyān	看管	kānguǎn
襟	jīn	敬仰	jìngyǎng	倦	juàn	看护	kānhù
尽早	jǐnzǎo	静谧	jìngmì	绢	juàn	看守	kānshǒu
紧俏	jǐnqiào	静穆	jìngmù	眷恋	juànliàn	勘测	kāncè
紧缩	jǐnsuō	境况	jìngkuàng	撅	juē	堪	kān
锦旗	jǐnqí	镜框	jìngkuàng	决赛	juésài	坎坷	kǎnkě
谨	jǐn	炯炯	jiǒngjiǒng	诀窍	juéqiào	看中	kànzhòng
尽情	jìnqíng	窘迫	jiǒngpò	抉择	juézé	看重	kànzhòng
进犯	jìnfàn	纠缠	jiūchán	角逐	juézhú	康复	kāngfù
进行曲	jìnxíngqǔ	纠葛	jiūgé	觉醒	juéxǐng	慷慨	kāngkǎi

糠	kāng	枯萎	kūwěi	廓	kuò	擂	lèi
亢奋	kàngfèn	枯燥	kūzào	腊梅	làméi	棱角	léngjiǎo
抗衡	kànghéng	哭泣	kūqì	辣	là	棱镜	léngjìng
抗争	kàngzhēng	窟	kū	来历	láilì	冷峻	lěngjùn
考场	kǎochǎng	苦闷	kǔmèn	来龙去脉	láilóng-qùmài	冷酷	lěngkù
烤火	kǎohuǒ	苦涩	kǔsè	癞	lài	冷凝	lěngníng
靠拢	kàolǒng	苦衷	kǔzhōng	兰花	lánhuā	冷暖	lěngnuǎn
苛求	kēqiú	库房	kùfáng	拦截	lánjié	冷饮	lěngyǐn
科室	kēshì	裤腿	kùtuǐ	栏杆	lángān	厘	lí
磕头	kētóu	酷暑	kùshǔ	蓝图	lántú	离散	lísàn
磕睡	kēshuì	酷似	kùsì	览	lǎn	梨园	líyuán
蝌蚪	kēdǒu	夸耀	kuāyào	揽	lǎn	黎明	límíng
可耻	kěchǐ	垮台	kuǎtái	缆	lǎn	礼品	lǐpǐn
可恶	kěwù	挎包	kuàbāo	懒惰	lǎnduò	里程碑	lǐchéngbēi
渴求	kěqiú	跨度	kuàdù	懒散	lǎnsǎn	理睬	lǐcǎi
克己	kèjǐ	快艇	kuàitǐng	烂泥	lànní	理发	lǐfà
刻薄	kèbó	脍炙人口	kuàizhì-rénkǒu	滥用	lànyòng	理应	lǐyīng
刻不容缓	kèbùrónghuǎn	宽恕	kuānshù	郎	láng	理直气壮	lǐzhí-qìzhuàng
恪守	kèshǒu	宽慰	kuānwèi	狼狈	lángbèi	锂	lǐ
客商	kèshāng	宽裕	kuānyù	廊	láng	鲤	lǐ
课文	kèwén	款项	kuǎnxiàng	朗诵	lǎngsòng	历届	lìjiè
垦荒	kěnhuāng	狂热	kuángrè	浪涛	làngtāo	厉声	lìshēng
恳求	kěnqiú	旷工	kuànggōng	劳累	láolèi	立宪	lìxiàn
坑道	kēngdào	旷野	kuàngyě	劳役	láoyì	吏	lì
吭声	kēngshēng	况	kuàng	牢笼	láolóng	利弊	lìbì
铿锵	kēngqiāng	矿藏	kuàngcáng	老天爷	lǎotiānyé	利尿	lìniào
空旷	kōngkuàng	旷工	kuànggōng	老鹰	lǎoyīng	沥青	lìqīng
空袭	kōngxí	框架	kuàngjià	烙印	làoyìn	隶属	lìshǔ
孔隙	kǒngxì	眶	kuàng	涝	lào	荔枝	lìzhī
恐吓	kǒnghè	亏本	kuīběn	乐趣	lèqù	砾石	lìshí
空地	kòngdì	盔	kuī	勒令	lèlìng	连环画	liánhuánhuà
空隙	kòngxì	窥探	kuītàn	勒索	lèsuǒ	连累	lián · lěi
空闲	kòngxián	奎	kuí	勒	lēi	连年	liánnián
控诉	kòngsù	葵花	kuíhuā	雷鸣	léimíng	怜悯	liánmǐn
抠	kōu	傀儡	kuǐlěi	擂	léi	帘	lián
口角	kǒujiǎo	匮乏	kuìfá	镭	léi	莲花	liánhuā
口径	kǒujìng	溃疡	kuìyáng	垒	lěi	涟漪	liányī
口诀	kǒujué	愧	kuì	累积	lěijī	联姻	liányīn
口哨	kǒushào	坤	kūn	累及	lěijí	廉洁	liánjié
口罩	kǒuzhào	昆曲	kūnqǔ	累计	lěijì	镰刀	liándāo
叩头	kòutóu	困扰	kùnrǎo	肋骨	lèigǔ	敛	liǎn
寇	kòu	扩充	kuòchōng	泪痕	lèihén	脸颊	liǎnjiá
枯竭	kūjié	括号	kuòhào	类推	lèituī	脸庞	liǎnpáng

脸谱 liǎnpǔ
练兵 liànbīng
恋人 liànrén
链条 liàntiáo
凉鞋 liángxié
粮仓 liángcāng
两口子 liǎngkǒuzi
两栖 liǎngqī
两翼 liǎngyì
亮相 liàngxiàng
谅解 liàngjiě
量刑 liàngxíng
晾 liàng
踉跄 liàngqiàng
撩 liāo
辽 liáo
疗程 liáochéng
疗养院 liáoyǎngyuàn
聊 liáo
撩 liáo
嘹亮 liáoliàng
潦倒 liáodǎo
缭绕 liáorào
燎 liáo
了如指掌 liǎorúzhǐzhǎng
燎 liǎo
料理 liàolǐ
撂 liào
廖 Liào
瞭望 liàowàng
列强 lièqiáng
劣质 lièzhì
烈焰 lièyàn
猎犬 lièquǎn
裂缝 lièfèng
裂痕 lièhén
裂隙 lièxì
拎 līn
邻舍 línshè
林立 línlì
临摹 línmó
淋巴结 línbājié
淋漓尽致 línlí-jìnzhì

琳琅满目 línláng-mǎnmù
嶙峋 línxún
霖 lín
磷脂 línzhī
鳞片 línpiàn
吝啬 lìnsè
伶 líng
灵芝 língzhī
玲珑 línglóng
凌晨 língchén
陵园 língyuán
聆听 língtīng
菱形 língxíng
羚羊 língyáng
绫 líng
零散 língsǎn
零碎 língsuì
领悟 lǐngwù
另行 lìngxíng
蹓 liū
浏览 liúlǎn
留恋 liúliàn
留神 liúshén
流浪 liúlàng
流失 liúshī
流逝 liúshì
流淌 liútǎng
流转 liúzhuǎn
硫磺 liúhuáng
绺 liǔ
蹓 liù
龙灯 lóngdēng
聋 lóng
隆冬 lóngdōng
隆重 lóngzhòng
陇 Lǒng
垄 lǒng
笼络 lǒngluò
楼阁 lóugé
篓 lǒu
陋 lòu
漏洞 lòudòng
卢 Lú

芦笙 lúshēng
芦苇 lúwěi
炉灶 lúzào
颅 lú
卤水 lǔshuǐ
卤素 lǔsù
虏 lǔ
掳 lǔ
鲁莽 lǔmǎng
录像机 lùxiàngjī
绿林 lùlín
禄 lù
路径 lùjìng
麓 lù
露骨 lùgǔ
露珠 lùzhū
吕 lǚ
捋 lǚ
旅程 lǚchéng
屡次 lǚcì
屡见不鲜 lǚjiàn-bùxiān
履 lǚ
虑 lǜ
绿洲 lǜzhōu
峦 luán
孪生 luánshēng
卵石 luǎnshí
掠 lüè
略微 lüèwēi
抡 lūn
沦陷 lúnxiàn
轮换 lúnhuàn
论著 lùnzhù
捋 luō
罗盘 luópán
锣鼓 luógǔ
箩筐 luókuāng
螺丝 luósī
螺旋桨 luóxuánjiǎng
裸露 luǒlù
洛 Luò
落差 luòchā
摞 luò

抹布 mābù
麻痹 mábì
麻疹 mázhěn
马铃薯 mǎlíngshǔ
马匹 mǎpǐ
马蹄 mǎtí
玛瑙 mǎnǎo
埋藏 máicáng
埋没 máimò
埋葬 máizàng
买主 mǎizhǔ
卖主 màizhǔ
脉搏 màibó
脉络 màiluò
蛮横 mánhèng
鳗 mán
满腹 mǎnfù
满载 mǎnzài
螨 mǎn
曼 màn
谩骂 mànmà
蔓延 mànyán
漫不经心 mànbùjīngxīn
慢条斯理 màntiáo-sīlǐ
忙乱 mángluàn
盲流 mángliú
蟒 mǎng
猫头鹰 māotóuyīng
毛发 máofà
毛骨悚然 máogǔ-sǒngrán
毛驴 máolǘ
毛囊 máonáng
矛头 máotóu
茅草 máocǎo
锚 máo
卯 mǎo
铆 mǎo
茂盛 màoshèng
冒充 màochōng
冒昧 màomèi
贸然 màorán
貌似 màosì
没劲 méijìn

眉飞色舞	méifēi-sèwǔ
眉开眼笑	méikāi-yǎnxiào
梅雨	méiyǔ
媒	méi
煤气	méiqì
霉菌	méijūn
美景	měijǐng
昧	mèi
媚	mèi
闷热	mēnrè
门槛	ménkǎn
门框	ménkuàng
门帘	ménlián
门诊	ménzhěn
萌动	méngdòng
蒙蔽	méngbì
蒙昧	méngmèi
盟	méng
猛兽	měngshòu
蒙古包	měnggǔbāo
锰	měng
梦寐以求	mèngmèiyǐqiú
梦呓	mèngyì
眯	mī
弥散	mísàn
迷蒙	míméng
迷惘	míwǎng
猕猴	míhóu
糜烂	mílàn
觅	mì
秘诀	mìjué
密封	mìfēng
幂	mì
眠	mián
绵延	miányán
棉絮	miánxù
免税	miǎnshuì
勉励	miǎnlì
缅怀	miǎnhuái
面颊	miànjiá
面庞	miànpáng
苗圃	miáopǔ
描	miáo
描摹	miáomó
瞄准	miáozhǔn
渺茫	miǎománg
藐视	miǎoshì
庙会	miàohuì
篾	miè
蔑视	mièshì
民警	mínjǐng
民谣	mínyáo
民政	mínzhèng
皿	mǐn
抿	mǐn
泯灭	mǐnmiè
闽	Mǐn
名副其实	míngfùqíshí
名列前茅	mínglièqiánmáo
名目	míngmù
名气	míngqì
名下	míngxià
名誉	míngyù
明矾	míngfán
明晰	míngxī
冥想	míngxiǎng
铭文	míngwén
命脉	mìngmài
命中	mìngzhòng
谬论	miùlùn
谬误	miùwù
摹	mó
摩登	módēng
摩托	mótuō
磨难	mónàn
魔爪	mózhǎo
抹杀	mǒshā
末梢	mòshāo
沫	mò
蓦然	mòrán
漠然	mòrán
墨水	mòshuǐ
默契	mòqì
默然	mòrán
眸	móu
谋略	móulüè
模板	múbǎn
牡蛎	mǔlì
拇指	mǔzhǐ
木柴	mùchái
木筏	mùfá
木偶	mù'ǒu
目不转睛	mùbùzhuǎnjīng
目瞪口呆	mùdèng-kǒudāi
沐浴	mùyù
牧场	mùchǎng
募捐	mùjuān
墓碑	mùbēi
墓葬	mùzàng
幕后	mùhòu
暮色	mùsè
穆斯林	mùsīlín
纳粹	nàcuì
娜	nà
捺	nà
奶粉	nǎifěn
奶牛	nǎiniú
奶油	nǎiyóu
氖	nǎi
奈何	nàihé
耐力	nàilì
南半球	nánbànqiú
难堪	nánkān
难看	nánkàn
难为情	nánwéiqíng
难民	nànmín
难友	nànyǒu
囊括	nángkuò
挠	náo
恼怒	nǎonù
脑髓	nǎosuǐ
闹钟	nàozhōng
内疚	nèijiù
内省	nèixǐng
嫩绿	nènlǜ
能干	nénggàn
尼姑	nígū
尼龙	nílóng
呢绒	níróng
泥浆	níjiāng
泥泞	nínìng
泥塑	nísù
倪	ní
霓虹灯	níhóngdēng
拟定	nǐdìng
拟订	nǐdìng
逆流	nìliú
逆转	nìzhuǎn
腻	nì
溺爱	nì'ài
拈	niān
蔫	niān
年岁	niánsuì
黏	nián
捻	niǎn
碾	niǎn
撵	niǎn
廿	niàn
酿	niàng
鸟瞰	niǎokàn
袅袅	niǎoniǎo
尿素	niàosù
捏造	niēzào
聂	Niè
涅槃	nièpán
啮	niè
镍	niè
孽	niè
狞笑	níngxiào
凝神	níngshén
宁可	nìngkě
宁肯	nìngkěn
宁愿	nìngyuàn
牛犊	niúdú
牛仔裤	niúzǎikù
扭曲	niǔqū
拗	niù
农闲	nóngxián
浓缩	nóngsuō
浓郁	nóngyù
弄虚作假	nòngxū-zuòjiǎ
奴仆	núpú

怒气	nùqì
女郎	nǚláng
女生	nǚshēng
暖流	nuǎnliú
虐待	nüèdài
挪	nuó
诺言	nuòyán
懦弱	nuòruò
糯米	nuòmǐ
讴歌	ōugē
呕吐	ǒutù
偶像	ǒuxiàng
藕	ǒu
趴	pā
耙	pá
帕	pà
拍照	pāizhào
排练	páiliàn
排忧解难	páiyōu-jiěnàn
派头	pàitóu
攀援	pānyuán
盘踞	pánjù
盘旋	pánxuán
判刑	pànxíng
叛逆	pànnì
畔	pàn
膀	pāng
庞	páng
旁听	pángtīng
膀胱	pángguāng
磅礴	pángbó
刨	páo
咆哮	páoxiào
炮制	páozhì
袍	páo
泡沫	pàomò
炮楼	pàolóu
胚芽	pēiyá
陪衬	péichèn
培植	péizhí
赔款	péikuǎn
裴	Péi
佩戴	pèidài
配角	pèijué
配偶	pèi'ǒu
喷涂	pēntú
盆景	pénjǐng
抨击	pēngjī
烹饪	pēngrèn
蓬乱	péngluàn
硼	péng
蓬	péng
膨大	péngdà
碰巧	pèngqiǎo
批驳	pībó
坯	pī
披露	pīlù
劈	pǐ
霹雳	pīlì
皮革	pígé
毗邻	pílín
疲惫	píbèi
啤酒	píjiǔ
脾胃	píwèi
匹配	pǐpèi
劈	pǐ
屁	pì
辟	pì
媲美	pìměi
僻静	pìjìng
偏颇	piānpō
片段	piànduàn
片断	piànduàn
漂泊	piāobó
漂浮	piāofú
飘忽	piāohū
飘散	piāosàn
飘逸	piāoyì
朴	Piáo
瓢	piáo
漂白粉	piǎobáifěn
瞟	piǎo
票据	piàojù
撇	piē
瞥	piē
瞥见	piējiàn
撇	piě
拼搏	pīnbó
拼音	pīnyīn
贫瘠	pínjí
贫血	pínxuè
频道	píndào
品尝	pǐncháng
聘请	pìnqǐng
平衡木	pínghéngmù
平庸	píngyōng
评审	píngshěn
坪	píng
凭吊	píngdiào
屏风	píngfēng
萍	píng
坡地	pōdì
泊	pō
泼	pō
迫不及待	pòbùjídài
破碎	pòsuì
魄	pò
剖析	pōuxī
仆	pū
扑克	pūkè
仆役	púyì
匍匐	púfú
蒲公英	púgōngyīng
蒲扇	púshàn
朴实	pǔshí
圃	pǔ
浦	pǔ
普选	pǔxuǎn
谱写	pǔxiě
堡	pù
瀑布	pùbù
沏	qī
栖息	qīxī
凄楚	qīchǔ
戚	qī
欺侮	qīwǔ
漆黑	qīhēi
齐名	qímíng
奇观	qíguān
歧途	qítú
祈祷	qídǎo
祈求	qíqiú
畦	qí
崎岖	qíqū
旗袍	qípáo
鳍	qí
乞丐	qǐgài
乞求	qǐqiú
企鹅	qǐ'é
启迪	qǐdí
起哄	qǐhòng
起劲	qǐjìn
绮丽	qǐlì
气喘	qìchuǎn
气概	qìgài
气囊	qìnáng
气恼	qìnǎo
气馁	qìněi
气泡	qìpào
气魄	qìpò
气旋	qìxuán
迄今	qìjīn
汽艇	qìtǐng
泣	qì
契机	qìjī
器皿	qìmǐn
器械	qìxiè
器乐	qìyuè
掐	qiā
洽谈	qiàtán
恰似	qiàsì
千钧一发	qiānjūn-yīfà
千卡	qiānkǎ
扦	qiān
迁就	qiānjiù
牵制	qiānzhì
谦逊	qiānxùn
签名	qiānmíng
签署	qiānshǔ
前臂	qiánbì
前仆后继	qiánpū-hòujì
前沿	qiányán

虔诚	qiánchéng	切面	qiēmiàn	情侣	qínglǚ	券	quàn
钱财	qiáncái	切片	qiēpiàn	情谊	qíngyì	缺憾	quēhàn
钳工	qiángōng	切线	qiēxiàn	情意	qíngyì	瘸	qué
乾坤	qiánkūn	切合	qièhé	晴朗	qínglǎng	雀	què
潜藏	qiáncáng	切忌	qièjì	擎	qíng	确凿	quèzáo
潜伏	qiánfú	切身	qièshēn	顷刻	qǐngkè	阙	què
潜艇	qiántǐng	妾	qiè	请假	qǐngjià	裙	qún
潜移默化	qiányí-mòhuà	怯懦	qiènuò	庆贺	qìnghè	冉冉	rǎnrǎn
黔	Qián	窃取	qièqǔ	磬	qìng	染料	rǎnliào
浅薄	qiǎnbó	惬意	qièyì	穷尽	qióngjìn	饶恕	ráoshù
谴责	qiǎnzé	钦差	qīnchāi	琼	qióng	扰	rǎo
欠缺	qiànquē	侵吞	qīntūn	丘陵	qiūlíng	绕道	ràodào
纤	qiàn	亲笔	qīnbǐ	邱	Qiū	热忱	rèchén
歉收	qiànshōu	亲昵	qīnnì	仇	Qiú	热血	rèxuè
呛	qiāng	亲子	qīnzǐ	囚禁	qiújìn	人称	rénchēng
枪毙	qiāngbì	禽兽	qínshòu	求教	qiújiào	人伦	rénlún
枪弹	qiāngdàn	勤俭	qínjiǎn	裘皮	qiúpí	人参	rénshēn
强渡	qiángdù	擒	qín	区间	qūjiān	人中	rénzhōng
强劲	qiángjìng	噙	qín	曲解	qūjiě	仁慈	réncí
强硬	qiángyìng	寝室	qǐnshì	曲面	qūmiàn	忍痛	rěntòng
墙头	qiángtóu	沁	qìn	曲轴	qūzhóu	刃	rèn
抢劫	qiǎngjié	青稞	qīngkē	驱除	qūchú	任凭	rènpíng
强求	qiǎngqiú	青睐	qīnglài	驱散	qūsàn	韧性	rènxìng
呛	qiàng	青霉素	qīngméisù	屈辱	qūrǔ	妊娠	rènshēn
跷	qiāo	青苔	qīngtái	祛	qū	日渐	rìjiàn
锹	qiāo	轻而易举	qīng'éryìjǔ	蛆	qū	荣幸	róngxìng
乔木	qiáomù	轻浮	qīngfú	躯干	qūgàn	绒毛	róngmáo
侨眷	qiáojuàn	轻描淡写	qīngmiáo-dànxiě	躯壳	qūqiào	容积	róngjī
桥头	qiáotóu	轻蔑	qīngmiè	曲调	qǔdiào	溶化	rónghuà
翘	qiáo	轻骑	qīngqí	曲目	qǔmù	溶血	róngxuè
悄然	qiǎorán	轻率	qīngshuài	曲牌	qǔpái	熔化	rónghuà
悄声	qiǎoshēng	轻盈	qīngyíng	曲艺	qǔyì	融化	rónghuà
俏	qiào	氢弹	qīngdàn	取缔	qǔdì	冗长	rǒngcháng
峭壁	qiàobì	倾倒	qīngdǎo	取悦	qǔyuè	柔情	róuqíng
窍门	qiàomén	倾倒	qīngdào	趣	qù	蹂躏	róulìn
翘	qiào	卿	qīng	圈套	quāntào	如释重负	rúshìzhòngfù
撬	qiào	清澈	qīngchè	权衡	quánhéng	儒学	rúxué
鞘	qiào	清净	qīngjìng	全盘	quánpán	蠕动	rúdòng
切除	qiēchú	清静	qīngjìng	拳击	quánjī	汝	rǔ
切磋	qiēcuō	清瘦	qīngshòu	痊愈	quányù	乳牛	rǔniú
切点	qiēdiǎn	清真寺	qīngzhēnsì	蜷缩	quánsuō	辱	rǔ
切割	qiēgē	蜻蜓	qīngtíng	犬齿	quǎnchǐ	入睡	rùshuì
切口	qiēkǒu	情不自禁	qíngbùzìjīn	劝慰	quànwèi	软禁	ruǎnjìn

蕊	ruǐ
锐利	ruìlì
瑞	ruì
润	rùn
润滑	rùnhuá
若无其事	ruòwúqíshì
弱小	ruòxiǎo
仨	sā
撒谎	sāhuǎng
撒娇	sājiāo
撒手	sāshǒu
卅	sà
腮	sāi
赛场	sàichǎng
三角洲	sānjiǎozhōu
散漫	sǎnmàn
散场	sànchǎng
散落	sànluò
散失	sànshī
丧事	sāngshì
丧葬	sāngzàng
桑	sāng
嗓音	sǎngyīn
丧气	sàngqì
搔	sāo
骚扰	sāorǎo
缫	sāo
臊	sāo
扫兴	sǎoxìng
臊	sào
色盲	sèmáng
涩	sè
瑟	sè
森严	sēnyán
僧尼	sēngní
杀菌	shājūn
杀戮	shālù
杉木	shāmù
纱锭	shādìng
刹车	shāchē
煞	shā
傻瓜	shǎguā
煞	shà
霎时	shàshí
筛选	shāixuǎn
山坳	shān’ào
山涧	shānjiàn
山麓	shānlù
山峦	shānluán
山系	shānxì
山崖	shānyá
山楂	shānzhā
杉	shān
衫	shān
珊瑚	shānhú
扇动	shāndòng
煽动	shāndòng
闪耀	shǎnyào
陕	shǎn
扇贝	shànbèi
善战	shànzhàn
禅	shàn
擅长	shàncháng
擅自	shànzì
膳食	shànshí
赡养	shànyǎng
伤疤	shāngbā
伤痕	shānghén
商贩	shāngfàn
商贾	shānggǔ
商榷	shāngquè
晌	shǎng
赏赐	shǎngcì
上缴	shàngjiǎo
上座	shàngzuò
尚且	shàngqiě
捎	shāo
烧毁	shāohuǐ
勺	sháo
少将	shàojiàng
哨所	shàosuǒ
奢侈	shēchǐ
舌苔	shétāi
舍弃	shěqì
设防	shèfáng
社团	shètuán
射箭	shèjiàn
涉外	shèwài
赦免	shèmiǎn
摄取	shèqǔ
麝	shè
申诉	shēnsù
伸张	shēnzhāng
呻吟	shēnyín
砷	shēn
深奥	shēn’ào
深邃	shēnsuì
深渊	shēnyuān
神经病	shénjīngbìng
神龛	shénkān
神像	shénxiàng
神韵	shényùn
审核	shěnhé
审慎	shěnshèn
肾脏	shènzàng
甚而	shèn’ér
渗入	shènrù
慎	shèn
升任	shēngrèn
生发	shēngfā
生根	shēnggēn
生疏	shēngshū
生肖	shēngxiào
生涯	shēngyá
生硬	shēngyìng
声称	shēngchēng
声乐	shēngyuè
笙	shēng
绳索	shéngsuǒ
省份	shěngfèn
圣诞节	Shèngdàn Jié
圣旨	shèngzhǐ
胜任	shèngrèn
盛怒	shèngnù
尸	shī
失传	shīchuán
失散	shīsàn
失陷	shīxiàn
失血	shīxuè
失踪	shīzōng
师母	shīmǔ
施舍	shīshě
湿热	shīrè
十足	shízú
什	shí
石膏	shígāo
石窟	shíkū
石笋	shísǔn
时分	shífèn
识破	shípò
实惠	shíhuì
实习	shíxí
食粮	shíliáng
食物链	shíwùliàn
蚀	shí
史诗	shǐshī
矢	shǐ
使者	shǐzhě
驶	shǐ
屎	shǐ
士气	shìqì
世故	shìgù
世故	shìgu
世袭	shìxí
仕	shì
市镇	shìzhèn
市政	shìzhèng
侍从	shìcóng
侍俸	shìfèng
侍候	shìhòu
侍卫	shìwèi
饰	shì
试卷	shìjuàn
视网膜	shìwǎngmó
拭	shì
适量	shìliàng
适中	shìzhōng
恃	shì
逝	shì
舐	shì
嗜好	shìhào
誓言	shìyán

噬	shì	竖立	shùlì	伺机	sìjī	榻	tà
螫	shì	恕	shù	祀	sì	太子	tàizǐ
收藏	shōucáng	庶民	shùmín	饲	sì	汰	tài
收缴	shōujiǎo	刷新	shuāxīn	俟	sì	态势	tàishì
收敛	shōuliǎn	衰竭	shuāijié	嗣	sì	钛	tài
手背	shǒubèi	衰亡	shuāiwáng	肆无忌惮	sìwújìdàn	泰山	tàishān
手铐	shǒukào	摔跤	shuāijiāo	松懈	sōngxiè	坍塌	tāntā
手帕	shǒupà	帅	shuài	怂恿	sǒngyǒng	贪婪	tānlán
手腕	shǒuwàn	率先	shuàixiān	耸立	sǒnglì	摊派	tānpài
手下	shǒuxià	栓	shuān	讼	sòng	滩涂	tāntú
手足	shǒuzú	涮	shuàn	送行	sòngxíng	瘫痪	tānhuàn
守候	shǒuhòu	霜冻	shuāngdòng	诵读	sòngdú	坛	tán
首届	shǒujiè	爽朗	shuǎnglǎng	颂扬	sòngyáng	谈吐	tántǔ
寿	shòu	水泵	shuǐbèng	搜捕	sōubǔ	弹劾	tánhé
受挫	shòucuò	水晶	shuǐjīng	搜罗	sōuluó	谭	Tán
受贿	shòuhuì	水井	shuǐjǐng	搜寻	sōuxún	潭	tán
受累	shòulěi	水龙头	shuǐlóngtóu	苏醒	sūxǐng	坦率	tǎnshuài
受累	shòulèi	水陆	shuǐlù	酥	sū	叹气	tànqì
受难	shòunàn	水路	shuǐlù	俗名	súmíng	炭	tàn
授予	shòuyǔ	水渠	shuǐqú	诉苦	sùkǔ	探究	tànjiū
售	shòu	水獭	shuǐtǎ	肃穆	sùmù	探寻	tànxún
兽医	shòuyī	水闸	shuǐzhá	素描	sùmiáo	探询	tànxún
瘦弱	shòuruò	税率	shuìlǜ	宿营	sùyíng	堂皇	tánghuáng
书卷	shūjuàn	睡梦	shuìmèng	粟	sù	搪瓷	tángcí
书桌	shūzhuō	吮	shǔn	塑像	sùxiàng	搪塞	tángsè
抒发	shūfā	顺应	shùnyìng	溯	sù	螳螂	tángláng
枢纽	shūniǔ	舜	shùn	酸雨	suānyǔ	倘使	tǎngshǐ
倏然	shūrán	瞬时	shùnshí	蒜	suàn	淌	tǎng
梳理	shūlǐ	说谎	shuōhuǎng	算账	suànzhàng	烫伤	tàngshāng
舒畅	shūchàng	硕大	shuòdà	绥	suí	绦虫	tāochóng
疏导	shūdǎo	硕士	shuòshì	随处	suíchù	逃窜	táocuàn
疏松	shūsōng	司空见惯	sīkōng-jiànguàn	随心所欲	suíxīnsuǒyù	逃难	táonàn
孰	shú	丝绒	sīróng	隧道	suìdào	桃李	táolǐ
赎罪	shúzuì	私塾	sīshú	损坏	sǔnhuài	陶瓷	táocí
熟睡	shúshuì	思辨	sībiàn	笋	sǔn	淘气	táoqì
暑假	shǔjià	思忖	sīcǔn	唆使	suōshǐ	特赦	tèshè
署名	shǔmíng	厮杀	sīshā	梭	suō	疼爱	téng’ài
蜀	shǔ	撕毁	sīhuǐ	蓑衣	suōyī	腾飞	téngfēi
曙光	shǔguāng	嘶哑	sīyǎ	索性	suǒxìng	滕	téng
述评	shùpíng	死寂	sǐjì	琐碎	suǒsuì	藤萝	téngluó
树丛	shùcóng	四散	sìsàn	锁链	suǒliàn	剔除	tīchú
树冠	shùguān	寺庙	sìmiào	塌	tā	梯	tī
树脂	shùzhī	似是而非	sìshì’érfēi	拓	tà	提纯	tíchún

提琴	tíqín
提携	tíxié
啼哭	tíkū
啼笑皆非	tíxiào-jiēfēi
蹄	tí
体魄	tǐpò
体形	tǐxíng
体型	tǐxíng
体液	tǐyè
体育馆	tǐyùguǎn
剃	tì
天赋	tiānfù
天花板	tiānhuābǎn
天经地义	tiānjīng-dìyì
天幕	tiānmù
天涯	tiānyá
天职	tiānzhí
天资	tiānzī
添置	tiānzhì
田赋	tiánfù
田埂	tiángěng
田亩	tiánmǔ
恬静	tiánjìng
填空	tiánkòng
填塞	tiánsè
舔	tiǎn
挑剔	tiāoti
条理	tiáolǐ
调剂	tiáojì
调皮	tiáopí
挑拨	tiǎobō
挑衅	tiǎoxìn
眺望	tiàowàng
贴近	tiējìn
贴切	tiēqiè
帖	tiě
铁轨	tiěguǐ
铁蹄	tiětí
铁锨	tiěxiān
帖	tiè
听筒	tīngtǒng
廷	tíng
亭	tíng
庭审	tíngshěn
停泊	tíngbó
停歇	tíngxiē
停滞	tíngzhì
挺拔	tǐngbá
艇	tǐng
通宵	tōngxiāo
同龄	tónglíng
同性	tóngxìng
同姓	tóngxìng
佟	tóng
铜臭	tóngxiù
瞳孔	tóngkǒng
统筹	tǒngchóu
统帅	tǒngshuài
统率	tǒngshuài
统辖	tǒngxiá
统制	tǒngzhì
捅	tǒng
偷懒	tōulǎn
偷窃	tōuqiè
偷袭	tōuxí
头盔	tóukuī
头颅	tóulú
头衔	tóuxián
投奔	tóubèn
投掷	tóuzhì
透彻	tòuchè
秃顶	tūdǐng
突围	tūwéi
图腾	túténg
徒步	túbù
徒刑	túxíng
途	tú
涂抹	túmǒ
屠宰	túzǎi
土著	tǔzhù
吐露	tǔlù
吐血	tùxiě
湍急	tuānjí
团聚	tuánjù
推崇	tuīchóng
推卸	tuīxiè
颓废	tuífèi
颓然	tuírán
颓丧	tuísàng
退却	tuìquè
蜕变	tuìbiàn
蜕化	tuìhuà
蜕皮	tuìpí
褪	tuì
吞并	tūnbìng
吞没	tūnmò
吞噬	tūnshì
吞吐	tūntǔ
吞咽	tūnyàn
屯	tún
囤积	túnjī
臀	tún
拖累	tuōlěi
拖延	tuōyán
驮	tuó
陀螺	tuóluó
驼背	tuóbèi
妥善	tuǒshàn
椭圆	tuǒyuán
拓	tuò
唾液	tuòyè
挖潜	wāqián
洼地	wādì
蛙	wā
瓦解	wǎjiě
瓦砾	wǎlì
袜	wà
外露	wàilù
外婆	wàipó
外延	wàiyán
外债	wàizhài
弯路	wānlù
剜	wān
湾	wān
丸	wán
完结	wánjié
玩弄	wánnòng
玩耍	wánshuǎ
顽固	wángù
宛如	wǎnrú
挽救	wǎnjiù
惋惜	wǎnxī
婉转	wǎnzhuǎn
皖	Wǎn
万恶	wàn'è
万紫千红	wànzǐ-qiānhóng
腕	wàn
蔓	wàn
汪洋	wāngyáng
亡灵	wánglíng
王冠	wángguān
网罗	wǎngluó
枉	wǎng
往昔	wǎngxī
妄图	wàngtú
忘恩负义	wàng'ēn-fùyì
忘怀	wànghuái
旺季	wàngjì
危及	wēijí
危急	wēijí
危难	wēinàn
威吓	wēihè
微妙	wēimiào
巍峨	wēi'é
韦	wéi
为害	wéihài
违章	wéizhāng
围困	wéikùn
桅杆	wéigān
帷幕	wéimù
惟恐	wéikǒng
惟一	wéiyī
惟有	wéiyǒu
维系	wéixì
伪造	wěizào
苇	wěi
尾随	wěisuí
纬线	wěixiàn
委婉	wěiwǎn
萎缩	wěisuō
未尝	wèicháng
未遂	wèisuì

味觉	wèijué	无益	wúyì	细腻	xìnì	详情	xiángqíng
畏惧	wèijù	无垠	wúyín	匣	xiá	祥	xiáng
畏缩	wèisuō	毋	wú	峡谷	xiágǔ	翔	xiáng
胃液	wèiyè	梧桐	wútóng	狭长	xiácháng	享福	xiǎngfú
蔚蓝	wèilán	五行	wǔxíng	遐想	xiáxiǎng	响动	xiǎngdòng
慰藉	wèijiè	午餐	wǔcān	辖区	xiáqū	饷	xiǎng
温馨	wēnxīn	伍	wǔ	霞	xiá	想来	xiǎnglái
瘟疫	wēnyì	武艺	wǔyì	下流	xiàliú	向日葵	xiàngrìkuí
文凭	wénpíng	捂	wǔ	吓人	xiàrén	项链	xiàngliàn
文娱	wényú	舞弊	wǔbì	夏令	xiàlìng	巷	xiàng
纹饰	wénshì	舞曲	wǔqǔ	仙鹤	xiānhè	相片	xiàngpiàn
闻名	wénmíng	务必	wùbì	先驱	xiānqū	像样	xiàngyàng
蚊帐	wénzhàng	物件	wùjiàn	纤细	xiānxì	肖	Xiāo
吻合	wěnhé	悟性	wùxìng	掀	xiān	逍遥	xiāoyáo
紊乱	wěnluàn	晤	wù	鲜嫩	xiānnèn	消遣	xiāoqiǎn
稳妥	wěntuǒ	雾气	wùqì	闲散	xiánsǎn	消散	xiāosàn
翁	wēng	夕阳	xīyáng	闲暇	xiánxiá	消逝	xiāoshì
瓮	wèng	兮	xī	贤	xián	消瘦	xiāoshòu
涡流	wōliú	西红柿	xīhóngshì	咸菜	xiáncài	消长	xiāozhǎng
窝头	wōtóu	西域	xīyù	涎	xián	萧条	xiāotiáo
蜗牛	wōniú	吸食	xīshí	娴熟	xiánshú	硝烟	xiāoyān
卧床	wòchuáng	吸吮	xīshǔn	衔接	xiánjiē	销路	xiāolù
乌鸦	wūyā	希冀	xījì	舷窗	xiánchuāng	箫	xiāo
乌贼	wūzéi	昔日	xīrì	嫌弃	xiánqì	潇洒	xiāosǎ
污秽	wūhuì	析出	xīchū	显赫	xiǎnhè	嚣张	xiāozhāng
污蔑	wūmiè	唏嘘	xīxū	险恶	xiǎn’è	小丑	xiǎochǒu
污辱	wūrǔ	奚落	xīluò	险峻	xiǎnjùn	小贩	xiǎofàn
污浊	wūzhuó	悉	xī	现役	xiànyì	小节	xiǎojié
巫师	wūshī	惜	xī	宪兵	xiànbīng	小结	xiǎojié
呜咽	wūyè	稀薄	xībó	陷阱	xiànjǐng	小夜曲	xiǎoyèqǔ
诬蔑	wūmiè	稀疏	xīshū	馅儿	xiànr	晓	xiǎo
诬陷	wūxiàn	犀利	xīlì	霰	xiàn	孝敬	xiàojìng
屋脊	wūjǐ	溪流	xīliú	乡镇	xiāngzhèn	肖像	xiàoxiàng
屋檐	wūyán	蜥蜴	xīyì	相称	xiāngchèn	校舍	xiàoshè
无辜	wúgū	熄灯	xīdēng	相处	xiāngchǔ	哮喘	xiàochuǎn
无赖	wúlài	膝	xī	相得益彰	xiāngdé-yìzhāng	效验	xiàoyàn
无聊	wúliáo	嬉戏	xīxì	相符	xiāngfú	啸	xiào
无奈	wúnài	袭	xí	相间	xiāngjiàn	楔	xiē
无能	wúnéng	洗涤	xǐdí	相宜	xiāngyí	歇脚	xiējiǎo
无暇	wúxiá	铣	xǐ	香蕉	xiāngjiāo	协奏曲	xiézòuqǔ
无须	wúxū	喜讯	xǐxùn	厢房	xiāngfáng	邪恶	xié’è
无需	wúxū	戏谑	xìxuè	湘	Xiāng	胁迫	xiépò
无遗	wúyí	细胞核	xìbāohé	镶嵌	xiāngqiàn	挟	xié

偕	xié	幸而	xìng’ér	喧嚷	xuānrǎng	巡逻	xúnluó
谐调	xiétiáo	幸运	xìngyùn	喧嚣	xuānxiāo	训斥	xùnchì
携手	xiéshǒu	姓氏	xìngshì	玄	xuán	讯号	xùnhào
写照	xiězhào	凶狠	xiōnghěn	悬殊	xuánshū	汛期	xùnqī
泄漏	xièlòu	匈奴	Xiōngnú	悬崖	xuányá	迅猛	xùnměng
泄露	xièlòu	汹涌	xiōngyǒng	旋即	xuánjí	驯服	xùnfú
泻	xiè	胸襟	xiōngjīn	选票	xuǎnpiào	驯化	xùnhuà
卸	xiè	胸膛	xiōngtáng	癣	xuǎn	驯鹿	xùnlù
械斗	xièdòu	胸有成竹	xiōngyǒuchéngzhú	炫耀	xuànyào	驯养	xùnyǎng
亵渎	xièdú	雄浑	xiónghún	绚丽	xuànlì	逊色	xùnsè
谢绝	xièjué	雄蕊	xióngruǐ	眩晕	xuànyùn	压榨	yāzhà
心不在焉	xīnbùzàiyān	熊猫	xióngmāo	旋风	xuànfēng	押韵	yāyùn
心得	xīndé	休假	xiūjià	渲染	xuànrǎn	牙龈	yáyín
心悸	xīnjì	修长	xiūcháng	削价	xuējià	蚜虫	yáchóng
心坎	xīnkǎn	修缮	xiūshàn	削减	xuējiǎn	崖	yá
心旷神怡	xīnkuàng-shényí	羞愧	xiūkuì	靴	xuē	哑	yǎ
心律	xīnlǜ	羞怯	xiūqiè	薛	Xuē	雅致	yǎzhì
心率	xīnlǜ	羞辱	xiūrǔ	穴位	xuéwèi	轧	yà
心疼	xīnténg	羞涩	xiūsè	雪茄	xuějiā	亚热带	yàrèdài
心弦	xīnxián	朽	xiǔ	血汗	xuèhàn	咽喉	yānhóu
芯	xīn	秀美	xiùměi	血红	xuèhóng	殷红	yānhóng
辛辣	xīnlà	袖珍	xiùzhēn	血迹	xuèjì	烟灰	yānhuī
欣慰	xīnwèi	绣花	xiùhuā	血浆	xuèjiāng	焉	yān
新月	xīnyuè	锈	xiù	血泪	xuèlèi	淹没	yānmò
薪金	xīnjīn	嗅觉	xiùjué	血脉	xuèmài	腌	yān
信风	xìnfēng	戌	xū	血泊	xuèpō	湮没	yānmò
信封	xìnfēng	须要	xūyào	血气	xuèqì	燕	Yān
信奉	xìnfèng	须臾	xūyú	血亲	xuèqīn	延缓	yánhuǎn
信赖	xìnlài	虚妄	xūwàng	血清	xuèqīng	严惩	yánchéng
兴衰	xīngshuāi	虚伪	xūwěi	血肉	xuèròu	严禁	yánjìn
星辰	xīngchén	嘘	xū	血色	xuèsè	言传	yánchuán
星座	xīngzuò	许诺	xǔnuò	血糖	xuètáng	阎	Yán
腥	xīng	旭日	xùrì	血统	xuètǒng	岩层	yáncéng
刑侦	xíngzhēn	序幕	xùmù	血腥	xuèxīng	岩浆	yánjiāng
邢	Xíng	叙事	xùshì	血型	xuèxíng	炎症	yánzhèng
行进	xíngjìn	畜牧	xùmù	血压	xuèyā	沿途	yántú
行径	xíngjìng	绪	xù	血缘	xuèyuán	研读	yándú
行销	xíngxiāo	续	xù	勋章	xūnzhāng	盐分	yánfèn
醒悟	xǐngwù	絮	xù	熏陶	xūntáo	筵席	yánxí
兴高采烈	xìnggāo-cǎiliè	蓄电池	xùdiànchí	薰	xūn	颜面	yánmiàn
兴致	xìngzhì	蓄积	xùjī	循	xún	檐	yán
杏儿	xìngr	宣泄	xuānxiè	旬	xún	俨然	yǎnrán
杏仁	xìngrén	喧哗	xuānhuá	寻常	xúncháng	衍	yǎn

掩蔽 yǎnbì
掩映 yǎnyìng
眼睑 yǎnjiǎn
眼眶 yǎnkuàng
眼帘 yǎnlián
眼圈 yǎnquān
演示 yǎnshì
厌倦 yànjuàn
砚 yàn
艳丽 yànlì
宴席 yànxí
验收 yànshōu
谚语 yànyǔ
堰 yàn
雁 yàn
焰 yàn
燕麦 yànmài
秧苗 yāngmiáo
扬弃 yángqì
羊羔 yánggāo
杨柳 yángliǔ
佯 yáng
洋葱 yángcōng
洋溢 yángyì
仰慕 yǎngmù
养育 yǎngyù
痒 yǎng
漾 yàng
夭折 yāozhé
妖 yāo
要挟 yāoxié
邀 yāo
尧 yáo
姚 yáo
窑洞 yáodòng
谣言 yáoyán
摇曳 yáoyè
徭役 yáoyì
遥控 yáokòng
瑶 yáo
舀 yǎo
窈窕 yǎotiǎo
药剂 yàojì
要好 yàohǎo
耀眼 yàoyǎn
掖 yē
噎 yē
冶 yě
野性 yěxìng
业绩 yèjì
业已 yèyǐ
叶绿素 yèlǜsù
叶脉 yèmài
曳 yè
夜市 yèshì
掖 yè
液化 yèhuà
液晶 yèjīng
腋 yè
一筹莫展 yīchóu-mòzhǎn
一帆风顺 yīfān-fēngshùn
一瞥 yīpiē
一瞬 yīshùn
伊 yī
衣襟 yījīn
衣着 yīzhuó
依偎 yīwēi
仪表 yíbiǎo
夷 yí
宜人 yírén
贻误 yíwù
胰岛素 yídǎosù
胰腺 yíxiàn
遗存 yícún
遗漏 yílòu
疑虑 yílǜ
疑难 yínán
已然 yǐrán
倚靠 yǐkào
忆 yì
议决 yìjué
屹立 yìlì
异己 yìjǐ
抑或 yìhuò
抑扬顿挫 yìyáng-dùncuò
抑郁 yìyù
邑 yì
役使 yìshǐ
译本 yìběn
驿站 yìzhàn
疫苗 yìmiáo
益虫 yìchóng
逸 yì
翌日 yìrì
意愿 yìyuàn
意蕴 yìyùn
意旨 yìzhǐ
溢 yì
毅力 yìlì
熠熠 yìyì
臆造 yìzào
因袭 yīnxí
阴间 yīnjiān
阴霾 yīnmái
阴森 yīnsēn
阴郁 yīnyù
音译 yīnyì
音韵 yīnyùn
姻缘 yīnyuán
殷切 yīnqiè
吟 yín
银杏 yínxìng
淫秽 yínhuì
寅 yín
尹 yǐn
引擎 yǐnqíng
引申 yǐnshēn
引诱 yǐnyòu
隐瞒 yǐnmán
隐秘 yǐnmì
隐没 yǐnmò
瘾 yǐn
印发 yìnfā
印花 yìnhuā
印染 yìnrǎn
荫庇 yìnbì
应届 yīngjiè
应允 yīngyǔn
英镑 yīngbàng
英俊 yīngjùn
婴 yīng
樱花 yīnghuā
鹦鹉 yīngwǔ
膺 yīng
迎风 yíngfēng
迎头 yíngtóu
荧屏 yíngpíng
盈亏 yíngkuī
萤 yíng
营垒 yínglěi
萦绕 yíngrào
蝇 yíng
赢利 yínglì
影像 yǐngxiàng
应变 yìngbiàn
应对 yìngduì
应急 yìngjí
应考 yìngkǎo
应邀 yìngyāo
应战 yìngzhàn
应征 yìngzhēng
映照 yìngzhào
硬性 yìngxìng
拥戴 yōngdài
痈 yōng
庸俗 yōngsú
壅 yōng
臃肿 yōngzhǒng
甬道 yǒngdào
咏叹调 yǒngtàndiào
泳 yǒng
勇猛 yǒngměng
蛹 yǒng
踊跃 yǒngyuè
用场 yòngchǎng
用劲 yòngjìn
佣金 yòngjīn
优厚 yōuhòu
忧愁 yōuchóu
幽灵 yōulíng
悠闲 yōuxián
由衷 yóuzhōng

邮电	yóudiàn	郁闷	yùmèn	运载	yùnzài	赠送	zèngsòng
邮寄	yóujì	育才	yùcái	晕	yùn	扎根	zhāgēn
犹疑	yóuyí	狱	yù	酝酿	yùnniàng	轧	zhá
油腻	yóunì	浴	yù	韵律	yùnlǜ	闸门	zhámén
油脂	yóuzhī	浴池	yùchí	蕴含	yùnhán	铡	zhá
游览	yóulǎn	预兆	yùzhào	蕴涵	yùnhán	眨眼	zhǎyǎn
游乐	yóulè	欲念	yùniàn	咂	zā	乍	zhà
游牧	yóumù	谕	yù	杂居	zájū	诈骗	zhàpiàn
友邦	yǒubāng	遇难	yùnàn	灾荒	zāihuāng	炸药	zhàyào
有偿	yǒucháng	喻	yù	哉	zāi	榨取	zhàqǔ
有的放矢	yǒudì-fàngshǐ	愈合	yùhé	栽种	zāizhòng	蚱蜢	zhàměng
有形	yǒuxíng	寓所	yùsuǒ	宰割	zǎigē	摘除	zhāichú
有幸	yǒuxìng	寓于	yùyú	崽	zǎi	斋	zhāi
酉	yǒu	豫	yù	再会	zàihuì	宅	zhái
黝黑	yǒuhēi	御	yù	再婚	zàihūn	择菜	zháicài
右倾	yòuqīng	誉	yù	在行	zàiháng	债券	zhàiquàn
右翼	yòuyì	冤案	yuān'àn	载体	zàitǐ	占卜	zhānbǔ
幼稚	yòuzhì	渊博	yuānbó	载重	zàizhòng	粘连	zhānlián
佑	yòu	元宵	yuánxiāo	攒	zǎn	毡	zhān
诱发	yòufā	垣	yuán	暂且	zànqiě	瞻仰	zhānyǎng
诱惑	yòuhuò	原稿	yuángǎo	赞颂	zànsòng	斩	zhǎn
诱因	yòuyīn	原形	yuánxíng	脏腑	zàngfǔ	展翅	zhǎnchì
釉	yòu	原型	yuánxíng	葬礼	zànglǐ	辗转	zhǎnzhuǎn
迂回	yūhuí	圆锥	yuánzhuī	遭殃	zāoyāng	战壕	zhànháo
淤泥	yūní	援兵	yuánbīng	糟糕	zāogāo	战栗	zhànlì
余年	yúnián	缘由	yuányóu	糟粕	zāopò	站岗	zhàngǎng
鱼鳞	yúlín	猿猴	yuánhóu	凿	záo	蘸	zhàn
俞	Yú	源头	yuántóu	早熟	zǎoshú	张贴	zhāngtiē
渔村	yúcūn	远近	yuǎnjìn	枣	zǎo	樟脑	zhāngnǎo
隅	yú	苑	yuàn	澡	zǎo	长老	zhǎnglǎo
逾期	yúqī	怨恨	yuànhèn	造诣	zàoyì	涨潮	zhǎngcháo
逾越	yúyuè	乐谱	yuèpǔ	噪音	zàoyīn	掌舵	zhǎngduò
愉悦	yúyuè	岳父	yuèfù	燥	zào	障	zhàng
榆	yú	岳母	yuèmǔ	躁	zào	丈量	zhàngliáng
虞	yú	阅历	yuèlì	责难	zénàn	杖	zhàng
愚昧	yúmèi	悦耳	yuè'ěr	择优	zéyōu	帐房	zhàngfáng
与日俱增	yǔrìjùzēng	越轨	yuèguǐ	泽	zé	招徕	zhāolái
宇航	yǔháng	晕	yūn	啧啧	zézé	招募	zhāomù
羽毛球	yǔmáoqiú	云端	yúnduān	仄	zé	招聘	zhāopìn
雨伞	yǔsǎn	允	yǔn	增生	zēngshēng	昭	zhāo
禹	Yǔ	陨石	yǔnshí	增收	zēngshōu	着火	zháohuǒ
语重心长	yǔzhòng-xīncháng	孕育	yùnyù	憎恨	zēnghèn	着迷	zháomí
与会	yùhuì	运筹	yùnchóu	憎恶	zēngwù	爪	zhǎo

爪牙	zhǎoyá	症结	zhēngjié	掷	zhì	蛛网	zhūwǎng
沼气	zhǎoqì	蒸馏水	zhēngliúshuǐ	窒息	zhìxī	竹竿	zhúgān
沼泽	zhǎozé	拯救	zhěngjiù	滞销	zhìxiāo	竹笋	zhúsǔn
召	zhào	整洁	zhěngjié	稚嫩	zhìnèn	烛	zhú
召唤	zhàohuàn	正轨	zhèngguǐ	稚气	zhìqì	主干	zhǔgàn
召见	zhàojiàn	正派	zhèngpài	中间人	zhōngjiānrén	主角	zhǔjué
兆	zhào	正中	zhèngzhōng	中介	zhōngjiè	主人翁	zhǔrénwēng
诏书	zhàoshū	正宗	zhèngzōng	中药	zhōngyào	主宰	zhǔzǎi
照看	zhàokàn	证券	zhèngquàn	中庸	zhōngyōng	主旨	zhǔzhǐ
罩	zhào	郑重	zhèngzhòng	中转	zhōngzhuǎn	拄	zhǔ
肇事	zhàoshì	政局	zhèngjú	忠厚	zhōnghòu	嘱托	zhǔtuō
遮蔽	zhēbì	支柱	zhīzhù	终结	zhōngjié	伫立	zhùlì
遮挡	zhēdǎng	只身	zhīshēn	终了	zhōngliǎo	住宿	zhùsù
遮掩	zhēyǎn	汁液	zhīyè	盅	zhōng	贮备	zhùbèi
折叠	zhédié	知己	zhījǐ	衷心	zhōngxīn	注册	zhùcè
折扣	zhékòu	知了	zhīliǎo	肿胀	zhǒngzhàng	注射器	zhùshèqì
哲理	zhélǐ	知晓	zhīxiǎo	种姓	zhǒngxìng	注释	zhùshì
辙	zhé	肢体	zhītǐ	冢	zhǒng	注销	zhùxiāo
褶皱	zhězhòu	织物	zhīwù	中风	zhòngfēng	驻防	zhùfáng
浙	zhè	脂粉	zhīfěn	中肯	zhòngkěn	驻扎	zhùzhā
蔗糖	zhètáng	执拗	zhíniù	中意	zhòngyì	祝福	zhùfú
贞操	zhēncāo	执着	zhízhuó	仲裁	zhòngcái	著称	zhùchēng
针头	zhēntóu	直率	zhíshuài	重担	zhòngdàn	蛀	zhù
侦探	zhēntàn	侄	zhí	舟	zhōu	铸造	zhùzào
真菌	zhēnjūn	值勤	zhíqín	洲	zhōu	抓获	zhuāhuò
真挚	zhēnzhì	职称	zhíchēng	周而复始	zhōu'érfùshǐ	爪	zhuǎ
砧	zhēn	植被	zhíbèi	周末	zhōumò	拽	zhuài
斟酌	zhēnzhuó	旨意	zhǐyì	周旋	zhōuxuán	专横	zhuānhèng
臻	zhēn	址	zhǐ	周延	zhōuyán	专注	zhuānzhù
诊所	zhěnsuǒ	纸浆	zhǐjiāng	周折	zhōuzhé	专著	zhuānzhù
枕	zhěn	纸烟	zhǐyān	粥	zhōu	砖头	zhuāntóu
阵容	zhènróng	指控	zhǐkòng	轴线	zhóuxiàn	转嫁	zhuǎnjià
振作	zhènzuò	指南针	zhǐnánzhēn	肘	zhǒu	转瞬	zhuǎnshùn
朕	zhèn	指摘	zhǐzhāi	咒骂	zhòumà	转折	zhuǎnzhé
震颤	zhènchàn	趾	zhǐ	昼	zhòu	传记	zhuànjì
震耳欲聋	zhèn'ěryùlóng	志愿军	zhìyuànjūn	皱纹	zhòuwén	转速	zhuànsù
震撼	zhènhàn	帜	zhì	骤然	zhòurán	转轴	zhuànzhóu
镇定	zhèndìng	制裁	zhìcái	诛	zhū	撰写	zhuànxiě
正月	zhēngyuè	质地	zhìdì	珠宝	zhūbǎo	篆刻	zhuànkè
争鸣	zhēngmíng	质朴	zhìpǔ	株连	zhūlián	妆	zhuāng
争执	zhēngzhí	炙	zhì	诸侯	zhūhóu	庄重	zhuāngzhòng
征询	zhēngxún	致敬	zhìjìng	诸如此类	zhūrúcǐlèi	装潢	zhuānghuáng
征兆	zhēngzhào	桎梏	zhìgù	诸位	zhūwèi	装束	zhuāngshù

装卸	zhuāngxiè	浊	zhuó	自尊	zìzūn	阻塞	zǔsè
装载	zhuāngzài	酌	zhuó	渍	zì	钻探	zuàntàn
壮举	zhuàngjǔ	啄	zhuó	宗室	zōngshì	钻石	zuànshí
撞击	zhuàngjī	着力	zhuólì	棕榈	zōnglǘ	钻头	zuàntóu
追捕	zhuībǔ	着陆	zhuólù	踪影	zōngyǐng	攥	zuàn
追悼	zhuīdào	着落	zhuóluò	鬃	zōng	嘴脸	zuǐliǎn
追溯	zhuīsù	着实	zhuóshí	总称	zǒngchēng	罪孽	zuìniè
追踪	zhuīzōng	着想	zhuóxiǎng	总得	zǒngděi	醉心	zuìxīn
椎	zhuī	着眼	zhuóyǎn	纵横	zònghéng	尊称	zūnchēng
锥	zhuī	着意	zhuóyì	走私	zǒusī	遵照	zūnzhào
坠落	zhuìluò	姿	zī	奏鸣曲	zòumíngqǔ	左倾	zuǒqīng
缀	zhuì	兹	zī	揍	zòu	左翼	zuǒyì
赘述	zhuìshù	资助	zīzhù	租赁	zūlìn	佐	zuǒ
准绳	zhǔnshéng	滋润	zīrùn	足见	zújiàn	撮	zuǒ
准许	zhǔnxǔ	籽	zǐ	卒	zú	作恶	zuò'è
拙	zhuō	紫外线	zǐwàixiàn	诅咒	zǔzhòu	作祟	zuòsuì
捉拿	zhuōná	自得	zìdé	阻挡	zǔdǎng	座舱	zuòcāng
灼热	zhuórè	自给	zìjǐ	阻隔	zǔgé	做工	zuògōng
茁壮	zhuózhuàng	自始至终	zìshǐzhìzhōng	阻挠	zǔnáo	做功	zuògōng
卓著	zhuózhù	自以为是	zìyǐwéishì				

第六章

普通话朗读训练

第一节　朗读概说

一、普通话朗读测试及测试要求

朗读是将书面语言转变为形象生动、发音规范的有声语言的再创作活动。普通话水平测试中的朗读测试，是指应试人在朗读普通话水平测试用60篇作品时，对其发音中声母、韵母、声调、语流音变、停连、重音、语调以及朗读流畅程度等进行的一种测试。在普通话朗读测试中，要求应试人尽量做到如下几点：

1. 准确、熟练地运用普通话，做到字音规范、音变正确；
2. 领会作品内容，正确把握作品思想感情，读出真情实感；
3. 遵从原文，不丢字、不添字、不颠倒字或改字；
4. 语调自然，停连恰当，重音处理正确，语速快慢得当。

二、朗读测试扣分因素分析

1. 语音

在朗读过程中，影响应试人正确发音的因素有：

（1）受方言影响读错声母、韵母或声调。如把“柴”的声母发成“c”、把“人”的声母发成“l”；把“床”的韵母发成“uɑn”、把“伯”的声母发成“e”；把“腹”的声调发成上声等。

（2）异读字没按审定的读音发音。如从（cóng）容、胜（shèng）数、成绩（jì）等。

① 在画卷中最先露（lòu）出的是山根底那座明朝建筑岱宗坊。

② 我正在削（xiāo）一支柳笛。

③ 任凭夏季烈日曝（pù）晒。

④ 绿阴森森的柏（bǎi）洞露面不太久。

（3）多音字没有据义定音。如搭铺（pù）、铺（pū）着；不禁（jīn）、禁（jìn）锢；种（zhòng）些花、下种（zhǒng）等。汉语中有不少多音多义字，它们在不同的语言环境中其意义不同，读音有别。多音多义字在朗读中要据义定音，不能随意读。例如：

① 品位这东西为（wéi）气为（wéi）魂为（wéi）筋骨为（wéi）神韵，只可意会。

② 身陷苦难却仍为（wèi）荷花的盛开欣喜赞叹不已。

③ 是大自然的总调（tiào）度室。

④ 他自己调（tiáo）制了一种汽水。

（4）音变不正确。指“上声的变调”，“一”“不”的变调，轻声，儿化与“啊”的变读不正确。

（5）误读、漏读、增读与回读。例如：

① 从众生相所包含的甜酸苦辣百味人生中不要读成“酸甜苦辣”。

② 什么东西的气力最大不要读成“力气”。

③ 不留名姓地被人埋葬不要读成“姓名”。

④ 池沼或边沿很少砌齐整的石岸不要读成“整齐”。

⑤ 一部分树枝垂到水面，从远处看，就像一棵大树斜躺在水面上一样。不要读成“一部分树枝垂到水面上，从远处看，就好像一棵大树斜躺在水面一样。”

2. 系统缺陷

这是指在声母或韵母大系统中，相同的声母缺陷或韵母缺陷出现5次或5次以上；在声母或韵母小系统中，相同的声母缺陷或韵母缺陷出现3次或3次以上。

3. 语调偏误

这是指应试人朗读时的语调与普通话语调产生偏离。语调偏误主要表现为：

（1）调值不准，调型不对，这是直接影响普通话语调的因素。其中声调调型的错误是影响普通话语调的首要因素。有些方言习惯将阴平发成阳平，如“期”“积”；将去声发成上声，如“室”“腹”。其次是声调或字调调值高低与普通话有明显的差异，如在湘方言中，阴平的调值就是33。

（2）语流音变不自然。语流音变指上声的变调，“一”、“不”的变调。如“勉强”、“破产史”、“一棵大树”、“不苟且”、“不俯就”、“不妥协”、“不媚俗”等。

（3）重音不当，词的轻重格式不正确也会影响普通话语调。如语气词重读；将逻辑重音读错；把双音节中“中·重”格式的词语读成“重·最轻”格式、“重·次轻”格式或把“重·最轻”格式的轻声词读成“中·重”格式等。

（4）朗读时轻重、快慢、高低、停连的配置、变化与普通话有差异。如有的方言语调往往体现为几个字一停顿，发音时高时低且形成一定的节律，这是形成不正确语调的一个很明显的原因。

（5）语调不自然。由于受方言的影响或在学习过程中矫枉过正，形成了一些不正确或不自然的语调。如通篇使用上扬调或下抑调。

4. 停连不当

停连不当主要表现在由于不恰当的停顿或连接造成了割裂词语、肢解句子，使词语或句子产生歧义。如“咯/吱咯吱（咯吱/咯吱）”（作品5号），“直至一九三八年我被征/入空军（直至一九三八年我被征入/空军）”（作品42号），“麻雀从巢里跌落下来，呆呆地伏在地上，孤立无援地张开两只羽毛/还未丰满的小翅膀。（麻雀从巢里跌落下来，呆呆地伏在地上，孤立无援地张开两只/羽毛还未丰满的小翅膀。）”（作品27号）

5. 朗读不流畅

不流畅是指回读、停顿过多，按音节蹦字（也叫朗读字化）以及因不熟练、紧张造成的磕巴等。

三、朗读准备

朗读既不同于日常说话也不同于朗诵。日常说话的口头语是朗读的基础（明白通俗、流畅自然），但与之相比，朗读还要对口头语进行加工，要能比较有效地再现原文的思想和艺术形象。朗诵是一种艺术表演形式，语言形式较为夸张，节律起伏比朗读大，它往往借助表情、手势等体态语言来强化表达效果，有些还运用灯光、布景、音乐等来渲染，以增强表演的艺术性，而朗读则不需要这些，朗读虽然也讲究语言的艺术性，但它必须接近真实自然的生活语言，它是一种介于日常说话与朗诵艺术之间的口头表达形式。在朗读测试的准备过程中，我们可从以下几个方面进行准备：

1. 熟悉作品内容，把握朗读基调

（1）初读，了解作品内容是什么。

（2）正音并弄懂词、句的含义。

（3）理清作品结构。

2. 明确朗读目的

（1）为“测试”而读。

（2）为升华作者写作意图而读。

（3）为读出自己对作品的理解而读。

3. 放声练读

反复放声练读是准备的一个重要环节。反复放声练读可以纠正不正确的读音，及时发现丢字、添字、改字、结巴、语气不连贯以及一切影响朗读效果的现象。不仅如此，放声练读还可以进一步加深对文章内容的理解，在理解的基础上又可以进一步提高自己的朗读水平。

练读时要注意调控自己的朗读状态，尽量做到：树立自信、沉着冷静、速看慢读、用声自如。

练读时还要注意克服几种不正确的朗读样式：

（1）念读。单纯地念字，照字读音，有字无词或有词无句，词或词组没有轻重格式的体现。

（2）唱读。以固定的类似于唱歌的调来读作品，这种读法比念书腔更差，它只有声音的外壳，而表情达意的作用已被大大削弱。

（3）念经式。声音小而速度快，没有顿歇，没有重音，更没有感情和声音的变化。

（4）表演式。特别注意感情表达而把朗读变成朗诵，有表演的趋向。由于过于注重感情表达，读时往往会增字、丢字或改字。

第二节 朗读技巧

要读好一篇作品，我们可以先根据内容确定其感情基调，然后根据其感情基调来确定整篇文章的语速，最后根据上下文文意确定朗读时语音的轻重、停连和语调。朗读时对语音的轻重、停连和语调等的正确处理就形成一定的朗读技巧。

一、停连

1. 什么是停连

停连是指停顿和连接。在朗读过程中，那些为表情达意所需要的声音的中断和休止就是停顿；那些声音不中断、不休止，特别是作品中有标点符号而在朗读中却不需要中断、休止的地方就是连接。停连一方面是生理的需要，另一方面也是表情达意的需要，通过停连可以更清晰、更有效地表达作品内容，更鲜明、更强烈地体现作品情感。同时，它也是表达上的需要。因为得体的停连可以显示语言的节奏，并增强表达的效果。我们常用以下几种符号来表示停连。停顿：⋰（停顿时间最短）、/（停顿时间较短）、//（停顿时间较长）、///（停顿时间最长）；连接：⌒。

朗读时，我们一般从以下四个方面来考虑如何选择停连的位置：

（1）准确理解句意和文意；

（2）正确分析语句结构；

（3）恰当想象文字所体现的情景；

（4）合理处置标点符号。

我们通常将停顿分为三类：

（1）语法停顿。即指句子间语法关系的停顿，如句子中主谓之间、述宾之间、修饰限制词与中心词之间的停顿，还有分句之间、句子之间以及段落层次之间的停顿等。语法停顿应与标点、层次、段落相一致，具体来讲，语法停顿的时间长短可通过下列关系进行：顿号<逗号<分号，而冒号<分号<句间<层间。如“台湾岛形状狭长，/从东到西，/最宽处只有一百四十多公里；//由南至北，/最长的地方约有三百九十多公里。///地形像一个纺织用的梭子。”（作品 56 号）

（2）逻辑停顿。即指为准确表达语意，揭示语言内在联系而形成的语流中声音的顿歇。逻辑停顿不受语法停顿的限制，它没有明确的符号标记，往往是根据表达的内容与语境要求来决定停顿的地方和停顿的时间。如：“没有⋰一片绿叶，没有⋰一缕炊烟”。（作品 22 号）

（3）感情停顿。感情停顿是为了突出某种感情而作出的间歇，这种停顿通常出现在感情强烈处，诸如悲痛欲绝、恼怒至极、兴奋异常等。

2. 停连的表达方式

知道了在哪里停连，接下来就要掌握正确停连的方式。下面介绍几种简单常用的停连方式：

（1）落停。这种方式一般用在一个完整的意思讲完之后。它的特点是：第一，停顿的时间较长；第二，停时声止气尽（是指声音停止的时候，感觉气息也正好用完）；第三，句尾声音顺势而落，停住。如“可是，没等青年人把满腹的有关人生和事业的疑难问题向班杰明讲出来，班杰明就非常客气地说道：‘干杯//。你可以走了。///’”（作品 50 号）

（2）扬停。这种方式一般用在句中无标点符号之处，或一个意思还没有说完而中间又需要停顿的地方。它的特点是：第一，停顿时间较短；第二，停时声停气未尽（有时甚至虽停却不换气）；第三，停之前的声音稍上扬或者平拉开。如“青年人手持酒杯⋰一下子愣住了，既尴尬又非常遗憾地说：‘可是，/我……我还没向您请教呢……’”（作品 50 号）

（3）直连。一般用于有标点符号而内容连接也较紧密的地方。它的特点是：顺势连带，不露接点。如“揪着草，攀着乱石，小心探身下去，又鞠躬过了一个石穹门，便到了汪汪一碧的潭边了。”（作品 25 号）后两个分句之间需要采取直连方式来连接。

（4）曲连。一般用于标点符号两边既需要连接又需要有所区分的地方，特别是一连串的顿号之间，或者是排比句之间的连接点。它的特点是：连环相接，连而不断，悠荡向前。如“与其说它是一种情绪，不如说它是一种智慧、一种超拔、一种悲天悯人的宽容和理解。”（作品 46 号）其中的顿号需要曲连。

停连方式绝不止四种，但不管使用哪种，我们都要根据具体语言环境中具体语句的情况而定，运用时必须遵从一个总的原则，那就是：按文意，合文气，顺文势。

二、重音

1. 什么是重音

重音是指在朗读过程中为了更好地体现语句目的，在表达时着意强调的词或词组。重音常和停连一起，使语意表达更加清楚准确，使感情色彩更加鲜明。重音可分为词重音和语句重音，但在朗读部分我们着重讲语句重音。语句重音一般用“·”表示。

2. 语句重音的分类

在朗读时，语句重音的选择标准有如下三个：

（1）重音应该是突出语句目的的中心词；

（2）重音应该是体现逻辑关系的对应词；

（3）重音应该是点染感情色彩的关键词。

语句重音可分为以下三类：

（1）语法重音。语法重音是根据语法结构特点表现出来的重音，它由语法结构本身决定，位置一般是固定的。如短句中的谓语动词、句子中的修饰成分、限制成分；补语、疑问代词、数量结构、拟声词；并列关系、对比关系、转折关系语句中的关键词等。如“大雪整整下了一夜”（作品 5 号），“‘噗啦’一声落到了船上”（作品 22 号），“什么是永远不会回来呢？”（作品 14 号）

（2）逻辑重音。这是根据上下文内容的提示决定的。如“谁能把花生的好处说出来？”（作品 26 号）该句中，我们从下文孩子们的回答可知，这里应该强调“好处”二字，而不是“谁”或“花生”。表达目的不一样，逻辑重音也不一样。

（3）感情重音。感情重音就是指为了表达强烈的感情而着重强调的部分。它大多出现在情绪高昂激动，表达感情强烈的地方。如“品位这东西为气为魂为筋骨为神韵，只可意会。”（作品 30 号）

3. 重音的表达方式

选择了重音之后，并不一定就能恰当地表达出语句的思想感情。表达重音的方式不恰当，将会影响表情达意的准确性。重音的表达方式不仅仅是重读，还有很多其他的表达方式。

（1）重音重读。具体来说就是增加发音力度，形成强有力的声音，通常用于表达饱满、高涨的情绪。如“‘好啦，谢天谢地！’我高兴地说，‘马上就到过夜的地方啦！’”（作品

16 号）

（2）重音轻读。即对重点词语弱化、轻化、音量减弱，语气柔和，非重点词语反而响亮明朗。如“我们的船渐渐地逼近榕树了。”（作品 48 号）

（3）重音长读。即将感情饱满、格调深沉的字词发音延长，一般用于渲染内在情绪，表达深挚的情意等，有较强的感情色彩。如“一粒种子的力量之大，如此如此。”（作品 49 号）

（4）重音变读。即运用颤音和沙哑声等读法来表达特殊感情。

（5）重音顿读。即在要强调的字、词之前或之后，做必要的顿歇，使感情能充分表达出来。如“而且，教书还给我金钱和权利之外的东西，那就是/爱心。”（作品 44 号）

三、语调

语调即语句声音的抑扬或升降。这种抑扬或升降是准确传达句子思想感情的需要，它是语气的外在表现形式。对于语调，人们通常有一种误解，即把语调仅仅理解成句末一个音节的字调，其实这是不对的，语调是情感的产物，具有明显的感情色彩，它是整个语句甚至是语段的感情色彩的起伏变化。它与语速、重音、停连等技巧结合，显示着朗读的节奏。

语调通常有以下四种形式：

1. 上扬调。即指语流状态由低向高升起，句尾音强且向上扬起。一般表示疑问、激动、号召、呼唤等感情。上扬调一般用“↗”表示。如“难道你就只觉得它只是树？↗难道你就不想到它的朴质，严肃，坚强不屈，至少也象征了北方的农民？↗”（作品 1 号）

2. 下抑调。即指语流状态由高向低运动，句尾音下降。一般表现感叹、请求、痛苦、愤怒等语气。下抑调一般用“↘”表示。如“外祖母永远不会回来了。↘”（作品 14 号）

3. 平直调。即指语流运动状态是平稳直线型的，一般表现庄严、冷漠、麻木等感情。平直调一般用“→”表示。如“三百多年前，建筑设计师莱伊恩受命设计了英国温泽市政府大厅。→”（作品 19 号）

4. 曲折调。即指语流运动状态是起伏曲折的，由高而低再扬起，或由低而高再降下，全句表现为上升和下降的曲折变化，用来表示讽刺、暗示、双关、反语等感情。曲折调一般用“↝↗ ↜↘”表示。如“现在您肯定知道为什么阿诺德的薪水比您高了吧！↝↗”（作品 2 号）

在朗读时，语调不是一成不变的，而是有变化的，粗略地分，可以分为：轻度、重度、中度三种。轻度语调即停顿较短，重音较清楚，色彩一般化，一般来讲，作品中的次要语句属此类；重度语调是停顿较长，有较重的重音，色彩显示鲜明，通常作品中的主要语句、核心句属此类；而中度语调的停顿稍长，重音稍突出，色彩较鲜明，通常作品中比较重要的语句属此类。

四、节奏

朗读是讲究速度的，朗读速度受作品内容和形式影响，也受朗读者心境的影响，也就是说，朗读节奏是由作品生发出来的，由朗读者思想感情的起伏所形成的抑扬顿挫、轻重缓疾的声音形式的回环。

节奏不能和语调混淆。语调是以语句为单位，节奏是以全篇为单位；节奏一定要有某种声音形式的回环往复，而不是毫无规律可循的各种声音形式的拼合。

常见的节奏有以下几种：

1. 轻快型。要求多连少停，多轻少重，多扬少抑，语节少而词的密度大，语流显得轻快。如作品 25 号《绿》、作品 59 号《紫藤萝瀑布》。

2. 凝重型。要求多停少连，多重少轻，多抑少扬，语流平衡凝重，语言表达强而有力。如作品 3 号《丑石》、作品 45 号《西部文化和西部开发》。

3. 低沉型。要求停顿多而长，语调多抑，节拍较长，声音偏暗，句尾沉重，语流沉缓。如作品 30 号《牡丹的拒绝》、作品 35 号《世间最美的坟墓》。

4. 高亢型。要求多连少停，多重少轻，扬而不抑，语气高昂，语流畅达，语速稍快，节奏较紧。如作品 1 号《白杨礼赞》、作品 55 号《站在历史的枝头微笑》。

5. 舒缓型。要求多连少停，声音清亮，语流声音较高但不着力，气长音清，语气舒展开阔。如作品 12 号《海滨仲夏夜》、作品 58 号《住的梦》。

6. 紧张型。要求多连少停，多重少轻，多扬少抑，节奏拖长，语气紧张。

附录一

普通话水平测试用朗读作品（录音示范）

说　明

1. 所举60篇朗读作品均来自国家语言文字工作委员会、普通话培训测试中心编制的普通话水平测试国家指导用书——《普通话水平测试实施纲要》，供普通话水平测试中朗读测试使用。

2. 朗读作品的顺序，按篇名的汉语拼音字母顺序排列。

3. 每篇作品在第400个音节后，用“‖”标注。

4. 为适应朗读的需要，作品中的数字一律采用汉字的书写方式书写，如“95%”写作“百分之九十五”，“1958年”写作“一九五八年”。

5. 加注的汉语拼音原则依据《汉语拼音正词法基本规则》拼写。

6. 注音一般只标本调，不标变调。

7. 作品中必读轻声的音节，拼音不标调号，如“庄稼”，拼音写作“zhuāngjia”。一般轻读，间或重读的音节，拼音加注调号，并在拼音前加小黑点提示，如“知道”，拼音写作“zhī · dào”。

8. 作品中的儿化音节分两种情况。一是书面上加“儿”，拼音时在基本形式后加“r”，如“小孩儿”，拼音写作“xiǎoháir”；第二是书面上没有加“儿”，但口语里一般儿化的音节，拼音时也在基本形式后加“r”，如“胡同”，拼音写作“hútòngr”。

作品1号

语音提示

（一）朗读时需要注意的必轻词：似的 shìde、叶子 yèzi、粗细罢 cūxìba、那么 nàme、丈夫 zhàngfu、这么 zhème

（二）朗读时需要注意的“重 · 次轻”格式的词语：没有 méi · yǒu、算不得 suàn · bù · dé、看见 kàn · jiàn、觉得 jué · dé

（三）朗读时需要注意的儿化词和儿根词：一点儿 yīdiǎnr

（四）朗读时需要注意的其他词语：干 gàn、一丈以内 yī zhàng yǐnèi、桠枝 yāzhī、束 shù、横斜逸出 héng xié yì chū、向上 xiàngshàng、晕圈 yùnquān、风雪 fēngxuě、倔强 juéjiàng、哪怕 nǎpà、不折不挠 bùzhébùnáo、白杨树 báiyángshù、然而 rán'ér、婆娑 pósuō、屈曲盘旋 qūqūpánxuán、虬枝 qiúzhī、好女子 hǎo nǚzǐ、更 gèng、傲然 àorán、象征 xiàngzhēng、农民 nóngmín、平原 píngyuán、纵横 zònghéng、血 xuè、精神 jīngshén

那是力争上游的一种树，笔直的干，笔直的枝。它的干呢，通常是丈把高，像是加以人工似的，一丈以内，绝无旁枝；它所有的桠枝呢，一律向上，而且紧紧靠拢，也像是加以人工似的，成为一束，绝无横斜逸出；它的宽大的叶子也是片片向上，几乎没有斜生的，更不用说倒垂了；它的皮，光滑而有银色的晕圈，微微泛出淡青色。这是虽在北方的风雪的压迫下却保持着倔强挺立的一种树！哪怕只有碗来粗细罢，它却努力向上发展，高到丈许，两丈，参天耸立，不折不挠，对抗着西北风。

这就是白杨树，西北极普通的一种树，然而决不是平凡的树！

它没有婆娑的姿态，没有屈曲盘旋的虬枝，也许你要说它不美丽，——如果美是专指“婆娑”或“横斜逸出”之类而言，那么，白杨树算不得树中的好女子；但是它却是伟岸，正直，朴质，严肃，也不缺乏温和，更不用提它的坚强不屈与挺拔，它是树中的伟丈夫！当你在积雪初融的高原上走过，看见平坦的大地上傲然挺立这么一株或一排白杨树，难道你就只觉得树只是树，难道你就不想到它的朴质，严肃，坚强不屈，至少也象征了北方的农民；难道你竟一点儿也不联想到，在敌后的广大土 ‖ 地上，到处有坚强不屈，就像这白杨树一样傲然挺立的守卫他们家乡的哨兵！难道你又不更远一点想到，这样枝枝叶叶靠紧团结，力求上进的白杨树，宛然象征了今天在华北平原纵横决荡用血写出新中国历史的那种精神和意志。

节选自茅盾《白杨礼赞》

作品 2 号

语音提示

（一）朗读时需要注意的必轻词：那个 nàge、小伙子 xiǎohuǒzi、盘算 pánsuan、清楚 qīngchu、先生 xiānsheng、看看 kànkan、早上 zǎoshang、什么 shénme、卖的 màide、告诉 gàosu、怎么 zěnme、这个 zhège、便宜 piányi、公道 gōngdao

（二）朗读时需要注意的“重·次轻”格式的词语：薪水 xīn · shuǐ、牢骚 láo · sāo、抱怨 bào · yuàn、多少 duō · shǎo、已经 yǐ · jīng、外面 wài · miàn、知道 zhī · dào

（三）朗读时需要注意的儿化词和儿根词：那儿 nàr

（四）朗读时需要注意的其他词语：两个 liǎnggè、同龄 tónglíng、年轻人 niánqīngrén、店铺 diànpù、一段 yīduàn、阿诺德 Ānuòdé、青云直上 qīngyún-zhíshàng、布鲁诺 Bùlǔnuò、仍 réng、不公正 bù gōngzhèng、耐心 nàixīn、您 nín、农民 nóngmín、土豆 tǔdòu、弄来 nònglái、库存 kùcún

两个同龄的年轻人同时受雇于一家店铺，并且拿同样的薪水。

可是一段时间后，叫阿诺德的那个小伙子青云直上，而那个叫布鲁诺的小伙子却仍在原地踏步。布鲁诺很不满意老板的不公正待遇。终于有一天他到老板那儿发牢骚了。老板一边耐心地听着他的抱怨，一边在心里盘算着怎样向他解释清楚他和阿诺德之间的差别。

“布鲁诺先生，”老板开口说话了，“您现在到集市上去一下，看看今天早上有什么卖的。”

布鲁诺从集市上回来向老板汇报说，今早集市上只有一个农民拉了一车土豆在卖。

“有多少？”老板问。

布鲁诺赶快戴上帽子又跑到集上，然后回来告诉老板一共四十袋土豆。

“价格是多少？”

布鲁诺又第三次跑到集上问来了价格。

“好吧，”老板对他说，“现在请您坐到这把椅子上一句话也不要说，看看阿诺德怎么说。”

阿诺德很快就从集市上回来了。向老板汇报说到现在为止只有一个农民在卖土豆，一共四十口袋，价格是多少多少；土豆质量很不错，他带回来一个让老板看看。这个农民一个钟头以后还会弄来几箱西红柿，据他看价格非常公道。昨天他们铺子的西红柿卖得很快，库存已经不‖多了。他想这么便宜的西红柿，老板肯定会要进一些的，所以他不仅带回了一个西红柿做样品，而且把那个农民也带来了，他现在正在外面等回话呢。

此时老板转向了布鲁诺，说："现在您肯定知道为什么阿诺德的薪水比您高了吧！"

节选自张健鹏、胡足青主编《故事时代》中《差别》

作品3号

语音提示

（一）朗读时需要注意的必轻词：什么 shénme、时候 shíhou、力气 lìqi、似的 shìde、石头 shítou、发过热 fāguo rè、补过 bǔguo

（二）朗读时需要注意的"重·次轻"格式的词语：知道 zhī · dào、了不起 liǎo · bùqǐ、天上 tiān · shàng、没有 méi · yǒu、出来 chū · lái、下来 xià · lái、污土里 wūtǔ · lǐ

（三）朗读时需要注意的儿化词和儿根词：花儿 huār

（四）朗读时需要注意的其他词语：黑黝黝 hēiyǒuyǒu（口语一般读 hēiyōuyōu）、模样 múyàng、浣纱 huànshā、卧 wò、槐阴 huáiyīn、庇覆 bìfù、枝蔓 zhīmàn、绿苔 lǜtái、合伙 héhuǒ、咒骂 zhòumà、陨石 yǔnshí、二三百年 èr-sānbǎi nián、天上的啊 tiānshàngde a（"啊"变读为 ya）、甚至 shènzhì、寂寞 jìmò

我常常遗憾我家门前那块丑石：它黑黝黝地卧在那里，牛似的模样；谁也不知道是什么时候留在这里的，谁也不会去理会它。只是麦收时节，门前摊了麦子，奶奶总是说：这块丑石，多占地面呀，抽空把它搬走吧。

它不像汉白玉那样的细腻，可以刻字雕花，也不像大青石那样的光滑，可以供来浣纱捶布。它静静地卧在那里，院边的槐阴没有庇覆它，花儿也不再在它身边生长。荒草便繁衍出来，枝蔓上下，慢慢地，它竟锈上了绿苔、黑斑。我们这些做孩子的，也讨厌起它来，曾合伙要搬走它，但力气又不足；虽时时咒骂它，嫌弃它，也无可奈何，只好任它留在那里了。

终有一日，村子里来了一个天文学家。他在我家门前路过，突然发现了这块石头，眼光立即就拉直了。他再没有离开，就住了下来；以后又来了好些人，都说这是一块陨石，从天上落下来已经有二三百年了，是一件了不起的东西。不久便来了车，小心翼翼地将它运走了。

这使我们都很惊奇，这又怪又丑的石头，原来是天上的啊！它补过天，在天上发过热、闪过光，我们的先祖或许仰望过它，它给了他们光明、向往、憧憬；而它落下来了，在污土里，荒草里，一躺就‖是几百年了！

我感到自己的无知，也感到了丑石的伟大，我甚至怨恨它这么多年竟会默默地忍受着这一切！而我又立即深深地感到它那种不屈于误解、寂寞的生存的伟大。

节选自贾平凹《丑石》

作品4号

语音提示

（一）朗读时需要注意的必轻词：东西 dōngxi、事情 shìqing、穿过 chuānguo、人们 rénmen、什么 shénme、篱笆 líba、管子 guǎnzi、麻烦 máfan、时候 shíhou、主意 zhǔyi、它们 tāmen、早上 zǎoshang

（二）朗读时需要注意的“重·次轻”格式的词语：因为 yīn · wèi、机会 jī · huì、别人 bié · rén、父亲 fù · qīn、管子里 guǎnzi · lǐ、进来 jìn · lái、邻居 lín · jū、觉得 jué · dé、垃圾桶里 lājītǒng · lǐ

（三）朗读时需要注意的儿化词和儿根词：汽水 qìshuǐr

（四）朗读时需要注意的其他词语：挣钱 zhèngqián、出售 chūshòu、冬天 dōngtiān、破产史 pòchǎnshǐ、难题 nántí、送报员 sòngbàoyuán、舒舒服服 shūshū-fúfú（口语中一般读 shūshu-fūfū）、路短 lù duǎn、当天 dàngtiān、诞生 dànshēng、门铃 ménlíng

在达瑞八岁的时候，有一天他想去看电影。因为没有钱，他想是向爸妈要钱，还是自己挣钱。最后他选择了后者。他自己调制了一种汽水，向过路的行人出售。可那时正是寒冷的冬天，没有人买，只有两个人例外——他的爸爸和妈妈。

他偶然有一个和非常成功的商人谈话的机会。当他对商人讲述了自己的“破产史”后，商人给了他两个重要的建议：一是尝试为别人解决一个难题；二是把精力集中在你知道的、你会的和你拥有的东西上。

这两个建议很关键。因为对于一个八岁的孩子而言，他不会做的事情很多。于是他穿过大街小巷，不停地思考：人们会有什么难题，他又如何利用这个机会？

一天，吃早饭时父亲让达瑞去取报纸。美国的送报员总是把报纸从花园篱笆的一个特制的管子里塞进来。假如你想穿着睡衣舒舒服服地吃早饭和看报纸，就必须离开温暖的房间，冒着寒风，到花园去取。虽然路短，但十分麻烦。

当达瑞为父亲取报纸的时候，一个主意诞生了。当天他就按响邻居的门铃，对他们说，每个月只需付给他一美元，他就每天早上把报纸塞到他们的房门底下。大多数人都同意了，很快他有 ‖ 了七十多个顾客。一个月后，当他拿到自己赚的钱时，觉得自己简直是飞上了天。

很快他又有了新的机会，他让他的顾客每天把垃圾袋放在门前，然后由他早上运到垃圾桶里，每个月加一美元。之后他还想出了许多孩子赚钱的办法，并把它集结成书，书名为《儿童挣钱的二百五十个主意》。为此，达瑞十二岁时就成了畅销书作家，十五岁有了自己的谈话节目，十七岁就拥有了几百万美元。

节选自［德］博多·舍费尔《达瑞的故事》，刘志明译

作品5号

语音提示

（一）朗读时需要注意的必轻词：下得 xià de、庄稼 zhuāngjia、人们 rénmen、什么 shénme、簌簌地 sùsù de、似的 shìde、一部分 yībùfen、馒头 mántou

（二）朗读时需要注意的“重·次轻”格式的词语：下来 xià · lái、地面上 dìmiàn · shàng、夜里 yè · lǐ、早晨 zǎo · chén、太阳 tài · yáng、出来 chū · lái、摇晃 yáo · huàng、上去 shàng · qù、底下 dǐ · xià、道理 dào · lǐ

（三）朗读时需要注意的儿化词和儿根词：一阵儿 yīzhènr、一会儿 yīhuìr、银条儿 yíntiáor、雪球儿 xuěqiúr、雪末儿 xuěmòr

（四）朗读时需要注意的其他词语：彤 tóng、万籁俱寂 wànlài-jùjì、压断 yāduàn、偶尔 ǒu'ěr、咯吱 gēzhī、整整 zhěngzhěng、推开门 tuīkāi mén、雪啊 xuě a（“啊”变读为 ya）、罩 zhào、柏树 bǎishù、蓬松松 péngsōngsōng、足有 zúyǒu、清晨 qīngchén、堆 duī、掷 zhì、渗 shèn、俗话 súhuà、供应 gōngyìng

这是入冬以来，胶东半岛上第一场雪。

雪纷纷扬扬，下得很大。开始还伴着一阵儿小雨，不久就只见大片大片的雪花，从彤云密布的天空中飘落下来。地面上一会儿就白了。冬天的山村，到了夜里就万籁俱寂，只听得雪花簌簌地不断往下落，树木的枯枝被雪压断了，偶尔咯吱一声响。

大雪整整下了一夜。今天早晨，天放晴了，太阳出来了。推开门一看，嗬！好大的雪啊！山川、河流、树木、房屋，全都罩上了一层厚厚的雪，万里江山，变成了粉妆玉砌的世界。落光了叶子的柳树上挂满了毛茸茸亮晶晶的银条儿；而那些冬夏常青的松树和柏树上，则挂满了蓬松松沉甸甸的雪球儿。一阵风吹来，树枝轻轻地摇晃，美丽的银条儿和雪球儿簌簌地落下来，玉屑似的雪末儿随风飘扬，映着清晨的阳光，显出一道道五光十色的彩虹。

大街上的积雪足有一尺多深，人踩上去，脚底下发出咯吱咯吱的响声。一群群孩子在雪地里堆雪人，掷雪球儿。那欢乐的叫喊声，把树枝上的雪都震落下来了。

俗话说，“瑞雪兆丰年”。这个话有充分的科学根据，并不是一句迷信的成语。寒冬大雪，可以冻死一部分越冬的害虫；融化了的水渗进土层深处，又能供应 ‖ 庄稼生长的需要。我相信这一场十分及时的大雪，一定会促进明年春季作物，尤其是小麦的丰收。有经验的老农把雪比做是“麦子的棉被”。冬天“棉被”盖得越厚，明春麦子就长得越好，所以又有这样一句谚语：“冬天麦盖三层被，来年枕着馒头睡”。

我想，这就是人们为什么把及时的大雪称为“瑞雪”的道理吧。

节选自峻青《第一场雪》

作品6号

语音提示

（一）朗读时需要注意的必轻词：多么 duōme、知识 zhīshi

（二）朗读时需要注意的“重·次轻”格式的词语：因为 yīn · wèi、加上 jiā · shàng

（三）朗读时需要注意的儿化词和儿根词：无

（四）朗读时需要注意的其他词语：常想 chángxiǎng、浩瀚 hàohàn、更为丰富 gèng wéi fēngfù、不幸 bùxìng、补偿 bǔcháng、诸多 zhūduō、不平等 bù píngděng、丧失 sàngshī、精神 jīngshén、经历和经验 jīnglì hé jīngyàn、然而 rán'ér、生命 shēngmìng、这样 zhèyàng、可能性 kěnéngxìng、而且 érqiě、上溯 shàngsù、存在 cúnzài、奇风异俗 qífēngyìsú、才俊 cáijùn、著述中 zhùshùzhōng、学得 xuédé、论语 lúnyǔ、刚烈 gāngliè、激情 jīqíng、托尔斯泰 Tuō'ěrsītài、执着 zhízhuó、睿智 ruìzhì

我常想读书人是世间幸福人，因为他除了拥有现实的世界之外，还拥有另一个更为浩瀚也更为丰富的世界。现实的世界是人人都有的，而后一个世界却为读书人所独有。由此我想，那些失去或不能阅读的人是多么的不幸，他们的丧失是不可补偿的。世间有诸多的不平等，财富的不平等，权力的不平等，而阅读能力的拥有或丧失却体现为精神的不平等。

一个人的一生，只能经历自己拥有的那一份欣悦，那一份苦难，也许再加上他亲自闻知的那一些关于自身以外的经历和经验。然而，人们通过阅读，却能进入不同时空的诸多他人的世界。这样，具有阅读能力的人，无形间获得了超越有限生命的无限可能性。阅读不仅使他多识了草木虫鱼之名，而且可以上溯远古下及未来，饱览存在的与非存在的奇风异俗。

更为重要的是，读书加惠于人们的不仅是知识的增广，而且还在于精神的感化与陶冶。

人们从读书学做人，从那些往哲先贤以及当代才俊的著述中学得他们的人格。人们从《论语》中学得智慧的思考，从《史记》中学得严肃的历史精神，从《正气歌》中学得人格的刚烈，从马克思学得人世‖的激情，从鲁迅学得批判精神，从托尔斯泰学得道德的执着。歌德的诗句刻写着睿智的人生，拜伦的诗句呼唤着奋斗的热情。一个读书人，一个有机会拥有超乎个人生命体验的幸运人。

节选自谢冕《读书人是幸福人》

作品 7 号

语音提示

（一）朗读时需要注意的必轻词：儿子 érzi、等着 děngzhe、告诉 gàosu、东西 dōngxi、想想 xiǎngxiang、为什么 wèishénme、要过 yàoguo

（二）朗读时需要注意的“重・次轻”格式的词语：已经 yǐ・jīng、睡觉去 shuìjiào・qù、多少 duō・shǎo、父亲 fù・qīn、关上 guān・shàng、枕头下 zhěntou・xià、因为 yīn・wèi

（三）朗读时需要注意的儿化词和儿根词：有点儿 yǒu diǎnr、小孩儿 xiǎoháir、玩儿 wánr、火儿 huǒr、一点儿 yīdiǎnr

（四）朗读时需要注意的其他词语：门旁 ménpáng、正 zhèng、您 nín、赚 zhuàn、美金 měijīn、发怒 fānù、自私 zìsī、平静 píngjìng、可能 kěnéng、凶 xiōng、弄皱 nòngzhòu、凑够 còugòu

一天，爸爸下班回到家已经很晚了，他很累也有点儿烦，他发现五岁的儿子靠在门旁正等着他。

“爸，我可以问您一个问题吗？”

“什么问题？”“爸，您一小时可以赚多少钱？”“这与你无关，你为什么问这个问题？”父亲生气地说。

“我只是想知道，请告诉我，您一小时赚多少钱？”小孩儿哀求道。“假如你一定要知道的话，我一小时赚二十美金。”

“哦，”小孩儿低下了头，接着又说，“爸，可以借我十美金吗？”父亲发怒了：“如果你只是要借钱去买毫无意义的玩具的话，给我回到你的房间睡觉去。好好想想为什么你会那么自私。我每天辛苦工作，没时间和你玩儿小孩子的游戏。”

小孩儿默默地回到自己的房间，关上门。

父亲坐下来还在生气。后来，他平静下来了。心想他可能对孩子太凶了——或许孩子真的很想买什么东西，再说他平时很少要过钱。

父亲走进孩子的房间：“你睡了吗？”“爸，还没有，我还醒着。”孩子回答。

“我刚才可能对你太凶了，”父亲说，“我不应该发那么大的火儿——这是你要的十美金。”“爸，谢谢您。”孩子高兴地从枕头下拿出一些被弄皱的钞票，慢慢地数着。

“为什么你已经有钱了还要？”父亲不解地问。

“因为原来不够，但现在凑够了。”孩子回答，“爸，我现在有‖二十美金了，我可以向您买一个小时的时间吗？明天请早一点儿回家——我想和您一起吃晚餐。”

节选自唐继柳编译《二十美金的价值》

作品8号

语音提示

（一）朗读时需要注意的必轻词：时候 shíhou、似的 shìde、地方 dìfang、星星 xīngxing、朋友 péngyou、认得 rènde、眼睛 yǎnjing、模糊 móhu、认识 rènshi、那个 nàge、清楚 qīngchu、身子 shēnzi

（二）朗读时需要注意的“重·次轻”格式的词语：天上 tiān · shàng、母亲 mǔ · qīn、怀里 huái · lǐ、看见 kàn · jiàn、下面 xià · miàn、上面 shàng · miàn、肉眼里 ròuyǎn · lǐ、觉得 jué · dé、海上 hǎi · shàng、舱面上 cāngmiàn · shàng、天空里 tiānkōng · lǐ、听见 tīng · jiàn

（三）朗读时需要注意的儿化词和儿根词：无

（四）朗读时需要注意的其他词语：爱 ài、星天 xīngtiān、纳凉 nàliáng、繁星 fánxīng、南京 Nánjīng、熟 shú、静寂 jìngjì、星群密布 xīngqúnmìbù、半明半昧 bànmíng-bànmèi、萤火虫 yínghuǒchóng、梦幻 mènghuàn、仿佛 fǎngfú、哥伦波 Gēlúnbō、英国人 Yīngguórén

我爱月夜，但我也爱星天。从前在家乡七八月的夜晚在庭院里纳凉的时候，我最爱看天上密密麻麻的繁星。望着星天，我就会忘记一切，仿佛回到了母亲的怀里似的。

三年前在南京我住的地方有一道后门，每晚我打开后门，便看见一个静寂的夜。下面是一片菜园，上面是星群密布的蓝天。星光在我们的肉眼里虽然微小，然而它使我们觉得光明无处不在。那时候我正在读一些天文学的书，也认得一些星星，好像它们就是我的朋友，它们常常在和我谈话一样。

如今在海上，每晚和繁星相对，我把它们认得很熟了。我躺在舱面上，仰望天空。深蓝色的天空里悬着无数半明半昧的星。船在动，星也在动，它们是这样低，真是摇摇欲坠呢！渐渐地我的眼睛模糊了，我好像看见无数萤火虫在我的周围飞舞。海上的夜是柔和的，是静寂的，是梦幻的。我望着许多认识的星，我仿佛看见它们在对我眨眼，我仿佛听见它们在小声说话。这时我忘记了一切。在星的怀抱中我微笑着，我沉睡着。我觉得自己是一个小孩子，现在睡在母亲的怀里了。

有一夜，那个在哥伦波上船的英国人指给我看天上的巨人。他用手指着：‖那四颗明亮的星是头，下面的几颗是身子，这几颗是手，那几颗是腿和脚，还有三颗星算是腰带。经他这一番指点，我果然看清楚了那个天上的巨人。看，那个巨人还在跑呢！

节选自巴金《繁星》

作品9号

语音提示

（一）朗读时需要注意的必轻词：转转 zhuànzhuan、风筝 fēngzheng、叔叔 shūshu、孩子们 háizimen

（二）朗读时需要注意的“重·次轻”格式的词语：河滩上 hétān · shàng、糊上 hú · shàng

（三）朗读时需要注意的儿化词和儿根词：一头儿 yītóur、美人儿 měirénr、胡同 hútòngr、线头儿 xiàntóur

（四）朗读时需要注意的其他词语：系 jì、恍恍惚惚 huǎnghuǎng-hūhū、编扎 biānzā、削 xiāo、薄 báo、篾 miè、勾勒 gōulè、翅膀 chìbǎng、绷 bēng、蒲苇 púwěi、膜片 mópiàn、嗡嗡 wēngwēng、疯狂 fēngkuáng、海

外 hǎiwài、尽管 jǐnguǎn、游弋 yóuyì、经沐风雨 jīngmùfēngyǔ、去啊 qù a（“啊”变读为 ya）

假日到河滩上转转，看见许多孩子在放风筝。一根根长长的引线，一头系在天上，一头系在地上，孩子同风筝都在天与地之间悠荡，连心也被悠荡得恍恍惚惚了，好像又回到了童年。

儿时放的风筝，大多是自己的长辈或家人编扎的，几根削得很薄的篾，用细纱线扎成各种鸟兽的造型，糊上雪白的纸片，再用彩笔勾勒出面孔与翅膀的图案。通常扎得最多的是“老雕”、“美人儿”、“花蝴蝶”等。

我们家前院就有位叔叔，擅扎风筝，远近闻名。他扎的风筝不只体型好看，色彩艳丽，放飞得高远，还在风筝上绷一叶用蒲苇削成的膜片，经风一吹，发出“嗡嗡”的声响，仿佛是风筝的歌唱，在蓝天下播扬，给开阔的天地增添了无尽的韵味，给驰荡的童心带来几分疯狂。

我们那条胡同的左邻右舍的孩子们放的风筝几乎都是叔叔编扎的。他的风筝不卖钱，谁上门去要，就给谁，他乐意自己贴钱买材料。

后来，这位叔叔去了海外，放风筝也渐与孩子们远离了。不过年年叔叔给家乡写信，总不忘提起儿时的放风筝。香港回归之后，他在家信中说到，他这只被故乡放飞到海外的风筝，尽管飘荡游弋，经沐风雨，可那线头儿一直在故乡和 ‖ 亲人手中牵着，如今飘得太累了，也该要回归到家乡和亲人身边来了。

是的。我想，不光是叔叔，我们每个人都是风筝，在妈妈手中牵着，从小放到大，再从家乡放到祖国最需要的地方去啊！

节选自李恒瑞《风筝畅想曲》

作品 10 号

语音提示

（一）朗读时需要注意的必轻词：做过 zuòguo、偷了 tōule、告诉 gàosu、明白 míngbai、时候 shíhou

（二）朗读时需要注意的“重·次轻”格式的词语：懂得 dǒng · dé、愿意 yuàn · yì、显得 xiǎn · dé、晓得 xiǎo · dé、别人 bié · rén

（三）朗读时需要注意的儿化词和儿根词：点儿 diǎnr

（四）朗读时需要注意的其他词语：融洽 róngqià、相处 xiāngchǔ、卸货 xièhuò、赔偿 péicháng、空位 kòngwèi、相称 xiāngchèn、布置 bùzhì、做杂务 zuò záwù、笑容可掬 xiàoróng-kějū、不可胜数 bùkě-shèngshǔ、有一次 yǒuyīcì、教 jiāo、自行车 zìxíngchē、短柬 duǎnjiǎn、擤 xǐng、察觉 chájué

爸不懂得怎样表达爱，使我们一家人融洽相处的是我妈。他只是每天上班下班，而妈则把我们做过的错事开列清单，然后由他来责骂我们。

有一次我偷了一块糖果，他要我把它送回去，告诉卖糖的说是我偷来的，说我愿意替他拆箱卸货作为赔偿。但妈妈却明白我只是个孩子。

我在运动场打秋千跌断了腿，在前往医院途中一直抱着我的，是我妈。爸把汽车停在急诊室门口，他们叫他驶开，说那空位是留给紧急车辆停放的。爸听了便叫嚷道：“你以为这是什么车？旅游车？”

在我生日会上，爸总是显得有些不大相称。他只是忙于吹气球，布置餐桌，做杂务。把插着蜡烛的蛋糕推过来让我吹的，是我妈。

我翻阅照相册时，人们总是问："你爸爸是什么样子的？"天晓得！他老是忙着替别人拍照。妈和我笑容可掬地一起拍的照片，多得不可胜数。

我记得妈有一次叫他教我骑自行车。我叫他别放手，但他却说是应该放手的时候了。我摔倒之后，妈跑过来扶我，爸却挥手要她走开。我当时生气极了，决心要给他点儿颜色看。于是我马上爬上自行车，而且自己骑给他看。他只是微笑。

我念大学时，所有的家信都是妈写的。他‖除了寄支票外，还寄过一封短柬给我，说因为我不在草坪上踢足球了，所以他的草坪长得很美。

每次我打电话回家，他似乎都想跟我说话，但结果总是说："我叫你妈来接。"

我结婚时，掉眼泪的是我妈。他只是大声擤了一下鼻子，便走出房间。

我从小到大都听他说："你到哪里去？什么时候回家？汽车有没有汽油？不，不准去。"爸完全不知道怎样表达爱。除非……

会不会是他已经表达了，而我却未能察觉？

节选自［美］艾尔玛·邦贝克《父亲的爱》

作品 11 号

语音提示

（一）朗读时需要注意的必轻词：脑袋 nǎodai、东西 dōngxi

（二）朗读时需要注意的"重·次轻"格式的词语：脑袋里 nǎodai · lǐ、平日里 píngrì · lǐ、没有 méi · yǒu、起来 qǐ · lái

（三）朗读时需要注意的儿化词和儿根词：男儿 nán'ér

（四）朗读时需要注意的其他词语：盘踞 pánjù、足球 zúqiú、荣誉感 róngyùgǎn、概念 gàiniàn、感情 gǎnqíng、思念 sīniàn、有血有肉 yǒuxiě-yǒuròu、似乎 sìhū、清晰 qīngxī、随意 suíyì、因素 yīnsù、不论 bùlùn、俱乐部 jùlèbù、比赛 bǐsài、因子 yīnzǐ、忠诚 zhōngchéng、血缘 xuèyuán、血管 xuèguǎn、热血沸腾 rèxuè fèiténg、戎装 róngzhuāng、神圣 shénshèng

一个大问题一直盘踞在我脑袋里：

世界杯怎么会有如此巨大的吸引力？除去足球本身的魅力之外，还有什么超乎其上而更伟大的东西？

近来观看世界杯，忽然从中得到了答案：是由于一种无上崇高的精神情感——国家荣誉感！

地球上的人都会有国家的概念，但未必时时都有国家的感情。往往人到异国，思念家乡，心怀故国，这国家概念就变得有血有肉，爱国之情来得非常具体。而现代社会，科技昌达，信息快捷，事事上网，世界真是太小太小，国家的界限似乎也不那么清晰了。再说足球正在快速世界化，平日里各国球员频繁转会，往来随意，致使越来越多的国家联赛都具有国际的因素。球员们不论国籍，只效力于自己的俱乐部，他们比赛时的激情中完全没有爱国主义的因子。

然而，到了世界杯大赛，天下大变。各国球员都回国效力，穿上与光荣的国旗同样色彩的服装。在每一场比赛前，还高唱国歌以宣誓对自己祖国的挚爱与忠诚。一种血缘情感开始在全身的血管里燃烧起来，而且立刻热血沸腾。

在历史时代，国家间经常发生对抗，好男儿戎装卫国。国家的荣誉往往需要以自己的生命去‖换取。但在和平时代，唯有这种国家之间大规模对抗性的大赛，才可以唤起那种遥远而神圣的情感，那就是：为祖国而战！

节选自冯骥才《国家荣誉感》

作品 12 号

语音提示

（一）朗读时需要注意的必轻词：时候 shíhou

（二）朗读时需要注意的“重·次轻”格式的词语：活动 huó · dòng、后面 hòu · miàn、过来 guò · lái、下去 xià · qù、显得 xiǎn · dé、说不出 shuō · bùchū、那里 nà · lǐ、走去 zǒu · qù、白天 bái · tiān、太阳 tài · yáng

（三）朗读时需要注意的儿化词和儿根词：香味儿 xiāngwèir

（四）朗读时需要注意的其他词语：燃烧 ránshāo、壮观 zhuàngguān、映照 yìngzhào、霍霍 huòhuò、浪峰 làngfēng、绯红 fēihóng、肃穆 sùmù、启明星 qǐmíngxīng、令人注目 lìng rén zhùmù、明灯 míngdēng、倒映 dàoyìng、晃动 huàngdòng、苍穹 cāngqióng、煞 shà、细软 xìruǎn、凉爽 liángshuǎng、柔软 róuruǎn、炙晒 zhìshài、休憩 xiūqì

夕阳落山不久，西方的天空，还燃烧着一片橘红色的晚霞。大海，也被这霞光染成了红色，而且比天空的景色更要壮观。因为它是活动的，每当一排排波浪涌起的时候，那映照在浪峰上的霞光，又红又亮，简直就像一片片霍霍燃烧着的火焰，闪烁着，消失了。而后面的一排，又闪烁着，滚动着，涌了过来。

天空的霞光渐渐地淡下去了，深红的颜色变成了绯红，绯红又变为浅红。最后，当这一切红光都消失了的时候，那突然显得高而远了的天空，则呈现出一片肃穆的神色。最早出现的启明星，在这蓝色的天幕上闪烁起来了。它是那么大，那么亮，整个广漠的天幕上只有它在那里放射着令人注目的光辉，活像一盏悬挂在高空的明灯。

夜色加浓，苍空中的“明灯”越来越多了。而城市各处的真的灯火也次第亮了起来，尤其是围绕在海港周围山坡上的那一片灯光，从半空倒映在乌蓝的海面上，随着波浪，晃动着，闪烁着，像一串流动着的珍珠，和那一片片密布在苍穹里的星斗互相辉映，煞是好看。

在这幽美的夜色中，我踏着软绵绵的沙滩，沿着海边，慢慢地向前走去。海水，轻轻地抚摸着细软的沙滩，发出温柔的‖刷刷声。晚来的海风，清新而又凉爽。我的心里，有着说不出的兴奋和愉快。

夜风轻飘飘地吹拂着，空气中飘荡着一种大海和禾田相混合的香味儿，柔软的沙滩上还残留着白天太阳炙晒的余温。那些在各个工作岗位上劳动了一天的人们，三三两两地来到这软绵绵的沙滩上，他们浴着凉爽的海风，望着那缀满了星星的夜空，尽情地说笑，尽情地休憩。

节选自峻青《海滨仲夏夜》

作品 13 号

语音提示

（一）朗读时需要注意的必轻词：部分 bùfen

（二）朗读时需要注意的“重·次轻”格式的词语：知道 zhī·dào、没有 méi·yǒu

（三）朗读时需要注意的儿化词和儿根词：无

（四）朗读时需要注意的其他词语：生命 shēngmìng、诞生 dànshēng、偶然 ǒurán、孕育 yùnyù、体内 tǐnèi、脆弱 cuìruò、更加危险 gèngjiā wēixiǎn、举足轻重 jǔzú-qīngzhòng、氯化钠 lǜhuànà、氯化钾 lǜhuàjiǎ、碳酸盐 tànsuānyán、磷酸盐 línsuānyán、元素 yuánsù、热容量 rè róngliàng、曝晒 pùshài、寒风扫荡 hánfēng sǎodàng、温床 wēnchuáng、为 wéi、扼杀 èshā、因而 yīn'ér、提供 tígōng、屏障 píngzhàng

生命在海洋里诞生绝不是偶然的，海洋的物理和化学性质，使它成为孕育原始生命的摇篮。

我们知道，水是生物的重要组成部分，许多动物组织的含水量在百分之八十以上，而一些海洋生物的含水量高达百分之九十五。水是新陈代谢的重要媒介，没有它，体内的一系列生理和生物化学反应就无法进行，生命也就停止。因此，在短时期内动物缺水要比缺少食物更加危险。水对今天的生命是如此重要，它对脆弱的原始生命，更是举足轻重了。生命在海洋里诞生，就不会有缺水之忧。

水是一种良好的溶剂。海洋中含有许多生命所必需的无机盐，如氯化钠、氯化钾、碳酸盐、磷酸盐，还有溶解氧，原始生命可以毫不费力地从中吸取它所需要的元素。

水具有很高的热容量，加之海洋浩大，任凭夏季烈日曝晒，冬季寒风扫荡，它的温度变化却比较小。因此，巨大的海洋就像是天然的“温箱”，是孕育原始生命的温床。

阳光虽然为生命所必需，但是阳光中的紫外线却有扼杀原始生命的危险。水能有效地吸收紫外线，因而又为原始生命提供了天然的“屏障”。

这一切都是原始生命得以产生和发展的必要条件。

节选自童裳亮《海洋与生命》

作品 14 号

语音提示

（一）朗读时需要注意的必轻词：时候 shíhou、跑得 pǎode、度过了 dùguòle、觉得 jué·de、过得 guòde、那么 nàme、露着 lòuzhe、胜过 shèngguo、告诉 gàosu

（二）朗读时需要注意的“重·次轻”格式的词语：地上 dì·shàng、操场上 cāochǎng·shàng、知道 zhī·dào、课本上 kèběn·shàng、觉得 jué·dé、说不出 shuō·bùchū、心里 xīn·lǐ、撕去 sī·qù、回来 huí·lái、太阳 tài·yáng、拿来 ná·lái

（三）朗读时需要注意的儿化词和儿根词：圈儿 quānr、心眼儿 xīnyǎnr

（四）朗读时需要注意的其他词语：外祖母 wàizǔmǔ、昨天 zuótiān、一寸 yīcùn、寸金 cùnjīn、光阴似箭 guāngyīn sì jiàn、日月如梭 rìyuè rú suō、着急 zháojí、滋味 zīwèi、狂奔 kuángbēn、站在 zhànzài、形容 xíngróng

读小学的时候，我的外祖母去世了。外祖母生前最疼爱我，我无法排除自己的忧伤，每天在学校的操场上一圈儿又一圈儿地跑着，跑得累倒在地上，扑在草坪上痛哭。

那哀痛的日子，断断续续地持续了很久，爸爸妈妈也不知道如何安慰我。他们知道与其骗我说外祖母睡着了，还不如对我说实话：外祖母永远不会回来了。

“什么是永远不会回来呢?”我问着。

“所有时间里的事物，都永远不会回来。你的昨天过去，它就永远变成昨天，你不能再回到昨天。爸爸以前也和你一样小，现在也不能回到你这么小的童年了；有一天你会长大，你会像外祖母一样老；有一天你度过了你的时间，就永远不会回来了。”爸爸说。

爸爸等于给我一个谜语，这谜语比课本上的“日历挂在墙壁，一天撕去一页，使我心里着急”和“一寸光阴一寸金，寸金难买寸光阴”还让我感到可怕；也比作文本上的“光阴似箭，日月如梭”更让我觉得有一种说不出的滋味。

时间过得那么飞快，使我的小心眼儿里不只是着急，还有悲伤。有一天我放学回家，看到太阳快落山了，就下决心说：“我要比太阳更快地回家。”我狂奔回去，站在庭院前喘气的时候，看到太阳‖还露着半边脸，我高兴地跳跃起来，那一天我跑赢了太阳。以后我就时常做那样的游戏，有时和太阳赛跑，有时和西北风比快，有时一个暑假才能做完的作业，我十天就做完了；那时我三年级，常常把哥哥五年级的作业拿来做。每一次比赛胜过时间，我就快乐得不知道怎么形容。

如果将来我有什么要教给我的孩子，我会告诉他：假若你一直和时间比赛，你就可以成功!

节选自（台湾）林清玄《和时间赛跑》

作品15号

语音提示

（一）朗读时需要注意的必轻词：喜欢 xǐhuan、这个 zhège、学生 xuésheng、时候 shíhou、先生 xiānsheng、朋友 péngyou、意思 yìsi、看看 kànkan、谢谢 xièxie

（二）朗读时需要注意的“重・次轻”格式的词语：起来 qǐ・lái、没有 méi・yǒu、过去 guò・qù、干不了 gàn・bùliǎo

（三）朗读时需要注意的儿化词和儿根词：无

（四）朗读时需要注意的其他词：称赞 chēngzàn、生气 shēngqì、顿时 dùnshí、变亮 biànliàng、省字 shěngzì、数目 shùmù、才疏学浅 cáishū-xuéqiǎn、胜任 shèngrèn、安排 ānpái、不错 bùcuò

三十年代初，胡适在北京大学任教授。讲课时他常常对白话文大加称赞，引起一些只喜欢文言文而不喜欢白话文的学生的不满。

一次，胡适正讲得得意的时候，一位姓魏的学生突然站了起来，生气地问：“胡先生，难道说白话文就毫无缺点吗?”胡适微笑着回答说：“没有。”那位学生更加激动了：“肯定有！白话文废话太多，打电报用字多，花钱多。”胡适的目光顿时变亮了。轻声地解释说：“不一定吧！前几天有位朋友给我打来电报，请我去政府部门工作，我决定不去，就回电拒绝了。复电是用白话写的，看来也很省字。请同学们根据我这个意思，用文言文写一个回电，看看究竟是白话文省字，还是文言文省字?”胡教授刚说完，同学们立刻认真地写了起来。

十五分钟过去，胡适让同学举手，报告用字的数目，然后挑了一份用字最少的文言电报稿，电文是这样写的：

“才疏学浅，恐难胜任，不堪从命。”白话文的意思是：学问不深，恐怕很难担任这个工作，不能服从安排。

胡适说，这份写得确实不错，仅用了十二字。但我的白话电报却只用了五个字：

“干不了，谢谢！”

胡适又解释说：“干不了”就有才疏学浅、恐难胜任的意思；“谢谢”既‖对朋友的介绍表示感谢，又有拒绝的意思。所以，废话多不多，并不看它是文言文还是白话文，只要注意选用字词，白话文是可以比文言文更省字的。

节选自陈灼主编《实用汉语中级教程》（上）中《胡适的白话电报》

作品16号

语音提示

（一）朗读时需要注意的必轻词：地方 dìfang、这么 zhème、远着呢 yuǎnzhe ne、前头 qiántou、那么 nàme。

（二）朗读时需要注意的“重·次轻”格式的词语：河上 hé · shàng、前面 qián · miàn、因为 yīn · wèi、事实上 shìshí · shàng、驶来 shǐ · lái、移去 yí · qù

（三）朗读时需要注意的儿化词和儿根词：那儿 nàr

（四）朗读时需要注意的其他词语：阴森森 yīnsēnsēn、转弯处 zhuǎnwān chù、黑黢黢 hēiqūqū、蓦地 mòdì、朦胧 ménglóng、不过 bùguò、令人神往 lìng rén shénwǎng、乍 zhà、无论 wúlùn、悬崖峭壁 xuányá qiàobì、阴影 yīnyǐng、笼罩 lǒngzhào、脑际 nǎojì、咫尺 zhǐchǐ、心驰神往 xīnchí-shénwǎng、仍然 réngrán、火光啊 huǒguāng a（“啊”变读为 nga）、毕竟 bìjìng

很久以前，在一个漆黑的秋天的夜晚，我泛舟在西伯利亚一条阴森森的河上。船到一个转弯处，只见前面黑黢黢的山峰下面一星火光蓦地一闪。

火光又明又亮，好像就在眼前……

“好啦，谢天谢地！”我高兴地说，“马上就到过夜的地方啦！”

船夫扭头朝身后的火光望了一眼，又不以为然地划起桨来。

“远着呢！”

我不相信他的话，因为火光冲破朦胧的夜色，明明在那儿闪烁。不过船夫是对的，事实上，火光的确还远着呢。

这些黑夜的火光的特点是：驱散黑暗，闪闪发亮，近在眼前，令人神往。乍一看，再划几下就到了…… 其实却还远着呢！……

我们在漆黑如墨的河上又划了很久。一个个峡谷和悬崖，迎面驶来，又向后移去，仿佛消失在茫茫的远方，而火光却依然停在前头，闪闪发亮，令人神往——依然是这么近，又依然是那么远……

现在，无论是这条被悬崖峭壁的阴影笼罩的漆黑的河流，还是那一星明亮的火光，都经常浮现在我的脑际，在这以前和在这以后，曾有许多火光，似乎近在咫尺，不止使我一人心驰神往。可是生活之河却仍然在那阴森森的两岸之间流着，而火光也依旧非常遥远。因此，必须加劲划桨……

然而，火光啊……毕竟……毕竟就 ‖ 在前头！……

节选自［俄］柯罗连科《火光》，张铁夫译

作品 17 号

语音提示

（一）朗读时需要注意的必轻词：觉得 juéde、地方 dìfang、眼睛 yǎnjing、暖和 nuǎnhuo、别的 biéde、秀气 xiùqi

（二）朗读时需要注意的“重·次轻”格式的词语：回来 huí · lái、算不了 suàn · bùliǎo、闭上 bì · shàng、底下 dǐ · xià、是不是 shì · bùshì、北边 běi · biān、面上 miàn · shàng、天上 tiān · shàng、山上 shān · shàng、夜里 yè · lǐ、绿起来 lǜqǐ · lái、穿上 chuān · shàng、看见 kàn · jiàn、受不住 shòu · bùzhù

（三）朗读时需要注意的儿化词和儿根词：有点儿 yǒudiǎnr、圈儿 quānr、缺着点 quēzhe diǎnr、口儿 kǒur、这儿 zhèr、这点儿 zhèdiǎnr、下点儿 xiàdiǎnr、树尖儿 shùjiānr、一髻儿 yī jìr、山尖儿 shānjiānr、厚点儿 hòudiǎnr、银边儿 yínbiānr、道儿 dàor、水纹儿 shuǐwénr、风儿 fēng'ér、一点儿 yìdiǎnr、那点儿 nàdiǎnr、点儿 diǎnr

（四）朗读时需要注意的其他词语：北平 Běipíng、济南 Jǐnán、风声 fēngshēng、伦敦 Lúndūn、怪事 guàishì、响晴 xiǎngqíng、在热带 zài rèdài、真得算 zhēn děi suàn、设若 shèruò、安适 ānshì、着落 zhuóluò、春天 chūntiān、温暖 wēnnuǎn、山草 shāncǎo、不知不觉 bùzhī-bùjué、着急 zháojí、慈善 císhàn、矮松 ǎisōng

对于一个在北平住惯的人，像我，冬天要是不刮风，便觉得是奇迹；济南的冬天是没有风声的。对于一个刚由伦敦回来的人，像我，冬天要能看得见日光，便觉得是怪事；济南的冬天是响晴的。自然，在热带的地方，日光永远是那么毒，响亮的天气，反有点儿叫人害怕。可是，在北方的冬天，而能有温晴的天气，济南真得算个宝地。

设若单单是有阳光，那也算不了出奇。请闭上眼睛想：一个老城，有山有水，全在天底下晒着阳光，暖和安适地睡着，只等春风来把它们唤醒，这是不是理想的境界？小山整把济南围了个圈儿，只有北边缺着点口儿。这一圈小山在冬天特别可爱，好像是把济南放在一个小摇篮里，它们安静不动地低声地说：“你们放心吧，这儿准保暖和。”真的，济南的人们在冬天是面上含笑的。他们一看那些小山，心中便觉得有了着落，有了依靠。他们由天上看到山上，便不知不觉地想起：明天也许就是春天了吧？这样的温暖，今天夜里山草也许就绿起来了吧？就是这点儿幻想不能一时实现，他们也并不着急，因为这样慈善的冬天，干什么还希望别的呢！

最妙的是下点儿小雪呀。看吧，山上的矮松越发的青黑，树尖儿上顶 ‖ 着一髻儿白花，好像日本看护妇。山尖儿全白了，给蓝天镶上一道银边。山坡上，有的地方雪厚点儿，有的地方草色还露着；这样，一道儿白，一道儿暗黄，给山们穿上一件带水纹儿的花衣；看着看着，这件花衣好像被风儿吹动，叫你希望看见一点儿更美的山的肌肤。等到快日落的时候，微黄的阳光斜射在山腰上，那点儿薄雪好像忽然害羞，微微露出点儿粉色。就是下小雪吧，济南是受不住大雪的，那些小山太秀气。

节选自老舍《济南的冬天》

作品18号

语音提示

（一）朗读时需要注意的必轻词：弓样的 gōng yàng de、多棱的 duōléng de、荡过 dàngguo、扁担 biǎndan、蓦地 mòde

（二）朗读时需要注意的“重·次轻”格式的词语：过去 guò · qù

（三）朗读时需要注意的儿化词和儿根词：无

（四）朗读时需要注意的其他词语：纯朴 chúnpǔ、村边 cūnbiān、鸡鸣晓月 jī míng xiǎo yuè、串串足迹 chuànchuàn zújì、遐想 xiáxiǎng、轻吟低唱 qīngyín-dīchàng、露出 lùchū、曾将心声 céng jiāng xīnshēng、割刈 gēyì、晃悠悠 huàngyōuyōu、梦中 mèng zhōng、总涌动 zǒng yǒngdòng、南疆 nánjiāng、增添 zēngtiān、赤橙黄绿青蓝紫 chì-chéng-huáng-lǜ-qīng-lán-zǐ、熠 yì、雄浑 xiónghún、叮铃 dīnglíng、合奏 hézòu、柑橙 gānchéng、透露 tòulù、春风 chūnfēng、桥啊 qiáo a（“啊”变读为 wa）

纯朴的家乡村边有一条河。曲曲弯弯，河中架一弯石桥，弓样的小桥横跨两岸。

每天，不管是鸡鸣晓月，日丽中天，还是月华泻地，小桥都印下串串足迹，洒落串串汗珠。那是乡亲为了追求多棱的希望，兑现美好的遐想。弯弯小桥，不时荡过轻吟低唱，不时露出舒心的笑容。

因而，我稚小的心灵，曾将心声献给小桥：你是一弯银色的新月，给人间普照光辉；你是一把闪亮的镰刀，割刈着欢笑的花果；你是一根晃悠悠的扁担，挑起了彩色的明天！哦，小桥走进我的梦中。

我在飘泊他乡的岁月，心中总涌动着故乡的河水，梦中总看到弓样的小桥。当我访南疆探北国，眼帘闯进座座雄伟的长桥时，我的梦变得丰满了，增添了赤橙黄绿青蓝紫。

三十多年过去，我带着满头霜花回到故乡，第一紧要的便是去看望小桥。

啊！小桥呢？它躲起来了？河中一道长虹，浴着朝霞熠熠闪光。哦，雄浑的大桥敞开胸怀，汽车的呼啸、摩托的笛音、自行车的叮铃，合奏着进行交响乐；南来的钢筋、花布，北往的柑橙、家禽，绘出交流欢悦图……

啊！蜕变的桥，传递了家乡进步的消息，透露了家乡富裕的声音。时代的春风，美好的追求，我蓦地记起儿时唱 ‖ 给小桥的歌，哦，明艳艳的太阳照耀了，芳香甜蜜的花果捧来了，五彩斑斓的岁月拉开了！

我心中涌动的河水，激荡起甜美的浪花。我仰望一碧蓝天，心底轻声呼喊：家乡的桥啊，我梦中的桥！

节选自郑莹《家乡的桥》

作品19号

语音提示

（一）朗读时需要注意的必轻词：知识 zhīshi、柱子 zhùzi、固执 gùzhi、装装 zhuāngzhuang、样子 yàngzi、消息 xiāoxi、人们 rénmen

（二）朗读时需要注意的“重·次轻”格式的词语：送上 sòng · shàng 、只不过 zhǐ · bùguò、过去 guò · qù

（三）朗读时需要注意的儿化词和儿根词：无

（四）朗读时需要注意的其他词语：莱伊恩 Láiyī'ēn、大厅 dàtīng、支撑 zhīchēng、苦恼 kǔnǎo、主张 zhǔzhāng、另找人 lìng zhǎo rén、悖 bèi、准则 zhǔnzé、增加 zēngjiā、秘密 mìmì、修缮 xiūshàn、当年 dāngnián、当地 dāngdì、旨 zhǐ、崇尚 chóngshàng、作为 zuòwéi、始终 shǐzhōng、恪守 kèshǒu、心灵 xīnlíng

三百多年前，建筑设计师莱伊恩受命设计了英国温泽市政府大厅。他运用工程力学的知识，依据自己多年的实践，巧妙地设计了只用一根柱子支撑的大厅天花板。一年以后，市政府权威人士进行工程验收时，却说只用一根柱子支撑天花板太危险，要求莱伊恩再多加几根柱子。

莱伊恩自信只要一根坚固的柱子足以保证大厅安全，他的"固执"惹恼了市政官员，险些被送上法庭。他非常苦恼，坚持自己原先的主张吧，市政官员肯定会另找人修改设计；不坚持吧，又有悖自己为人的准则。矛盾了很长一段时间，莱伊恩终于想出了一条妙计，他在大厅里增加了四根柱子，不过这些柱子并未与天花板接触，只不过是装装样子。

三百多年过去了，这个秘密始终没有被人发现。直到前两年，市政府准备修缮大厅的天花板，才发现莱伊恩当年的"弄虚作假"。消息传出后，世界各国的建筑专家和游客云集，当地政府对此也不加掩饰，在新世纪到来之际，特意将大厅作为一个旅游景点对外开放，旨在引导人们崇尚和相信科学。

作为一名建筑师，莱伊恩并不是最出色的。但作为一个人，他无疑非常伟大，这种‖伟大表现在他始终恪守着自己的原则，给高贵的心灵一个美丽的住所，哪怕是遭遇到最大的阻力，也要想办法抵达胜利。

节选自游宇明《坚守你的高贵》

作品 20 号

语音提示

（一）朗读时需要注意的必轻词：金子 jīnzi、坑坑洼洼 kēngkeng-wāwa、晚上 wǎnshang、告诉 gàosu

（二）朗读时需要注意的"重·次轻"格式的词语：这里 zhè · lǐ、看见 kàn · jiàn、镇上 zhèn · shàng、别人 bié · rén、找不到 zhǎo · bùdào、诚实 chéng · shí

（三）朗读时需要注意的儿化词和儿根词：一丁点儿 yīdīngdiǎnr、这儿 zhèr

（四）朗读时需要注意的其他词语：自从 zìcóng、萨文河畔 Sàwén hépàn、富翁 fùwēng、整个 zhěnggè、河床 héchuáng、坑 kēng、驻扎 zhùzhā、六个月后 liù gè yuè hòu、谋生 móushēng、倾 qīng、木屋 mùwū、冲刷平整 chōngshuā píngzhěng、松软 sōngruǎn、茸 róng、肥沃 féiwò、梦想 mèngxiǎng、真金 zhēnjīn

自从传言有人在萨文河畔散步时无意发现了金子后，这里便常有来自四面八方的淘金者。他们都想成为富翁，于是寻遍了整个河床，还在河床上挖出很多大坑，希望借助它们找到更多的金子。的确，有一些人找到了，但另外一些人因为一无所得而只好扫兴归去。

也有不甘心落空的，便驻扎在这里，继续寻找。彼得·弗雷特就是其中一员。他在河床附近买了一块没人要的土地，一个人默默地工作。他为了找金子，已把所有的钱都押在这块土地上。他埋头苦干了几个月，直到土地全变成了坑坑洼洼，他失望了——他翻遍了整块土地。但连一丁点儿金子都没看见。

六个月后，他连买面包的钱都没有了。于是他准备离开这儿到别处去谋生。

就在他即将离去的前一个晚上，天下起了倾盆大雨，并且一下就是三天三夜。雨终于停了，彼得走出小木屋，发现眼前的土地看上去好像和以前不一样：坑坑洼洼已被大水冲刷平整，松软的土地上长出一层绿茸茸的小草。

“这里没找到金子，”彼得忽有所悟地说，“但这土地很肥沃，我可以用来种花，并且拿到镇上去卖给那些富人，他们一定会买些花装扮他们华丽的客‖厅。如果真是这样的话，那么我一定会赚许多钱，有朝一日我也会成为富人……”

于是他留了下来。彼得花了不少精力培育花苗，不久田地里长满了美丽娇艳的各色鲜花。

五年以后，彼得终于实现了他的梦想——成了一个富翁。“我是唯一的一个找到真金的人！”他时常不无骄傲地告诉别人，“别人在这儿找不到金子后便远远地离开，而我的‘金子’是在这块土地里，只有诚实的人用勤劳才能采集到。”

节选自陶猛译《金子》

作品21号

语音提示

（一）朗读时需要注意的必轻词：男孩子 nánháizi、你们 nǐmen、喜欢 xǐhuan、朋友 péngyou、名字 míngzi、接过 jiēguo、告诉 gàosu、地方 dìfang、谢谢 xièxie

（二）朗读时需要注意的“重·次轻”格式的词语：街上 jiē · shàng、头上 tóu · shàng、小姐 xiǎo · jiě、别人 bié · rén、玫瑰 méi · guī、叫不出 jiào · bùchū、多少 duō · shǎo、因为 yīn · wèi

（三）朗读时需要注意的儿化词和儿根词：小孩儿 xiǎoháir、聊起天儿来 liáo · qǐtiānr · lái、小儿麻痹 xiǎo’ér mábì、一会儿 yīhuìr、一点儿 yīdiǎnr

（四）朗读时需要注意的其他词语：加拿大 Jiānádà、募捐 mùjuān、渥太华 Wòtàihuá、整整齐齐 zhěngzhěngqíqí、凳 dèng、彬彬有礼 bīnbīn-yǒulǐ、您 nín、患 huàn、串 chuàn、众目睽睽 zhòngmù-kuíkuí、窘态 jiǒngtài、十字路口处 shízì lùkǒuchù、形形色色 xíngxíng-sèsè、奖章 jiǎngzhāng、捧 pěng、束 shù、匆匆 cōngcōng、遗孀 yíshuāng、秩序井然 zhìxù jǐngrán、流血 liúxuè

我在加拿大学习期间遇到过两次募捐，那情景至今使我难以忘怀。

一天，我在渥太华的街上被两个男孩子拦住去路。他们十来岁，穿得整整齐齐，每人头上戴着个做工精巧、色彩鲜艳的纸帽，上面写着“为帮助患小儿麻痹的伙伴募捐”。其中的一个，不由分说就坐在小凳上给我擦起皮鞋来，另一个则彬彬有礼地发问：“小姐，您是哪国人？喜欢渥太华吗？”“小姐，在你们国家有没有小孩儿患小儿麻痹？谁给他们医疗费？”一连串的问题，使我这个有生以来头一次在众目睽睽之下让别人擦鞋的异乡人，从近乎狼狈的窘态中解脱出来。我们像朋友一样聊起天儿来……

几个月之后，也是在街上。一些十字路口处或车站坐着几位老人。他们满头银发，身穿各种老式军装，上面布满了大大小小形形色色的徽章、奖章，每人手捧一大束鲜花，有水仙、石竹、玫瑰以及叫不出名字的，一色雪白。匆匆过往的行人纷纷止步，把钱投进这些老人身旁的白色木箱内，然后向他们微微鞠躬，从他们手中接过一朵花。我看了一会儿，有人投一两元，有人投几百元，还有人掏出支票填好后投进木箱。那些老军人毫不注意人们捐多少钱，一直不‖停地向人们低声道谢。同行的朋友告诉我，这是为纪念二次大战中参战的勇士，募捐救济残废军人和烈士遗孀，每年一次；认捐的人可谓踊跃，而且秩序井然，气氛庄严。有些地方，人们还耐心地排着队。我想，这是因为他们都知道：正是这些老人们的流血牺牲换来了包括他们信仰自由在内的许许多多。

我两次把那微不足道的一点儿钱捧给他们，只想对他们说声“谢谢”。

节选自青白《捐诚》

作品 22 号

语音提示

（一）朗读时需要注意的必轻词：近了 jìnle、朋友 péngyou、啄理着 zhuólǐzhe、这个 zhège、胳膊 gēbo

（二）朗读时需要注意的“重 · 次轻”格式的词语：蒙上 méng · shàng、袭过 xí · guò

（三）朗读时需要注意的儿化词和儿根词：圈儿 quānr、那儿 nàr

（四）朗读时需要注意的其他词语：炊烟 chuīyān、小鸟 xiǎoniǎo、乘流而下 chéng liú ér xià、姗 shān、翅膀 chìbǎng、噗啦 pūlā、撵 niǎn、呈现出 chéngxiànchū、春草 chūncǎo、搭铺 dā pù、塑料筒 sùliàotǒng、匀 yún、笃厚 dǔhòu、清晨 qīngchén、束 shù、舷窗 xiánchuāng、敞 chǎng、唱啊唱 chàng a chàng（“啊”变读为 nga）、嘤嘤 yīngyīng、春水 chūnshuǐ、淙淙 cóngcóng、悭吝 qiānlìn、青春 qīngchūn、奉献 fèngxiàn、哺育 bǔyù、尊敬 zūnjìng、蒙 méng、恋恋不舍 liànliàn-bùshě、憔悴 qiáocuì、喂肉 wèiròu、是啊 shì a（“啊”变读为 ra）、归宿 guīsù、一样啊 yīyàng a（“啊”变读为 nga）、留影 liúyǐng

没有一片绿叶，没有一缕炊烟，没有一粒泥土，没有一丝花香，只有水的世界，云的海洋。

一阵台风袭过，一只孤单的小鸟无家可归，落到被卷到洋里的木板上，乘流而下，姗姗而来，近了，近了！……

忽然，小鸟张开翅膀，在人们头顶盘旋了几圈儿，“噗啦”一声落到了船上。许是累了？还是发现了“新大陆”？水手撵它它不走，抓它，它乖乖地落在掌心。可爱的小鸟和善良的水手结成了朋友。

瞧，它多美丽，娇巧的小嘴，啄理着绿色的羽毛，鸭子样的扁脚，呈现出春草的鹅黄。水手们把它带到舱里，给它“搭铺”，让它在船上安家落户，每天，把分到的一塑料筒淡水匀给它喝，把从祖国带来的鲜美的鱼肉分给它吃，天长日久，小鸟和水手的感情日趋笃厚。清晨，当第一束阳光射进舷窗时，它便敞开美丽的歌喉，唱啊唱，嘤嘤有韵，宛如春水淙淙。人类给它以生命，它毫不悭吝地把自己的艺术青春奉献给了哺育它的人。可能都是这样？艺术家们的青春只会献给尊敬他们的人。

小鸟给远航生活蒙上了一层浪漫色调。返航时，人们爱不释手，恋恋不舍地想把它带到异乡。可小鸟憔悴了，给水，不喝！喂肉，不吃！油亮的羽毛失去了光泽。是啊，我 ‖ 们有自己的祖国，小鸟也有它的归宿，人和动物都是一样啊，哪儿也不如故乡好！

慈爱的水手们决定放开它，让它回到大海的摇篮去，回到蓝色的故乡去。离别前，这个大自然的朋友与水手们留影纪念。它站在许多人的头上，肩上，掌上，胳膊上，与喂养过它的人们，一起融进那蓝色的画面……

节选自王文杰《可爱的小鸟》

作品 23 号

语音提示

（一）朗读时需要注意的必轻词：眼睛 yǎnjing、孩子 háizi、晚上 wǎnshang、多么 duōme、时候 shíhou

（二）朗读时需要注意的“重·次轻”格式的词语：已经 yǐ·jīng、答复 dá·fù、供不起 gōng·bùqǐ

（三）朗读时需要注意的儿化词和儿根词：一点儿 yīdiǎnr

（四）朗读时需要注意的其他词语：纽约 Niǔyuē、冰冷 bīnglěng、晴朗 qínglǎng、积雪盈尺 jīxuě yíng chǐ、推 tuī、仍然 réngrán、暴风雪 bàofēngxuě、逢 féng、反应 fǎnyìng、怒气冲冲 nùqì-chōngchōng、富翁 fùwēng、贫困 pínkùn、甚至 shènzhì、挨 ái、宁愿 nìngyuàn、尊严 zūnyán

纽约的冬天常有大风雪，扑面的雪花不但令人难以睁开眼睛，甚至呼吸都会吸入冰冷的雪花。有时前一天晚上还是一片晴朗，第二天拉开窗帘，却已经积雪盈尺，连门都推不开了。

遇到这样的情况，公司、商店常会停止上班，学校也通过广播，宣布停课。但令人不解的是，惟有公立小学，仍然开放。只见黄色的校车，艰难地在路边接孩子，老师则一大早就口中喷着热气，铲去车子前后的积雪，小心翼翼地开车去学校。

据统计，十年来纽约的公立小学只因为超级暴风雪停过七次课。这是多么令人惊讶的事。犯得着在大人都无须上班的时候让孩子去学校吗？小学的老师也太倒霉了吧？

于是，每逢大雪而小学不停课时，都有家长打电话去骂。妙的是，每个打电话的人，反应全一样——先是怒气冲冲地责问，然后满口道歉，最后笑容满面地挂上电话。原因是，学校告诉家长：

在纽约有许多百万富翁，但也有不少贫困的家庭。后者白天开不起暖气，供不起午餐，孩子的营养全靠学校里免费的中饭，甚至可以多拿些回家当晚餐。学校停课一天，穷孩子就受一天冻，挨一天饿，所以老师们宁愿自己苦一点儿，也不能停课。‖

或许有家长会说：何不让富裕的孩子在家里，让贫穷的孩子去学校享受暖气和营养午餐呢？

学校的答复是：我们不愿让那些穷苦的孩子感到他们是在接受救济，因为施舍的最高原则是保持受施者的尊严。

节选自（台湾）刘墉《课不能停》

作品 24 号

语音提示

（一）朗读时需要注意的必轻词：东西 dōngxi、日子 rìzi、喜欢 xǐhuan

（二）朗读时需要注意的“重·次轻”格式的词语：熟悉 shú·xī、显得 xiǎn·dé、院子里 yuànzi·lǐ、看来 kàn·lái、禁不住 jīn·bùzhù、已经 yǐ·jīng

（三）朗读时需要注意的儿化词和儿根词：无

（四）朗读时需要注意的其他词语：瞬间 shùnjiān、处处 chùchù、奈良 Nàiliáng、为之 wèizhī、唐招提寺 Táng Zhāotísì、匆匆 cōngcōng、友谊 yǒuyì、存放 cúnfàng、鉴真 Jiànzhēn、昂然 ángrán、莲蓬累累

liánpéngléiléi、成熟 chéngshú、盛况 shèngkuàng、衰 shuāi、瞩望 zhǔwàng

十年，在历史上不过是一瞬间。只要稍加注意，人们就会发现：在这一瞬间里，各种事物都悄悄经历了自己的千变万化。

这次重新访日，我处处感到亲切和熟悉，也在许多方面发觉了日本的变化。就拿奈良的一个角落来说吧，我重游了为之感受很深的唐招提寺，在寺内各处匆匆走了一遍，庭院依旧，但意想不到还看到了一些新的东西。其中之一，就是近几年从中国移植来的“友谊之莲”。

在存放鉴真遗像的那个院子里，几株中国莲昂然挺立，翠绿的宽大荷叶正迎风而舞，显得十分愉快。开花的季节已过，荷花朵朵已变为莲蓬累累。莲子的颜色正在由青转紫，看来已经成熟了。

我禁不住想：“因”已转化为“果”。

中国的莲花开在日本，日本的樱花开在中国，这不是偶然。我希望这样一种盛况延续不衰。可能有人不欣赏花，但决不会有人欣赏落在自己面前的炮弹。

在这些日子里，我看到了不少多年不见的老朋友，又结识了一些新朋友。大家喜欢涉及的话题之一，就是古长安和古奈良。那还用得着问吗，朋友们缅怀过去，正是瞩望未来。瞩目于未来的人们必将获得未来。

我不例外，也希望一个美好的未来。

为‖了中日人民之间的友谊，我将不浪费今后生命的每一瞬间。

节选自严文井《莲花和樱花》

作品 25 号

语音提示

（一）朗读时需要注意的必轻词：铺着 pūzhe、觉着 juézhe、见过 jiànguo、底子 dǐzi、丛叠着 cóngdiézhe、似的 shìde、姑娘 gūniang、时候 shíhou

（二）朗读时需要注意的“重·次轻”格式的词语：小心 xiǎo · xīn、下去 xià · qù、那面 nà · miàn、看不透 kàn · bùtòu、脱不了 tuō · bùliǎo、舍得 shě · dé、舍不得 shě · bù · dé

（三）朗读时需要注意的儿化词和儿根词：无

（四）朗读时需要注意的其他词语：绿色 lǜsè、追捉 zhuīzhuō、神光 shénguāng、鞠躬 jūgōng、石穹门 shíqióngmén、汪汪一碧 wāngwāng yī bì、瀑布 pùbù、襟袖 jīnxiù、怎样 zěnyàng、妄想啊 wàngxiǎng a（“啊”变读为 nga）、轻盈 qīngyíng、着实 zhuóshí、皱缬 zhòuxié、裙幅 qúnfú、尘滓 chénzǐ、温润 wēnrùn、曾 céng、什刹海 Shíchàhǎi、似乎 sìhū、虎跑寺 Hǔpáosì、比拟 bǐnǐ、蕴蓄 yùnxù、鲜润啊 xiānrùn a（“啊”变读为 na）、挹 yì、明眸善睐 míngmóu-shànlài、抚摩 fǔmó、掬 jū、女儿绿 nǚ'érlǜ

梅雨潭闪闪的绿色招引着我们，我们开始追捉她那离合的神光了。揪着草，攀着乱石，小心探身下去，又鞠躬过了一个石穹门，便到了汪汪一碧的潭边了。

瀑布在襟袖之间，但是我的心中已没有瀑布了。我的心随潭水的绿而摇荡。那醉人的绿呀！仿佛一张极大极大的荷叶铺着，满是奇异的绿呀。我想张开两臂抱住她，但这是怎样一个妄想啊。

站在水边，望到那面，居然觉着有些远呢！这平铺着、厚积着的绿，着实可爱。她松松地皱缬着，像少妇拖着的裙幅；她滑滑的明亮着，像涂了“明油”一般，有鸡蛋清那样软，那样嫩；她又不杂些尘滓，宛然一块温润的碧玉，只清清的一色——但你却看不透她！

我曾见过北京什刹海拂地的绿杨，脱不了鹅黄的底子，似乎太淡了。我又曾见过杭州虎跑寺近旁高峻而深密的“绿壁”，丛叠着无穷的碧草与绿叶的，那又似乎太浓了。其余呢，西湖的波太明了，秦淮河的也太暗了。可爱的，我将什么来比拟你呢？我怎么比拟得出呢？大约潭是很深的，故能蕴蓄着这样奇异的绿；仿佛蔚蓝的天融了一块在里面似的，这才这般的鲜润啊。

那醉人的绿呀！我若能裁你以为带，我将赠给那轻盈的‖舞女，她必能临风飘举了。我若能挹你以为眼，我将赠给那善歌的盲妹，她必明眸善睐了。我舍不得你，我怎舍得你呢？我用手拍着你，抚摩着你，如同一个十二三岁的小姑娘。我又掬你入口，便是吻着她了。我送你一个名字，我从此叫你“女儿绿”，好吗？

第二次到仙岩的时候，我不禁惊诧于梅雨潭的绿了。

节选自朱自清《绿》

作品26号

语音提示

（一）朗读时需要注意的必轻词：那么 nàme、尝尝 chángchang、晚上 wǎnshang、答应 dāying、便宜 piányi、喜欢 xǐhuan、石榴 shíliu、东西 dōngxi

（二）朗读时需要注意的“重·次轻”格式的词语：母亲 mǔ · qīn、父亲 fù · qīn、好不好 hǎo · bù hǎo、茅亭里 máotíng · lǐ、好处 hǎo · chù、价钱 jià · qián、地里 dì · lǐ、地上 dì · shàng、知道 zhī · dào、体面 tǐ · miàn、心上 xīn · shàng

（三）朗读时需要注意的儿化词和儿根词：味美 wèirměi

（四）朗读时需要注意的其他词语：亩 mǔ、空地 kòngdì、花生 huāshēng、开辟 kāipì、买种 mǎizhǒng、播种 bōzhǒng、居然 jūrán、收获 shōuhuò、难得 nándé、榨油 zhàyóu、那样 nàyàng、嫩绿 nènlǜ、枝头 zhītóu、爱慕 àimù、成熟 chéngshú、虽然 suīrán

我们家的后园有半亩空地，母亲说：“让它荒着怪可惜的，你们那么爱吃花生，就开辟出来种花生吧。”我们姐弟几个都很高兴，买种，翻地，播种，浇水，没过几个月，居然收获了。

母亲说：“今晚我们过一个收获节，请你们父亲也来尝尝我们的新花生，好不好？”我们都说好。母亲把花生做成了好几样食品，还吩咐就在后园的茅亭里过这个节。

晚上天色不太好，可是父亲也来了，实在很难得。

父亲说：“你们爱吃花生吗？”

我们争着答应：“爱！”

“谁能把花生的好处说出来？”

姐姐说：“花生的味美。”

哥哥说：“花生可以榨油。”

我说：“花生的价钱便宜，谁都可以买来吃，都喜欢吃。这就是它的好处。”

父亲说：“花生的好处很多，有一样最可贵：它的果实埋在地里，不像桃子、石榴、苹果那样，把鲜红嫩绿的果实高高地挂在枝头上，使人一见就生爱慕之心。你们看它矮矮地长在地上，等到成熟了，也不能立刻分辨出来它有没有果实，必须挖出来才知道。”

我们都说是，母亲也点点头。

父亲接下去说：“所以你们要像花生，它虽然不好看，可是很有用，不是外表好看而没有实用的东西。”

我说：“那么，人要做有用的人，不要做只讲体面，而对别人没有好处的人了。” ‖

父亲说：“对。这是我对你们的希望。”

我们谈到夜深才散。花生做的食品都吃完了，父亲的话却深深地印在我的心上。

节选自许地山《落花生》

作品 27 号

语音提示

（一）朗读时需要注意的必轻词：似的 shìde、怪物 guàiwu

（二）朗读时需要注意的“重·次轻”格式的词语：前边 qián · biān、望去 wàng · qù、看见 kàn · jiàn、树上 shù · shàng、飞下 fēi · xià、跟前 gēn · qián、扑去 pū · qù、力量 lì · liàng

（三）朗读时需要注意的儿化词和儿根词：幼儿 yòu'ér、那儿 nàr、鸟儿 niǎor

（四）朗读时需要注意的其他词语：林阴路 línyīnlù、蹑足潜行 nièzú-qiánxíng、嗅 xiù、猛烈 měngliè、白桦树 báihuàshù、巢 cháo、跌落 diēluò、丰满 fēngmǎn、胸脯 xiōngpú、惊恐万状 jīngkǒng-wànzhuàng、露出 lòuchū、战栗 zhànlì、声音 shēngyīn、粗暴嘶哑 cūbàosīyǎ、怪物啊 guàiwù a（“啊”变读为 wa）、惊慌失措 jīnghuāng-shīcuò、崇敬 chóngjìng、心情 xīnqíng、是啊 shì a（“啊”变读为 ya）、英勇 yīngyǒng、冲动 chōngdòng

我打猎归来，沿着花园的林阴路走着。狗跑在我前边。

突然，狗放慢脚步，蹑足潜行，好像嗅到了前边有什么野物。

我顺着林阴路望去，看见了一只嘴边还带黄色、头上生着柔毛的小麻雀。风猛烈地吹打着林阴路上的白桦树，麻雀从巢里跌落下来，呆呆地伏在地上，孤立无援地张开两只羽毛还未丰满的小翅膀。

我的狗慢慢向它靠近。忽然，从附近一棵树上飞下一只黑胸脯的老麻雀，像一颗石子似的落到狗的跟前。老麻雀全身倒竖着羽毛，惊恐万状，发出绝望、凄惨的叫声，接着向露出牙齿、大张着的狗嘴扑去。

老麻雀是猛扑下来救护幼雀的。它用身体掩护着自己的幼儿……但它整个小小的身体因恐怖而战栗着，它小小的声音也变得粗暴嘶哑，它在牺牲自己！

在它看来，狗该是多么庞大的怪物啊！然而，它还是不能站在自己高高的、安全的树枝上……一种比它的理智更强烈的力量，使它从那儿扑下身来。

我的狗站住了，向后退了退……看来，它也感到了这种力量。

我赶紧唤住惊慌失措的狗，然后我怀着崇敬的心情，走开了。

是啊，请不要见笑。我崇敬那只小小的、英勇的鸟儿，我崇敬它那种爱的冲动和力量。

爱，我想，比 ‖ 死和死的恐惧更强大。只有依靠它，依靠这种爱，生命才能维持下去，发展下去。

节选自［俄］屠格涅夫《麻雀》，巴金译

作品28号

语音提示

（一）朗读时需要注意的必轻词：随着 suízhe、苍蝇 cāngying、不由得 bùyóude、什么 shénme、先生 xiānsheng、乡下 xiāngxia

（二）朗读时需要注意的“重·次轻”格式的词语：找不到 zhǎo · bùdào、太阳 tài · yáng、已经 yǐ · jīng、树桩上 shùzhuāng · shàng、等上 děng · shàng、差不多 chà · bùduō、感激 gǎn · jī

（三）朗读时需要注意的儿化词和儿根词：那儿 nàr、小伙伴 xiǎohuǒbànr、乡巴佬儿 xiāngbalǎor、小家伙儿 xiǎojiāhuor、小男孩儿 xiǎonánháir

（四）朗读时需要注意的其他词语：六岁 liù suì、采石场 cǎishíchǎng、惊慌失措 jīnghuāng-shīcuò、乱钻 luànzuān、芒刺 mángcì、此时此刻 cǐshí cǐkè、不远处 bù yuǎnchù、循 xún、削 xiāo、称为 chēngwéi、卡廷 Kǎtíng、怯生生 qièshēngshēng、俩 liǎ、祖父 zǔfù、角色 juésè、自尊 zìzūn

那年我六岁。离我家仅一箭之遥的小山坡旁，有一个早已被废弃的采石场，双亲从来不准我去那儿，其实那儿风景十分迷人。

一个夏季的下午，我随着一群小伙伴偷偷上那儿去了。就在我们穿越了一条孤寂的小路后，他们却把我一个人留在原地，然后奔向“更危险的地带”了。

等他们走后，我惊慌失措地发现，再也找不到要回家的那条孤寂的小道了。像只无头的苍蝇，我到处乱钻，衣裤上挂满了芒刺。太阳已经落山，而此时此刻，家里一定开始吃晚餐了，双亲正盼着我回家……想着想着，我不由得背靠着一棵树，伤心地呜呜大哭起来……

突然，不远处传来了声声柳笛。我像找到了救星，急忙循声走去。一条小道边的树桩上坐着一位吹笛人，手里还正削着什么。走近细看，他不就是被大家称为“乡巴佬儿”的卡廷吗？

“你好，小家伙儿，”卡廷说，“看天气多美，你是出来散步的吧？”

我怯生生地点点头，答道：“我要回家了。”

“请耐心等上几分钟，”卡廷说，“瞧，我正在削一支柳笛，差不多就要做好了，完工后就送给你吧！”

卡廷边削边不时把尚未成形的柳笛放在嘴里试吹一下。没过多久，一支柳笛便递到我手中。我俩在一阵阵清脆悦耳的笛音 ‖ 中，踏上了归途……

当时，我心中只充满感激，而今天，当我自己也成了祖父时，却突然领悟到他用心之良苦！那天当他听到我的哭声时，便判定我一定迷了路，但他并不想在孩子面前扮演“救星”的角色，于是吹响柳笛以便让我能发现他，并跟着他走出困境！就这样，卡廷先生以乡下人的纯朴，保护了一个小男孩儿强烈的自尊。

节选自唐若水译《迷途笛音》

作品29号

语音提示

（一）朗读时需要注意的必轻词：那么 nàme、身子 shēnzi、部分 bùfen

（二）朗读时需要注意的“重·次轻”格式的词语：菩萨 pú·sà、琵琶 pí·pá

（三）朗读时需要注意的儿化词和儿根词：无

（四）朗读时需要注意的其他词语：无垠 wúyín、绿洲 lùzhōu、敦煌莫高窟 Dūnhuáng Mògāokū、坐落 zuòluò、三危山 Sānwēi Shān、崖壁 yábì、凿 záo、石窟 shíkū、塑像 sùxiàng、余尊 yúzūn、彩塑 cǎisù、精美 jīngměi、威风凛凛 wēifēng-lǐnlǐn、强壮 qiángzhuàng、勇猛 yǒngměng、内容 nèiróng、丰富多彩 fēngfù-duōcǎi、耕田 gēngtián、奏乐 zòuyuè、杂技 zájì、大自然 dàzìrán、采摘 cǎizhāi、银弦 yínxián、翩翩起舞 piānpiān-qǐwǔ、经卷 jīngjuàn、帛画 bóhuà

在浩瀚无垠的沙漠里，有一片美丽的绿洲，绿洲里藏着一颗闪光的珍珠。这颗珍珠就是敦煌莫高窟。它坐落在我国甘肃省敦煌市三危山和鸣沙山的怀抱中。

鸣沙山东麓是平均高度为十七米的崖壁。在一千六百多米长的崖壁上，凿有大小洞窟七百余个，形成了规模宏伟的石窟群。其中四百九十二个洞窟中，共有彩色塑像两千一百余尊，各种壁画共四万五千多平方米。莫高窟是我国古代无数艺术匠师留给人类的珍贵文化遗产。

莫高窟的彩塑，每一尊都是一件精美的艺术品。最大的有九层楼那么高，最小的还不如一个手掌大。这些彩塑个性鲜明，神态各异。有慈眉善目的菩萨，有威风凛凛的天王，还有强壮勇猛的力士……

莫高窟壁画的内容丰富多彩，有的是描绘古代劳动人民打猎、捕鱼、耕田、收割的情景，有的是描绘人们奏乐、舞蹈、演杂技的场面，还有的是描绘大自然的美丽风光。其中最引人注目的是飞天。壁画上的飞天，有的臂挎花篮，采摘鲜花；有的反弹琵琶，轻拨银弦；有的倒悬身子，自天而降；有的彩带飘拂，漫天遨游；有的舒展着双臂，翩翩起舞。看着这些精美动人的壁画，就像走进了 ‖ 灿烂辉煌的艺术殿堂。

莫高窟里还有一个面积不大的洞窟——藏经洞。洞里曾藏有我国古代的各种经卷、文书、帛画、刺绣、铜像等共六万多件。由于清朝政府腐败无能，大量珍贵的文物被外国强盗掠走。仅存的部分经卷，现在陈列于北京故宫等处。

莫高窟是举世闻名的艺术宝库。这里的每一尊彩塑、每一幅壁画、每一件文物，都是中国古代人民智慧的结晶。

节选自小学《语文》第六册中《莫高窟》

作品 30 号

语音提示

（一）朗读时需要注意的必轻词：喜欢 xǐhuan、要么 yàome、东西 dōngxi

（二）朗读时需要注意的“重·次轻”格式的词语：牡丹 mǔ·dān、因为 yīn·wèi、容易 róng·yì、奉上 fèng·shàng

（三）朗读时需要注意的儿化词和儿根词：花儿 huār

（四）朗读时需要注意的其他词语：膜拜 móbài、目睹 mùdǔ、为之 wèizhī、盛期 shèngqī、坠落 zhuìluò、祭坛 jìtán、大鸟 dàniǎo、烁 shuò、萎顿 wěidùn、消遁 xiāodùn、吝惜 lìnxī、生命 shēngmìng、惊心动魄 jīngxīn-dòngpò、阴冷 yīnlěng、诅咒 zǔzhòu、安之若素 ānzhī-ruòsù、苟且 gǒuqiě、媚俗 mèisú、洛阳城 Luòyáng Chéng、贬谪 biǎnzhé、繁衍 fányǎn、为魂 wéihún、卓尔不群 zhuó'ěr-bùqún

其实你在很久以前并不喜欢牡丹，因为它总被人作为富贵膜拜。后来你目睹了一次牡丹的落花，你相信所有的人都会为之感动：一阵清风徐来，娇艳鲜嫩的盛期牡丹忽然整朵整朵地坠落，铺撒一地绚丽的花瓣。那花瓣落地时依然鲜艳夺目，如同一只奉上祭坛的大鸟脱落的羽毛，低吟着壮烈的悲歌离去。

牡丹没有花谢花败之时，要么烁于枝头，要么归于泥土，它跨越萎顿和衰老，由青春而死亡，由美丽而消遁。它虽美却不吝惜生命，即使告别也要展示给人最后一次的惊心动魄。

所以在这阴冷的四月里，奇迹不会发生。任凭游人扫兴和诅咒，牡丹依然安之若素。它不苟且、不俯就、不妥协、不媚俗，甘愿自己冷落自己。它遵循自己的花期自己的规律，它有权利为自己选择每年一度的盛大节日。它为什么不拒绝寒冷？

天南海北的看花人，依然络绎不绝地涌入洛阳城。人们不会因牡丹的拒绝而拒绝它的美。如果它再被贬谪十次，也许它就会繁衍出十个洛阳牡丹城。

于是你在无言的遗憾中感悟到，富贵与高贵只是一字之差。同人一样，花儿也是有灵性的，更有品位之高低。品位这东西为气为魂为‖筋骨为神韵，只可意会。你叹服牡丹卓尔不群之姿，方知品位是多么容易被世人忽略或是漠视的美。

节选自张抗抗《牡丹的拒绝》

作品31号

语音提示

（一）朗读时需要注意的必轻词：多得很 duōdehěn

（二）朗读时需要注意的“重·次轻”格式的词语：功劳 gōng · láo、吐出 tǔ · chū 、新鲜 xīn · xiān、使得 shǐ · dé

（三）朗读时需要注意的儿化词和儿根词：无

（四）朗读时需要注意的其他词语：森林 sēnlín、涵养 hányǎng、灾害 zāihài、测算 cèsuàn、亩 mǔ、相当 xiāngdāng、正如 zhèng rú、吐 tǔ、提供 tígōng、卓著 zhuózhù、能吞能吐 néngtūn-néngtǔ、功能 gōngnéng、孕育 yùnyù、二氧化碳 èryǎnghuàtàn、生存 shēngcún、调节 tiáojié、调度室 diàodùshì、然而 rán'ér、燃烧物 ránshāowù、增多 zēngduō、排放量 páifàngliàng、暖 nuǎn、蒸发 zhēngfā、循环 xúnhuán、飓风 jùfēng、洪涝 hónglào、健壮 jiànzhuàng

森林涵养水源，保持水土，防止水旱灾害的作用非常大。据专家测算，一片十万亩面积的森林，相当于一个两百万立方米的水库，这正如农谚所说的：“山上多栽树，等于修水库。雨多它能吞，雨少它能吐。”

说起森林的功劳，那还多得很。它除了为人类提供木材及许多种生产、生活的原料之外，在维护生态环境方面也是功劳卓著，它用另一种“能吞能吐”的特殊功能孕育了人类。因为地球在形成之初，大气中的二氧化碳含量很高，氧气很少，气温也高，生物是难以生存的。大约在四亿年之前，陆地才产生了森林。森林慢慢将大气中的二氧化碳吸收，同时吐出新鲜氧气，调节气温：这才具备了人类生存的条件，地球上才最终有了人类。

森林，是地球生态系统的主体，是大自然的总调度室，是地球的绿色之肺。森林维护地球生态环境的这种“能吞能吐”的特殊功能是其他任何物体都不能取代的。然而，由于地球上的燃烧物增多，二氧化碳的排放量急剧增加，使得地球生态环境急剧恶化，主要表现为全球气候变暖，水分蒸发加快，改变了气流的循环，使气候变化加剧，从而引发热浪、飓风、暴雨、洪涝及干旱。

为了‖使地球的这个“能吞能吐”的绿色之肺恢复健壮，以改善生态环境，抑制全球变暖，减少水旱等自然灾害，我们应该大力造林、护林，使每一座荒山都绿起来。

节选自《中考语文课外阅读试题精选》中《“能吞能吐”的森林》

作品 32 号

语音提示

（一）朗读时需要注意的必轻词：朋友 péngyou、烫了个头 tàngle gè tóu、时候 shíhou、喜欢 xǐhuan、在乎 zàihu、舒坦 shūtan

（二）朗读时需要注意的“重・次轻”格式的词语：道理 dào・lǐ、老人家 lǎo・rén・jiā、差不多 chà・bùduō、别人 bié・rén、懂得 dǒng・dé、意见 yì・jiàn

（三）朗读时需要注意的儿化词和儿根词：份儿 fènr

（四）朗读时需要注意的其他词语：即将 jíjiāng、极熟 jíshú、难得 nándé、偶尔 ǒu’ěr、酿制 niàngzhì、柴 chái、细细碎碎 xìxì-suìsuì、琐事 suǒshì、心灵 xīnlíng、契合 qìhé、惊骇 jīnghài、循循善诱 xúnxún-shànyòu、约束力 yuēshùlì、逐增 zhú zēng、挣脱 zhèngtuō、诋毁 dǐhuǐ、纵容 zòngróng、水到渠成 shuǐdào-qúchéng、犹如 yóurú、乌桕 wūjiù、相知相属 xiāngzhī xiāngzhǔ、自在 zìzài

朋友即将远行。

暮春时节，又邀了几位朋友在家小聚。虽然都是极熟的朋友，却是终年难得一见，偶尔电话里相遇，也无非是几句寻常话。一锅小米稀饭，一碟大头菜，一盘自家酿制的泡菜，一只巷口买回的烤鸭，简简单单，不像请客，倒像家人团聚。

其实，友情也好，爱情也好，久而久之都会转化为亲情。

说也奇怪，和新朋友会谈文学、谈哲学、谈人生道理等等，和老朋友却只话家常，柴米油盐，细细碎碎，种种琐事。很多时候，心灵的契合已经不需要太多的言语来表达。

朋友新烫了个头，不敢回家见母亲，恐怕惊骇了老人家，却欢天喜地来见我们，老朋友颇能以一种趣味性的眼光欣赏这个改变。

年少的时候，我们差不多都在为别人而活，为苦口婆心的父母活，为循循善诱的师长活，为许多观念、许多传统的约束力而活。年岁逐增，渐渐挣脱外在的限制与束缚，开始懂得为自己活，照自己的方式做一些自己喜欢的事，不在乎别人的批评意见，不在乎别人的诋毁流言，只在乎那一份随心所欲的舒坦自然。偶尔，也能够纵容自己放浪一下，并且有一种恶作剧的窃喜。

就让生命顺其自然，水到渠成吧，犹如窗前的‖乌桕，自生自落之间，自有一份圆融丰满的喜悦。春雨轻轻落着，没有诗，没有酒，有的只是一份相知相属的自在自得。

夜色在笑语中渐渐沉落，朋友起身告辞，没有挽留，没有送别，甚至也没有问归期。

已经过了大喜大悲的岁月，已经过了伤感流泪的年华，知道了聚散原来是这样的自然和顺理成章，懂得这点，便懂得珍惜每一次相聚的温馨，离别便也欢喜。

节选自（台湾）杏林子《朋友和其他》

作品 33 号

语音提示

（一）朗读时需要注意的必轻词：儿子 érzi、觉得 juéde、走走 zǒuzou、时候 shíhou、铺着 pūzhe、东西 dōngxi、小家伙 xiǎojiāhuo、妈妈 māma、意思 yìsi、委屈 wěiqu、摸摸 mōmo、主意 zhǔyi、地方 dìfang

（二）朗读时需要注意的“重·次轻”格式的词语：母亲 mǔ · qīn、妻子 qī · zī、觉得 jué · dé、因为 yīn · wèi、前面 qián · miàn、后来 hòu · lái、愿意 yuàn · yì、望去 wàng · qù、那里 nà · lǐ

（三）朗读时需要注意的儿化词和儿根词：一点儿 yīdiǎnr、孙儿 sūn’ér

（四）朗读时需要注意的其他词语：初春 chūchūn、新绿 xīnlǜ、随意 suíyì、浓 nóng、嫩芽 nènyá、咕咕 gūgū、水泡 shuǐpào、生命 shēngmìng、分歧 fēnqí、平顺 píngshùn、强壮 qiángzhuàng、一霎时 yīshàshí、拆散 chāisàn、粼粼 línlín、蹲 dūn

我们在田野散步：我，我的母亲，我的妻子和儿子。

母亲本不愿出来的。她老了，身体不好，走远一点就觉得很累。我说，正因为如此，才应该多走走。母亲信服地点点头，便去拿外套。她现在很听我的话，就像我小时候很听她的话一样。

这南方初春的田野，大块小块的新绿随意地铺着，有的浓，有的淡，树上的嫩芽也密了，田里的冬水也咕咕地起着水泡。这一切都使人想着一样东西——生命。

我和母亲走在前面，我的妻子和儿子走在后面。小家伙突然叫起来：“前面是妈妈和儿子，后面也是妈妈和儿子。”我们都笑了。

后来发生了分歧：母亲要走大路，大路平顺；我的儿子要走小路，小路有意思。不过，一切都取决于我。我的母亲老了，她早已习惯听从她强壮的儿子；我的儿子还小，他还习惯听从他高大的父亲；妻子呢，在外面，她总是听我的。一霎时我感到了责任的重大。我想找一个两全的办法，找不出；我想拆散一家人，分成两路，各得其所，终不愿意。我决定委屈儿子，因为我伴同他的时日还长。我说：“走大路。”

但是母亲摸摸孙儿的小脑瓜，变了主意：“还是走小路吧。”她的眼随着小路望去：那里有金色的菜花，两行整齐的桑树，‖尽头一口水波粼粼的鱼塘。“我走不过去的地方，你就背着我。”母亲对我说。

这样，我们在阳光下，向着那菜花、桑树和鱼塘走去。到了一处，我蹲下来，背起了母亲；妻子也蹲下来，背起了儿子。我和妻子都是慢慢地，稳稳地，走得很仔细，好像我背上的同她背上的加起来，就是整个世界。

节选自莫怀戚《散步》

作品 34 号

语音提示

（一）朗读时需要注意的必轻词：什么 shénme、这个 zhège、随着 suízhe、稀释得 xīshìde

（二）朗读时需要注意的“重·次轻”格式的词语：岛上 dǎo · shàng、知道 zhī · dào、这里 zhè · lǐ、哪里 nǎ · lǐ

（三）朗读时需要注意的儿化词和儿根词：无

（四）朗读时需要注意的其他词语：存在 cúnzài、地壳 dìqiào、地幔 dìmàn、真正 zhēnzhèng、不应 bùyīng、裂缝 lièfèng、深奥莫测 shēn'ào-mòcè、濒临 bīnlín、汹涌 xiōngyǒng、形成 xíngchéng、湍湍 tuāntuān、如此 rúcǐ、曾 céng、漏斗 lòudǒu、然而 ránér、竖井 shùjǐng、枉费心机 wǎngfèi-xīnjī、染料 rǎnliào

地球上是否真的存在“无底洞”？按说地球是圆的，由地壳、地幔和地核三层组成，真正的“无底洞”是不应存在的，我们所看到的各种山洞、裂口、裂缝，甚至火山口也都只是地壳浅部的一种现象。然而中国一些古籍却多次提到海外有个深奥莫测的无底洞。事实上地球上确实有这样一个“无底洞”。

它位于希腊亚各斯古城的海滨。由于濒临大海，大涨潮时，汹涌的海水便会排山倒海般地涌入洞中，形成一股湍湍的急流。据测，每天流入洞内的海水量达三万多吨。奇怪的是，如此大量的海水灌入洞中，却从来没有把洞灌满。曾有人怀疑，这个“无底洞”，会不会就像石灰岩地区的漏斗、竖井、落水洞一类的地形。然而从二十世纪三十年代以来，人们就做了多种努力企图寻找它的出口，却都是枉费心机。

为了揭开这个秘密，一九五八年美国地理学会派出一支考察队，他们把一种经久不变的带色染料溶解在海水中，观察染料是如何随着海水一起沉下去。接着又察看了附近海面以及岛上的各条河、湖，满怀希望地寻找这种带颜色的水，结果令人失望。难道是海水量太大把有色水稀释得太淡，以致无法发现？ ‖

至今谁也不知道为什么这里的海水会没完没了地“漏”下去，这个“无底洞”的出口又在哪里，每天大量的海水究竟都流到哪里去了？

节选自罗伯特·罗威尔《神秘的“无底洞”》

作品 35 号

语音提示

（一）朗读时需要注意的必轻词：名字 míngzi、栅栏 zhàlan、东西 dōngxi、这个 zhège、心思 xīnsi、日子 rìzi

（二）朗读时需要注意的“重·次轻”格式的词语：上面 shàng·miàn、没有 méi·yǒu、这里 zhè·lǐ

（三）朗读时需要注意的儿化词和儿根词：坟头 féntóur、这儿 zhèr、风儿 fēng'ér

（四）朗读时需要注意的其他词语：托尔斯泰 Tuō'ěrsītài、墓 mù、长方形 chángfāngxíng、十字架 shízìjià、墓志铭 mùzhìmíng、声名 shēngmíng、累 lěi、偶尔 ǒu' ěr、不为 bùwéi、敬意 jìngyì、朴素 pǔsù、禁锢 jìngù、容许 róngxǔ、在这座 zàizhèzuò、飒飒 sàsà、和暖 hénuǎn、圭 guī、无论 wúlùn、想象 xiǎngxiàng、心弦 xīnxián、哪怕 nǎpà

我在俄国见到的景物再没有比托尔斯泰墓更宏伟、更感人的。

完全按照托尔斯泰的愿望，他的坟墓成了世间最美的，给人印象最深刻的坟墓。它只是树林中的一个小小的长方形土丘，上面开满鲜花——没有十字架，没有墓碑，没有墓志铭，连托尔斯泰这个名字也没有。

这位比谁都感到受自己的声名所累的伟人，却像偶尔被发现的流浪汉，不为人知的士兵，不留名姓地被人埋葬了。谁都可以踏进他最后的安息地，围在四周稀疏的木栅栏是不关闭的——保护列夫·托尔斯泰得以安息的没有任何别的东西，惟有人们的敬意；而通常，人们却总是怀着好奇，去破坏伟人墓地的宁静。

这里，逼人的朴素禁锢住任何一种观赏的闲情，并且不容许你大声说话。风儿俯临，在这座无名者之墓的树木之间飒飒响着，和暖的阳光在坟头嬉戏；冬天，白雪温柔地覆盖这片幽暗的土地。无论你在夏天或冬天经过这儿，你都想象不到，这个小小的、隆起的长方体里安放着一位当代最伟大的人物。

然而，恰恰是这座不留姓名的坟墓，比所有挖空心思用大理石和奢华装饰建造的坟墓更扣人心弦。在今天这个特殊的日子‖里，到他的安息地来的成百上千人中间，没有一个有勇气，哪怕仅仅从这幽暗的土丘上摘下一朵花留作纪念。人们重新感到，世界上再没有比托尔斯泰最后留下的、这座纪念碑式的朴素坟墓，更打动人心的了。

节选自［奥］茨威格《世间最美的坟墓》，张厚仁译

作品36号

语音提示

（一）朗读时需要注意的必轻词：部分 bùfen、怎么 zěnme、似的 shìde、为什么 wèishénme、比方 bǐfang、在乎 zàihu、时候 shíhou、石头 shítou

（二）朗读时需要注意的“重·次轻”格式的词语：左边 zuǒ·biān、右边 yòu·biān、讲究 jiǎng·jiū、东边 dōng·biān、西边 xī·biān、宽敞 kuān·chǎng

（三）朗读时需要注意的儿化词和儿根词：那儿 nàr

（四）朗读时需要注意的其他词语：对称 duìchèn、苏州 Sūzhōu、园林 yuánlín、回廊 huíláng、池沼 chízhǎo、堆叠 duīdié、重峦叠嶂 chóngluán-diézhàng、生平 shēngpíng、丘壑 qiūhè、引用 yǐnyòng、景物 jǐngwù、布置 bùzhì、模样 múyàng、砌 qì、高低屈曲 gāodī qūqū、自然 zìrán、玲珑 línglóng

我国的建筑，从古代的宫殿到近代的一般住房，绝大部分是对称的，左边怎么样，右边怎么样。苏州园林可绝不讲究对称，好像故意避免似的。东边有了一个亭子或者一道回廊，西边决不会来一个同样的亭子或者一道同样的回廊。这是为什么？我想，用图画来比方，对称的建筑是图案画，不是美术画，而园林是美术画，美术画要求自然之趣，是不讲究对称的。

苏州园林里都有假山和池沼。

假山的堆叠，可以说是一项艺术而不仅是技术。或者是重峦叠嶂，或者是几座小山配合着竹子花木，全在乎设计者和匠师们生平多阅历，胸中有丘壑，才能使游览者攀登的时候忘却苏州城市，只觉得身在山间。

至于池沼，大多引用活水。有些园林池沼宽敞，就把池沼作为全园的中心，其他景物配合着布置。水面假如成河道模样，往往安排桥梁。假如安排两座以上的桥梁，那就一座一个样，决不雷同。

池沼或河道的边沿很少砌齐整的石岸，总是高低屈曲任其自然。还在那儿布置几块玲珑的石头，或者种些花草。这也是为了取得从各个角度看都成一幅画的效果。池沼里养着金鱼或各色鲤鱼，夏秋季节荷花或睡莲开‖放，游览者看“鱼戏莲叶间”，又是入画的一景。

节选自叶圣陶《苏州园林》

作品 37 号

语音提示

（一）朗读时需要注意的必轻词：老太太 lǎotàitai、为什么 wèishénme

（二）朗读时需要注意的“重·次轻”格式的词语：脸上 liǎn · shàng、钉上 dìng · shàng、洒脱 sǎ · tuō、看起来 kàn qǐ · lái

（三）朗读时需要注意的儿化词和儿根词：无

（四）朗读时需要注意的其他词语：女作家 nǚzuòjiā、纽约 Niǔyuē、穿着 chuānzhuó、神情 shénqíng、烦恼 fánnǎo、更令 gènglìng、耶稣 Yēsū、钉 dìng、十字架 shízìjià、糟糕 zāogāo、正常 zhèngcháng、境地 jìngdì、咸宁 Xiánníng、侄 zhí、仍 réng、为 wèi、澄明 chéngmíng、境界 jìngjiè、胸襟 xiōngjīn、磨难 mónàn、坦荡 tǎndàng、从容 cóngróng、童子 tóngzǐ、向往 xiàngwǎng、生命 shēngmìng、浸泡 jìnpào

一位访美中国女作家，在纽约遇到一位卖花的老太太。老太太穿着破旧，身体虚弱，但脸上的神情却是那样祥和兴奋。女作家挑了一朵花说：“看起来，你很高兴。”老太太面带微笑地说：“是的，一切都这么美好，我为什么不高兴呢?”“对烦恼，你倒真能看得开。”女作家又说了一句。没料到，老太太的回答更令女作家大吃一惊：“耶稣在星期五被钉上十字架时，是全世界最糟糕的一天，可三天后就是复活节。所以，当我遇到不幸时，就会等待三天，这样一切就恢复正常了。”

“等待三天”，多么富于哲理的话语，多么乐观的生活方式。它把烦恼和痛苦抛下，全力去收获快乐。

沈从文在“文革”期间，陷入了非人的境地。可他毫不在意，他在咸宁时给他的表侄、画家黄永玉写信说：“这里的荷花真好，你若来……”身陷苦难却仍为荷花的盛开欣喜赞叹不已，这是一种趋于澄明的境界，一种旷达洒脱的胸襟，一种面临磨难坦荡从容的气度，一种对生活童子般的热爱和对美好事物无限向往的生命情感。

由此可见，影响一个人快乐的，有时并不是困境及磨难，而是一个人的心态。如果把自己浸泡在积极、乐观、向上的心态中，快乐必然会‖占据你的每一天。

节选自《态度创造快乐》

作品 38 号

语音提示

（一）朗读时需要注意的必轻词：云彩 yúncai、想头 xiǎngtou、似的 shide

（二）朗读时需要注意的“重·次轻”格式的词语：看不到 kàn · bùdào、赶上 gǎn · shàng、显得 xiǎn · dé、眉目 méi · mù、早晨 zǎo · chén、爬上山去 pá · shàng shān · qù、下面 xià · miàn

（三）朗读时需要注意的儿化词和儿根词：味儿 wèir、有点 yǒu diǎnr、丝儿 sīr、山根儿 shāngēnr、这儿 zhèr

（四）朗读时需要注意的其他词语：极顶 jídǐng、壮观 zhuàngguān、奇景 qíjǐng、寡淡 guǎdàn、难得 nándé、素常 sùcháng、腾腾 téngténg、独尊 dúzūn、露出 lòuchū、岱宗坊 Dàizōngfāng、斗母宫 Dǒumǔgōng、经石峪 Jīngshíyù、一层 yīcéng、吕祖殿 Lǚzǔdiàn、明塑 míngsù、生气 shēngqì、不禁 bùjīn、柏洞 Bǎidòng、露

面 lòumiàn、对峙 duìzhì、奇形怪状 qíxíng-guàizhuàng、稿本 gǎoběn

泰山极顶看日出，历来被描绘成十分壮观的奇景。有人说：登泰山而看不到日出，就像一出大戏没有戏眼，味儿终究有点寡淡。

我去爬山那天，正赶上个难得的好天，万里长空，云彩丝儿都不见。素常，烟雾腾腾的山头，显得眉目分明。同伴们都欣喜地说："明天早晨准可以看见日出了。"我也是抱着这种想头，爬上山去。

一路从山脚往上爬，细看山景，我觉得挂在眼前的不是五岳独尊的泰山，却像一幅规模惊人的青绿山水画，从下面倒展开来。在画卷中最先露出的是山根底那座明朝建筑岱宗坊，慢慢地便现出王母池、斗母宫、经石峪。山是一层比一层深，一叠比一叠奇，层层叠叠，不知还会有多深多奇。万山丛中，时而点染着极其工细的人物。王母池旁的吕祖殿里有不少尊明塑，塑着吕洞宾等一些人，姿态神情是那样有生气，你看了，不禁会脱口赞叹说："活啦。"

画卷继续展开，绿阴森森的柏洞露面不太久，便来到对松山。两面奇峰对峙着，满山峰都是奇形怪状的老松，年纪怕都有上千岁了，颜色竟那么浓，浓得好像要流下来似的。来到这儿，你不妨权当一次画里的写意人物，坐在路旁的对松亭里，看看山色，听听流 ‖ 水和松涛。

一时间，我又觉得自己不仅是在看画卷，却又像是在零零乱乱翻着一卷历史稿本。

节选自杨朔《泰山极顶》

作品 39 号

语音提示

（一）朗读时需要注意的必轻词：学生 xuésheng、那么 nàme、接过 jiēguo、眼睛 yǎnjing、欺负 qīfu、认识 rènshi

（二）朗读时需要注意的"重・次轻"格式的词语：班上 bān・shàng、因为 yīn・wèi、手里 shǒu・lǐ、错误 cuò・wù

（三）朗读时需要注意的儿化词和儿根词：无

（四）朗读时需要注意的其他词语：王友 Wángyǒu、砸 zá、当即 dāngjí、喝止 hèzhǐ、已经 yǐ jīng、挨训 áixùn、奖给 jiǎnggěi、惊疑 jīngyí、立即 lìjí、尊重 zūnzhòng、更 gèng、塞到 sāidào、男生 nánshēng、女生 nǚshēng、正直 zhèngzhí、善良 shànliáng、奖励你啊 jǐnglì nǐ a（"啊"变读为 ya）、同学啊 tóngxué a（"啊"变读为 ya）

育才小学校长陶行知在校园看到学生王友用泥块砸自己班上的同学，陶行知当即喝止了他，并令他放学后到校长室去。无疑，陶行知是要好好教育这个"顽皮"的学生。那么他是如何教育的呢？

放学后，陶行知来到校长室，王友已经等在门口准备挨训了。可一见面，陶行知却掏出一块糖果送给王友，并说："这是奖给你的，因为你按时来到这里，而我却迟到了。"王友惊疑地接过糖果。

随后，陶行知又掏出一块糖果放到他手里，说："这第二块糖果也是奖给你的，因为当我不让你再打人时，你立即就住手了，这说明你很尊重我，我应该奖你。”王友更惊疑了，他眼睛睁得大大的。

陶行知又掏出第三块糖果塞到王友手里，说：“我调查过了，你用泥块砸那些男生，是因为他们不守游戏规则，欺负女生；你砸他们，说明你很正直善良，且有批评不良行为的勇气，应该奖励你啊！”王友感动极了，他流着眼泪后悔地喊道：“陶……陶校长你打我两下吧！我砸的不是坏人，而是自己的同学啊……”

陶行知满意地笑了，他随即掏出第四块糖果递给王友，说：“为你正确地认识错误，我再奖给你一块糖果，只可惜我只有这一块糖果了。我的糖果‖没有了，我看我们的谈话也该结束了吧！”说完，就走出了校长室。

节选自《教师博览·百期精华》中《陶行知的“四块糖果”》

作品 40 号

语音提示

（一）朗读时需要注意的必轻词：耳朵 ěrduo、见过 jiànguo、时候 shíhou、什么 shénme、喜欢 xǐhuan、似的 shìde、绸子 chóuzi

（二）朗读时需要注意的“重·次轻”格式的词语：已经 yǐ · jīng、过去 guò · qù、露水 lù · shuǐ、世上 shì · shàng

（三）朗读时需要注意的儿化词和儿根词：无

（四）朗读时需要注意的其他词语：幸福 xìngfú、自然而然 zìrán'érrán、感官 gǎnguān、韵律 yùnlǜ、孪生 luánshēng、相傍相依 xiāngbàng xiāngyī、南辕北辙 nányuán-běizhé、震颤 zhènchàn、倾听 qīngtīng、频率 pínlǜ、想象 xiǎngxiàng、那样 nàyàng、鬃毛 zōngmáo、步履 bùlǚ、瞻前顾后 zhānqián-gùhòu、预报 yùbào、蝗灾 huángzāi、瘟疫 wēnyì、征兆 zhēngzhào、朦胧 ménglóng、拧 nǐng、朴素 pǔsù、光芒 guāngmáng、喧嚣 xuānxiāo、温馨 wēnxīn、幸福啊 xìngfú a（“啊”变读为 wa）

享受幸福是需要学习的，当它即将来临的时刻需要提醒。人可以自然而然地学会感官的享乐，却无法天生地掌握幸福的韵律。灵魂的快意同器官的舒适像一对孪生兄弟，时而相傍相依，时而南辕北辙。

幸福是一种心灵的震颤。它像会倾听音乐的耳朵一样，需要不断地训练。

简而言之，幸福就是没有痛苦的时刻。它出现的频率并不像我们想象的那样少。人们常常只是在幸福的金马车已经驶过去很远时，才拣起地上的金鬃毛说，原来我见过它。

人们喜爱回味幸福的标本，却忽略它披着露水散发清香的时刻。那时候我们往往步履匆匆，瞻前顾后不知在忙着什么。

世上有预报台风的，有预报蝗灾的，有预报瘟疫的，有预报地震的。没有人预报幸福。

其实幸福和世界万物一样，有它的征兆。

幸福常常是朦胧的，很有节制地向我们喷洒甘霖。你不要总希望轰轰烈烈的幸福，它多半只是悄悄地扑面而来。你也不要企图把水龙头拧得更大，那样它会很快地流失。你需要静静地以平和之心，体验它的真谛。

幸福绝大多数是朴素的。它不会像信号弹似的，在很高的天际闪烁红色的光芒。它披着本色的外衣，亲‖切温暖地包裹起我们。

幸福不喜欢喧嚣浮华，它常常在暗淡中降临。贫困中相濡以沫的一块糕饼，患难中心心相印的一个眼神，父亲一次粗糙的抚摸，女友一张温馨的字条……这都是千金难买的幸福啊。像一粒粒缀在旧绸子上的红宝石，在凄凉中愈发熠熠夺目。

节选自毕淑敏《提醒幸福》

作品41号

语音提示

（一）朗读时需要注意的必轻词：男孩子 nánháizi、喜欢 xǐhuan、这个 zhège、那么 nàme、妈妈 māma、我们 wǒmen、铲子 chǎnzi、时候 shíhou、什么 shénme、名字 míngzi

（二）朗读时需要注意的“重·次轻”格式的词语：看见 kàn·jiàn、没有 méi·yǒu、出去 chū·qù

（三）朗读时需要注意的儿化词和儿根词：塑料盒 sùliàohér、椰子壳 yēzikér、胡同 hútòngr、男孩儿 nánháir、卖劲 màijìnr、小男孩儿 xiǎonánháir、脸蛋儿 liǎndànr

（四）朗读时需要注意的其他词语：里约热内卢 Lǐyuērènèilú、贫民窟 pínmínkū、足球 zúqiú、空地 kòngdì、干涸 gānhé、猛 měng、膀胱 pángguāng、远处 yuǎnchù、随意 suíyì、水桶 shuǐtǒng、圣诞 Shèngdàn、恩人 ēnrén、祈祷 qídǎo、别墅 biéshù、坑 kēng、您 nín、捧 pěng

在里约热内卢的一个贫民窟里，有一个男孩子，他非常喜欢足球，可是又买不起，于是就踢塑料盒，踢汽水瓶，踢从垃圾箱里拣来的椰子壳。他在胡同里踢，在能找到的任何一片空地上踢。

有一天，当他在一处干涸的水塘里猛踢一个猪膀胱时，被一位足球教练看见了。他发现这个男孩儿踢得很像是那么回事，就主动提出要送给他一个足球。小男孩儿得到足球后踢得更卖劲了。不久，他就能准确地把球踢进远处随意摆放的一个水桶里。

圣诞节到了，孩子的妈妈说：“我们没有钱买圣诞礼物送给我们的恩人，就让我们为他祈祷吧。”

小男孩儿跟随妈妈祈祷完毕，向妈妈要了一把铲子便跑了出去。他来到一座别墅前的花园里，开始挖坑。

就在他快要挖好坑的时候，从别墅里走出一个人来，问小孩儿在干什么，孩子抬起满是汗珠的脸蛋儿，说：“教练，圣诞节到了，我没有礼物送给您，我愿给您的圣诞树挖一个树坑。”

教练把小男孩儿从树坑里拉上来，说，我今天得到了世界上最好的礼物。明天你就到我的训练场去吧。

三年后，这位十七岁的男孩儿在第六届足球锦标赛上独进二十一球，为巴西第一次捧回了金杯。一个原来不‖为世人所知的名字——贝利，随之传遍世界。

节选自刘燕敏《天才的造就》

作品42号

语音提示

（一）朗读时需要注意的必轻词：丈夫 zhàngfu、亲戚 qīnqi、东西 dōngxi、明白了 míngbaile、椅子 yǐzi、

枕头 zhěntou、抓挠 zhuānao、招呼 zhāohu、朋友 péngyou

（二）朗读时需要注意的“重・次轻”格式的词语：记得 jì・dé、母亲 mǔ・qīn、没有 méi・yǒu、拿出 ná・chū、做出 zuò・chū、知道 zhī・dào、下去 xià・qù、荒唐 huāng・táng、上面 shàng・miàn、力量 lì・liàng

（三）朗读时需要注意的儿化词和儿根词：一小块儿 yīxiǎokuàir、一点 yīdiǎnr

（四）朗读时需要注意的其他词语：耐斯城 Nàisī Chéng、经常 jīngcháng、令人吃惊 lìng rén chījīng、素食者 sùshízhě、真正 zhēnzhèng、美蒙旅馆 Měiménglǚguǎn、嘴唇 zuǐchún、发灰 fāhuī、摄取 shèqǔ、糖尿病 tángniàobìng、赢得 yíngdé、乒乓球 pīngpāngqiú、憧憬 chōngjǐng、梦 mèng、竞争 jìngzhēng、辗转 zhǎnzhuǎn、伦敦 Lúndūn、绿黑 lǜhēi、十字绶带 shízìshòudài、终身 zhōngshēn

记得我十三岁时，和母亲住在法国东南部的耐斯城。母亲没有丈夫，也没有亲戚，够清苦的，但她经常能拿出令人吃惊的东西，摆在我面前。她从来不吃肉，一再说自己是素食者。然而有一天，我发现母亲正仔细地用一小块碎面包擦那给我煎牛排用的油锅。我明白了她称自己为素食者的真正原因。

我十六岁时，母亲成了耐斯市美蒙旅馆的女经理。这时，她更忙碌了。一天，她瘫在椅子上，脸色苍白，嘴唇发灰。马上找来医生，作出诊断：她摄取了过多的胰岛素。直到这时我才知道母亲多年一直对我隐瞒的疾痛——糖尿病。

她的头歪向枕头一边，痛苦地用手抓挠胸口。床架上方，则挂着一枚我一九三二年赢得耐斯市少年乒乓球冠军的银质奖章。

啊，是对我的美好前途的憧憬支撑着她活下去，为了给她那荒唐的梦至少加一点真实的色彩，我只能继续努力，与时间竞争，直至一九三八年我被征入空军。巴黎很快失陷，我辗转调到英国皇家空军。刚到英国就接到了母亲的来信。这些信是由在瑞士的一个朋友秘密地转到伦敦，送到我手中的。

现在我要回家了，胸前佩带着醒目的绿黑两色的解放十字绶 ‖ 带，上面挂着五六枚我终身难忘的勋章，肩上还佩带着军官肩章。到达旅馆时，没有一个人跟我打招呼。原来，我母亲在三年半以前就已经离开人间了。

在她死前的几天中，她写了近二百五十封信，把这些信交给她在瑞士的朋友，请这个朋友定时寄给我。就这样，在母亲死后的三年半的时间里，我一直从她身上吸取着力量和勇气——这使我能够继续战斗到胜利那一天。

节选自［法］罗曼・加里《我的母亲独一无二》

作品 43 号

语音提示

（一）朗读时需要注意的必轻词：事情 shìqing、时候 shíhou、休息 xiūxi、丈夫 zhàngfu

（二）朗读时需要注意的“重・次轻”格式的词语：已经 yǐ・jīng、那里 nà・lǐ、身份 shēn・fèn、力量 lì・liàng

（三）朗读时需要注意的儿化词和儿根词：女儿 nǚ’ér

（四）朗读时需要注意的其他词语：坚韧不拔 jiānrèn-bùbá、精神 jīngshén、信心 xìnxīn、才能 cáinéng、蚕 cán、结茧 jiéjiǎn、执著 zhízhuó、相似 xiāngsi、努力 nǔlì、整个 zhěnggè、专心致志 zhuānxīn-zhìzhì、梦幻 mènghuàn、镭 léi、竭力 jiélì、宁静 níngjìng、盛名 shèngmíng、拖累 tuōlěi、奢望 shēwàng、沉醉 chénzuì

生活对于任何人都非易事，我们必须有坚韧不拔的精神。最要紧的，还是我们自己要有信心。我们必须相信，我们对每一件事情都具有天赋的才能，并且，无论付出任何代价，都要把这件事完成。当事情结束的时候，你要能问心无愧地说："我已经尽我所能了。"

有一年的春天，我因病被迫在家里休息数周。我注视着我的女儿们所养的蚕正在结茧，这使我很感兴趣。望着这些蚕执著地、勤奋地工作，我感到我和它们非常相似。像它们一样，我总是耐心地把自己的努力集中在一个目标上。我之所以如此，或许是因为有某种力量在鞭策着我——正如蚕被鞭策着去结茧一般。

近五十年来，我致力于科学研究，而研究，就是对真理的探讨。我有许多美好快乐的记忆。少女时期我在巴黎大学，孤独地过着求学的岁月；在后来献身科学的整个时期，我丈夫和我专心致志，像在梦幻中一般，坐在简陋的书房里艰辛地研究，后来我们就在那里发现了镭。

我永远追求安静的工作和简单的家庭生活。为了实现这个理想，我竭力保持宁静的环境，以免受人事的干扰和盛名的拖累。

我深信，在科学方面我们有对事业而不是 ‖ 对财富的兴趣。我的惟一奢望是在一个自由国家中，以一个自由学者的身份从事研究工作。

我一直沉醉于世界的优美之中，我所热爱的科学也不断增加它崭新的远景。我认定科学本身就具有伟大的美。

节选自［波兰］玛丽·居里《我的信念》，剑捷译

作品44号

语音提示

（一）朗读时需要注意的必轻词：为什么 wèishénme、喜欢 xǐhuan、学生 xuésheng、东西 dōngxi、知识 zhīshi

（二）朗读时需要注意的"重·次轻"格式的词语：因为 yīn · wèi、成分 chéng · fèn、身上 shēn · shàng

（三）朗读时需要注意的儿化词和儿根词：无

（四）朗读时需要注意的其他词语：教书 jiāoshū、提供 tígōng、素质 sùzhì、多种多样 duōzhǒng-duōyàng、品尝 pǐncháng、象牙塔 xiàngyátǎ、教学 jiàoxué、真正 zhēnzhèng、成长 chéngzhǎng、创造 chuàngzào、恰似 qiàsì、赋予 fùyǔ、目睹 mùdǔ、迷津 míjīn、冥顽不灵 míngwán-bùlíng、泥块 níkuài、炽爱 chì'ài、勃发 bófā

我为什么非要教书不可？是因为我喜欢当教师的时间安排表和生活节奏。七、八、九三个月给我提供了进行回顾、研究、写作的良机，并将三者有机融合，而善于回顾、研究和总结正是优秀教师素质中不可缺少的成分。

干这行给了我多种多样的"甘泉"去品尝，找优秀的书籍去研读，到"象牙塔"和实际世界里去发现。教学工作给我提供了继续学习的时间保证，以及多种途径、机遇和挑战。

然而，我爱这一行的真正原因，是爱我的学生。学生们在我的眼前成长、变化。当教师意味着亲历"创造"过程的发生——恰似亲手赋予一团泥土以生命，没有什么比目睹它开始呼吸更激动人心的了。

权利我也有了：我有权利去启发诱导，去激发智慧的火花，去问费心思考的问题，去赞

扬回答的尝试，去推荐书籍，去指点迷津。还有什么别的权利能与之相比呢？

而且，教书还给我金钱和权利之外的东西，那就是爱心。不仅有对学生的爱，对书籍的爱，对知识的爱，还有教师才能感受到的对“特别”学生的爱。这些学生，有如冥顽不灵的泥块，由于接受了老师的炽爱才勃发了生机。

所以，我爱教书，还因为，在那些勃发生机的“特‖别”学生身上，我有时发现自己和他们呼吸相通，忧乐与共。

节选自［美］彼得·基·贝得勒《我为什么当教师》

作品 45 号

语音提示

（一）朗读时需要注意的必轻词：出土过 chūtǔguo

（二）朗读时需要注意的“重·次轻”格式的词语：资格 zī · gé

（三）朗读时需要注意的儿化词和儿根词：无

（四）朗读时需要注意的其他词语：秦岭 Qínlǐng、自治区 zìzhìqū、广袤 guǎngmào、面积 miànjī、为 wéi、元谋人 Yuánmóurén、东西方 dōng-xīfāng、融合 rónghé、驼铃声声 tuólíng-shēngshēng、佛院深寺 fó yuàn-shēnsì、暮鼓晨钟 mùgǔ-chénzhōng、敦煌 Dūnhuáng、莫高窟 Mògāokū、兼收并蓄 jiānshōu-bìngxù、恢宏 huīhóng、兵马俑 bīngmǎyǒng、王陵 wánglíng、瞩目 zhǔmù、象征 xiàngzhēng、民族 mínzú、集萃地 jícuìdì、偏远 piānyuǎn、仍 réng、充分 chōngfèn

中国西部我们通常是指黄河与秦岭相连一线以西，包括西北和西南的十二个省、市、自治区。这块广袤的土地面积为五百四十六万平方公里，占国土总面积的百分之五十七；人口二点八亿，占全国总人口的百分之二十三。

西部是华夏文明的源头。华夏祖先的脚步是顺着水边走的：长江上游出土过元谋人牙齿化石，距今约一百七十万年；黄河中游出土过蓝田人头盖骨，距今约七十万年。这两处古人类都比距今约五十万年的北京猿人资格更老。

西部地区是华夏文明的重要发源地。秦皇汉武以后，东西方文化在这里交汇融合，从而有了丝绸之路的驼铃声声，佛院深寺的暮鼓晨钟。敦煌莫高窟是世界文化史上的一个奇迹，它在继承汉晋艺术传统的基础上，形成了自己兼收并蓄的恢宏气度，展现出精美绝伦的艺术形式和博大精深的文化内涵。秦始皇兵马俑、西夏王陵、楼兰古国、布达拉宫、三星堆、大足石刻等历史文化遗产，同样为世界所瞩目，成为中华文化重要的象征。

西部地区又是少数民族及其文化的集萃地，几乎包括了我国所有的少数民族。在一些偏远的少数民族地区，仍保留‖了一些久远时代的艺术品种，成为珍贵的“活化石”，如纳西古乐、戏曲、剪纸、刺绣、岩画等民间艺术和宗教艺术。特色鲜明、丰富多彩，犹如一个巨大的民族民间文化艺术宝库。

我们要充分重视和利用这些得天独厚的资源优势，建立良好的民族民间文化生态环境，为西部大开发作出贡献。

节选自《中考语文课外阅读试题精选》中《西部文化和西部开发》

作品46号

语音提示

（一）朗读时需要注意的必轻词：看得到 kàndedào、摸得着 mōdezháo、难得多 nándeduō、美妙得多 měimiàodeduō、久远得多 jiǔyuándeduó

（二）朗读时需要注意的“重·次轻”格式的词语：情绪 qíng · xù、容易 róng · yì、别人 bié · rén、力量 lì · liàng

（三）朗读时需要注意的儿化词和儿根词：一点儿 yīdiǎnr

（四）朗读时需要注意的其他词语：高兴 gāoxìng、尊重 zūnzhòng、概括性 gàikuòxìng、生存 shēngcún、先验 xiānyàn、根脉 gēnmài、朦胧 ménglóng、隐秘 yǐnmì、预兆 yùzhào、形而上 xíng'érshàng、境界 jìngjiè、悲天悯人 bēitiān-mǐnrén、宽容 kuānróng、饱经沧桑 bǎojīng-cāngsāng、光明 guāngmíng、成熟 chéngshú、烦恼 fánnǎo、庸俗 yōngsú、澄澈 chéngchè、抹 mǒ

高兴，这是一种具体的被看得到摸得着的事物所唤起的情绪。它是心理的，更是生理的。它容易来也容易去，谁也不应该对它视而不见失之交臂，谁也不应该总是做那些使自己不高兴也使旁人不高兴的事。让我们说一件最容易做也最令人高兴的事吧，尊重你自己，也尊重别人，这是每一个人的权利，我还要说这是每一个人的义务。

快乐，它是一种富有概括性的生存状态、工作状态。它几乎是先验的，它来自生命本身的活力，来自宇宙、地球和人间的吸引，它是世界的丰富、绚丽、阔大、悠久的体现。快乐还是一种力量，是埋在地下的根脉。消灭一个人的快乐比挖掘掉一棵大树的根要难得多。

欢欣，这是一种青春的、诗意的情感。它来自面向着未来伸开双臂奔跑的冲力，它来自一种轻松而又神秘、朦胧而又隐秘的激动，它是激情即将到来的预兆，它又是大雨过后的比下雨还要美妙得多也久远得多的回味……

喜悦，它是一种带有形而上色彩的修养和境界。与其说它是一种情绪，不如说它是一种智慧、一种超拔、一种悲天悯人的宽容和理解，一种饱经沧桑的充实和自信，一种光明的理性，一种坚定 ‖ 的成熟，一种战胜了烦恼和庸俗的清明澄澈。它是一潭清水，它是一抹朝霞，它是无边的平原，它是沉默的地平线。多一点儿、再多一点儿喜悦吧，它是翅膀，也是归巢。它是一杯美酒，也是一朵永远开不败的莲花。

节选自王蒙《喜悦》

作品47号

语音提示

（一）朗读时需要注意的必轻词：热闹 rènao、地方 dìfang、合同 hétong、人们 rénmen

（二）朗读时需要注意的“重·次轻”格式的词语：起来 qǐ · lái、下面 xià · miàn、上面 shàng · miàn、底下 dǐ · xià、前面 qián · miàn、想不到 xiǎng · bùdào

（三）朗读时需要注意的儿化词和儿根词：这儿 zhèr、那儿 nàr

（四）朗读时需要注意的其他词语：湾仔 wānzǎi、粗 cū、香港 Xiānggǎng、沧桑 cāngsāng、见证 jiànzhèng、砍伐 kǎnfá、挪 nuó、精心 jīngxīn、成千上万 chéngqiān-shàngwàn、腾 téng、直径 zhíjìng、再在

zàizài、堪称 kānchēng、昂贵 ánguì、乘 chéng、顶层 dǐngcéng、面前 miànqián、树干 shùgàn、树冠 shùguān、圃 pǔ、此情此景 cǐqíng cǐjǐng

在湾仔，香港最热闹的地方，有一棵榕树，它是最贵的一棵树，不光在香港，在全世界，都是最贵的。

树，活的树，又不卖何言其贵？只因它老，它粗，是香港百年沧桑的活见证，香港人不忍看着它被砍伐，或者被移走，便跟要占用这片山坡的建筑者谈条件：可以在这儿建大楼盖商厦，但一不准砍树，二不准挪树，必须把它原地精心养起来，成为香港闹市中的一景。太古大厦的建设者最后签了合同，占用这个大山坡建豪华商厦的先决条件是同意保护这棵老树。

树长在半山坡上，计划将树下面的成千上万吨山石全部掏空取走，腾出地方来盖楼，把树架在大楼上面，仿佛它原本是长在楼顶上似的。建设者就地造了一个直径十八米、深十米的大花盆，先固定好这棵老树，再在大花盆底下盖楼。光这一项就花了两千三百八十九万港币，堪称是最昂贵的保护措施了。

太古大厦落成之后，人们可以乘滚动扶梯一次到位，来到太古大厦的顶层，出后门，那儿是一片自然景色。一棵大树出现在人们面前，树干有一米半粗，树冠直径足有二十多米，独木成林，非常壮观，形成一座以它为中心的小公园，取名叫“榕圃”。树前面 ‖ 插着铜牌，说明原由。此情此景，如不看铜牌的说明，绝对想不到巨树根底下还有一座宏伟的现代大楼。

节选自舒乙《香港：最贵的一棵树》

作品 48 号

语音提示

（一）朗读时需要注意的必轻词：一部分 yībùfen、朋友 péngyou、它们 tāmen、影子 yǐngzi、那个 nàge、地方 dìfang、热闹 rènao、眼睛 yǎnjing

（二）朗读时需要注意的“重·次轻”格式的词语：机会 jī · huì、数不清 shǔ · bùqīng、地上 dì · shàng、上面 shàng · miàn、岸上 àn · shàng、上去 shàng · qù、这里 zhè · lǐ、听见 tīng · jiàn、那里 nà · lǐ、看不见 kàn · bùjiàn、第二天 dì · èrtiān、早晨 zǎo · chén

（三）朗读时需要注意的儿化词和儿根词：一点儿 yīdiǎnr

（四）朗读时需要注意的其他词语：船 chuán、面目 miànmù、丫枝 yāzhī、远处 yuǎnchù、簇 cù、缝隙 fèngxì、颤动 chàndòng、南国 nánguó、泊 bó、窝 wō、农民 nóngmín、捉 zhuō、扑翅 pū chì、拨 bō、清静 qīngjìng

我们的船渐渐地逼近榕树了。我有机会看清它的真面目：是一棵大树，有数不清的丫枝，枝上又生根，有许多根一直垂到地上，伸进泥土里。一部分树枝垂到水面，从远处看，就像一棵大树斜躺在水面上一样。

现在正是枝繁叶茂的时节。这棵榕树好像在把它的全部生命力展示给我们看。那么多的绿叶，一簇堆在另一簇的上面，不留一点儿缝隙。翠绿的颜色明亮地在我们的眼前闪耀，似乎每一片树叶上都有一个新的生命在颤动，这美丽的南国的树！

船在树下泊了片刻，岸上很湿，我们没有上去。朋友说这里是“鸟的天堂”，有许多鸟在这棵树上做窝，农民不许人去捉它们。我仿佛听见几只鸟扑翅的声音，但是等到我的眼睛注意地看那里时，我却看不见一只鸟的影子。只有无数的树根立在地上，像许多根木桩。地是湿的，大概涨潮时河水常常冲上岸去。“鸟的天堂”里没有一只鸟，我这样想到。船开了，一个朋友拨着船，缓缓地流到河中间去。

第二天，我们划着船到一个朋友的家乡去，就是那个有山有塔的地方。从学校出发，我们又经过那“鸟的天堂”。

这一次是在早晨，阳光照在水面上，也照在树梢上。一切都 ‖ 显得非常光明。我们的船也在树下泊了片刻。

起初四周围非常清静。后来忽然起了一声鸟叫。我们把手一拍，便看见一只大鸟飞了起来，接着又看见第二只，第三只。我们继续拍掌，很快地这个树林就变得很热闹了。到处都是鸟声，到处都是鸟影。大的，小的，花的，黑的，有的站在枝上叫，有的飞起来，在扑翅膀。

节选自巴金《小鸟的天堂》

作品 49 号

语音提示

（一）朗读时需要注意的必轻词：故事 gùshi、什么 shénme、东西 dōngxi、似的 shìde、种子 zhǒngzi、力气 lìqi、那么 nàme、为着 wèizhe

（二）朗读时需要注意的“重・次轻”格式的词语：多少 duō・shǎo、知道 zhī・dào、出来 chū・lái、力量 lì・liàng、容易 róng・yì、看见 kàn・jiàn、下面 xià・miàn、上面 shàng・miàn、看不见 kàn・bùjiàn、因为 yīn・wèi

（三）朗读时需要注意的儿化词和儿根词：一点儿 yīdiǎnr

（四）朗读时需要注意的其他词语：气力 qìlì、纷纭 fēnyún、金刚 jīngāng、头盖骨 tóugàigǔ、致密 zhìmì、解剖 jiěpōu、机械 jīxiè、所不能 suǒ bùnéng、如此如此 rúcǐ rúcǐ、笋 sǔn、成长 chéngzhǎng、瓦砾 wǎlì、向往 xiàngwǎng、如何 rúhé、曲曲折折 qūqū-zhézhé、透 tòu、往土壤钻 wǎng tǔrǎng zuān、掀翻 xiānfān、能屈能伸 néngqūnéngshēn、韧性 rènxìng

有这样一个故事。

有人问：世界上什么东西的气力最大？回答纷纭得很，有的说“象”，有的说“狮”，有人开玩笑似的说：是“金刚”，金刚有多少气力，当然大家全不知道。

结果，这一切答案完全不对，世界上气力最大的，是植物的种子。一粒种子所可以显现出来的力，简直是超越一切。

人的头盖骨，结合得非常致密与坚固，生理学家和解剖学者用尽了一切的方法，要把它完整地分出来，都没有这种力气。后来忽然有人发明了一个方法，就是把一些植物的种子放在要剖析的头盖骨里，给它以温度与湿度，使它发芽。一发芽，这些种子便以可怕的力量，将一切机械力所不能分开的骨骼，完整地分开了。植物种子的力量之大，如此如此。

这，也许特殊了一点儿，常人不容易理解。那么，你看见过笋的成长吗？你看见过被压在瓦砾和石块下面的一棵小草的生长吗？它为着向往阳光，为着达成它的生之意志，不管上面的石块如何重，石与石之间如何狭，它必定要曲曲折折地，但是顽强不屈地透到地面上来。它的根往土壤钻，它的芽往地面挺，这是一种不可抗拒的力，阻止它的石块，结果也被它掀翻，一粒种子的力量之大，‖如此如此。

没有一个人将小草叫做“大力士”，但是它的力量之大，的确是世界无比。这种力是一般人看不见的生命力。只要生命存在，这种力就要显现。上面的石块，丝毫不足以阻挡。因为它是一种“长期抗战”的力；有弹性，能屈能伸的力；有韧性，不达目的不止的力。

节选自夏衍《野草》

作品 50 号

语音提示

（一）朗读时需要注意的必轻词：那个 nàge、招呼 zhāohu、收拾 shōushi、客气 kèqi、明白 míngbai、事情 shìqing

（二）朗读时需要注意的“重·次轻”格式的词语：变得 biàn · dé、出来 chū · lái、进来 jìn · lái、道理 dào · lǐ

（三）朗读时需要注意的儿化词和儿根词：无

（四）朗读时需要注意的其他词语：著名 zhùmíng、曾经 céngjīng、青年人 qīngniánrén、向往成功 xiàngwǎng chéng-gōng、颇 pō、一分钟 yī fēnzhōng、让进 ràngjìn、景象 jǐngxiàng、井然有序 jǐngrán-yǒuxù、漾 yàng、满腹 mǎnfù、愣住 lèngzhù、尴尬 gāngà、您 nín、若有所思 ruòyǒusuǒsī、一饮而尽 yīyǐn'érjìn、人生 rénshēng

著名教育家班杰明曾经接到一个青年人的求救电话，并与那个向往成功、渴望指点的青年人约好了见面的时间和地点。

待那个青年如约而至时，班杰明的房门敞开着，眼前的景象却令青年人颇感意外——班杰明的房间里乱七八糟、狼藉一片。

没等青年人开口，班杰明就招呼道：“你看我这房间，太不整洁了，请你在门外等候一分钟，我收拾一下，你再进来吧。”一边说着，班杰明就轻轻地关上了房门。

不到一分钟的时间，班杰明就又打开了房门并热情地把青年人让进客厅。这时，青年人的眼前展现出另一番景象——房间内的一切已变得井然有序，而且有两杯刚刚倒好的红酒，在淡淡的香水气息里还漾着微波。

可是，没等青年人把满腹的有关人生和事业的疑难问题向班杰明讲出来，班杰明就非常客气地说道：“干杯。你可以走了。”

青年人手持酒杯一下子愣住了，既尴尬又非常遗憾地说：“可是，我……我还没向您请教呢……”

“这些……难道还不够吗？”班杰明一边微笑着，一边扫视着自己的房间，轻言细语地说，“你进来又有一分钟了。”

“一分钟……一分钟……”青年人若有所思地说：“我懂了，您让我明白了一分钟的时间可以做许‖多事情，可以改变许多事情的深刻道理。”

班杰明舒心地笑了。青年人把杯里的红酒一饮而尽，向班杰明连连道谢后，开心地走了。

其实，只要把握好生命的每一分钟，也就把握了理想的人生。

节选自纪广洋《一分钟》

作品51号

语音提示

（一）朗读时需要注意的必轻词：鼻子 bízi、得过 déguo、比方 bǐfang、妈妈 māma、喜欢 xǐhuan、似的 shìde

（二）朗读时需要注意的“重·次轻”格式的词语：因为 yīn · wèi、起来 qǐ · lái、别人 bié · rén、聪明 cōng · míng、班上 bān · shàng、喜鹊 xǐ · què、没有 méi · yǒu、生日 shēng · rì、醒来 xǐng · lái、跟前 gēn · qián

（三）朗读时需要注意的儿化词和儿根词：小男孩儿 xiǎonánháir、小孩儿 xiǎoháir、一点儿 yīdiǎnr

（四）朗读时需要注意的其他词语：塌 tā、损 sǔn、一次 yīcì、笑眯眯 xiàomīmī、捧 pěng、作文本 zuòwénběn、蹦蹦跳跳 bèngbèng-tiàotiào、灿烂 cànlàn、星期天 xīngqītiān、信封 xìnfēng、您 nín

有个塌鼻子的小男孩儿，因为两岁时得过脑炎，智力受损，学习起来很吃力。打个比方，别人写作文能写二三百字，他却只能写三五行。但即便这样的作文，他同样能写得很动人。

那是一次作文课，题目是《愿望》。他极其认真地想了半天，然后极认真地写，那作文极短。只有三句话：我有两个愿望，第一个是，妈妈天天笑眯眯地看着我说：“你真聪明。”第二个是，老师天天笑眯眯地看着我说：“你一点儿也不笨。”

于是，就是这篇作文，深深地打动了他的老师，那位妈妈式的老师不仅给了他最高分，在班上带感情地朗读了这篇作文，还一笔一画地批道：你很聪明，你的作文写得非常感人，请放心，妈妈肯定会格外喜欢你的，老师肯定会格外喜欢你的，大家肯定会格外喜欢你的。

捧着作文本，他笑了，蹦蹦跳跳地回家了，像只喜鹊。但他并没有把作文本拿给妈妈看，他是在等待，等待着一个美好的时刻。

那个时刻终于到了，是妈妈的生日——一个阳光灿烂的星期天：那天，他起得特别早，把作文本装在一个亲手做的美丽的大信封里，等着妈妈醒来。妈妈刚刚睁眼醒来，他就笑眯眯地走到妈妈跟前说：“妈妈，今天是您的生日，我要‖送给您一件礼物。”

果然，看着这篇作文，妈妈甜甜地涌出了两行热泪，一把搂住小男孩儿，搂得很紧很紧。

是的，智力可以受损，但爱永远不会。

节选自张玉庭《一个美丽的故事》

作品52号

语音提示

（一）朗读时需要注意的必轻词：时候 shíhou、我们 wǒmen、妈妈 māma、头发 tóufa、名字 míngzi、弟弟 dìdi、素净 sùjing、认识 rènshi、见过 jiànguo、清楚 qīngchu

（二）朗读时需要注意的“重·次轻”格式的词语：没有 méi · yǒu、外面 wài · miàn、后面 hòu · miàn、

下来 xià · lái、镇上 zhèn · shàng、看见 kàn · jiàn、记得 jì · dé

（三）朗读时需要注意的儿化词和儿根词：一点儿 yīdiǎnr、小男孩儿 xiǎonánháir、女孩儿 nǚháir

（四）朗读时需要注意的其他词语：远足 yuǎnzú、荒凉 huāngliáng、防风林 fángfēnglín、男生 nánshēng、女生 nǚshēng、酱油 jiàngyóu、短 duǎn、翁香玉 Wēngxiāngyù、竹荫 zhúyīn、炎热 yánrè、手帕 shǒupà、浸湿 jìnshī、肮脏 āngzāng、素净 sùjìng、白衣黑裙 bái yī hēi qún、家乡 jiāxiāng、仍然 réngrán、竟然 jìngrán

小学的时候，有一次我们去海边远足，妈妈没有做便饭，给了我十块钱买午餐。好像走了很久，很久，终于到海边了，大家坐下来便吃饭，荒凉的海边没有商店，我一个人跑到防风林外面去，级任老师要大家把吃剩的饭菜分给我一点儿。有两三个男生留下一点儿给我，还有一个女生，她的米饭拌了酱油，很香。我吃完的时候，她笑眯眯地看着我，短头发，脸圆圆的。

她的名字叫翁香玉。

每天放学的时候，她走的是经过我们家的一条小路，带着一位比她小的男孩儿，可能是弟弟。小路边是一条清澈见底的小溪，两旁竹阴覆盖，我总是远远地跟在她后面，夏日的午后特别炎热，走到半路她会停下来，拿手帕在溪水里浸湿，为小男孩儿擦脸。我也在后面停下来，把肮脏的手帕弄湿了擦脸，再一路远远跟着她回家。

后来我们家搬到镇上去了，过几年我也上了中学。有一天放学回家，在火车上，看见斜对面一位短头发、圆圆脸的女孩儿，一身素净的白衣黑裙。我想她一定不认识我了。火车很快到站了，我随着人群挤向门口，她也走近了，叫我的名字。这是她第一次和我说话。

她笑眯眯的，和我一起走过月台。以后就没有再见过‖她了。

这篇文章收在我出版的《少年心事》这本书里。

书出版后半年，有一天我忽然收到出版社转来的一封信，信封上是陌生的字迹，但清楚地写着我的本名。

信里面说她看到了这篇文章心里非常激动，没想到在离开家乡，漂泊异地这么久之后，会看见自己仍然在一个人的记忆里，她自己也深深记得这其中的每一幕，只是没想到越过遥远的时空，竟然另一个人也深深记得。

选自苦伶《永远的记忆》

作品 53 号

语音提示

（一）朗读时需要注意的必轻词：头发 tóufa、什么 shénme、看看 kànkan、晚上 wǎnshang、那个 nàge、先生 xiānsheng、为什么 wèishénme、胡子 húzi、怎么 zěnme、人们 rénmen、这么 zhème

（二）朗读时需要注意的“重 · 次轻”格式的词语：上面 shàng · miàn、看不见 kàn · bùjiàn、街上 jiē · shàng、老人家 lǎo · rén · jiā、脸上 liǎn · shàng

（三）朗读时需要注意的儿化词和儿根词：无

（四）朗读时需要注意的其他词语：衣衫褴褛 yīshānlánlǚ、乞丐 qǐgài、让 · 彼浩勒 Ràng Bǐhàolè、、神情 shénqíng、浓厚 nónghòu、感情 gǎnqíng、绿树 lǜshù、莺歌燕舞 yīnggē-yànwǔ、良辰美景 liángchén měijǐng、万紫千红 wànzǐ-qiānhóng

在繁华的巴黎大街的路旁，站着一个衣衫褴褛、头发斑白、双目失明的老人。他不像其他乞丐那样伸手向过路行人乞讨，而是在身旁立一块木牌，上面写着："我什么也看不见！"街上过往的行人很多，看了木牌上的字都无动于衷，有的还淡淡一笑，便姗姗而去了。

这天中午，法国著名诗人让·彼浩勒也经过这里。他看看木牌上的字，问盲老人："老人家，今天上午有人给你钱吗？"

盲老人叹息着回答："我，我什么也没有得到。"说着，脸上的神情非常悲伤。

让·彼浩勒听了，拿起笔悄悄地在那行字的前面添上了"春天到了，可是"几个字，就匆匆地离开了。

晚上，让·彼浩勒又经过这里，问那个盲老人下午的情况。盲老人笑着回答说："先生，不知为什么，下午给我钱的人多极了！"让·彼浩勒听了，摸着胡子满意地笑了。

"春天到了，可是我什么也看不见！"这富有诗意的语言，产生这么大的作用，就在于它有非常浓厚的感情色彩。是的，春天是美好的，那蓝天白云，那绿树红花，那莺歌燕舞，那流水人家，怎么不叫人陶醉呢？但这良辰美景，对于一个双目失明的人来说，只是一片漆黑。当人们想到这个盲老人，一生中竟连万紫千红的春天‖都不曾看到，怎能不对他产生同情之心呢？

节选自小学《语文》第六册中《语言的魅力》

作品54号

语音提示

（一）朗读时需要注意的必轻词：朋友 péngyou、意思 yìsi

（二）朗读时需要注意的"重·次轻"格式的词语：纸上 zhǐ · shàng、起来 qǐ · lái、上面 shàng · miàn、哪里 nǎ · lǐ、里面 lǐ · miàn

（三）朗读时需要注意的儿化词和儿根词：一点儿 yīdiǎnr、一会儿 yīhuìr

（四）朗读时需要注意的其他词语：一幅 yīfú、曰 yuē、当 dàng、肉 ròu、茫然 mángrán、要诀 yàojué、功名利禄 gōngmíng lìlù、荣辱 róngrǔ、随遇而安 suíyù'ér'ān、充足 chōngzú、安逸 ānyì、体魄 tǐpò、气血 qìxuè、粗茶淡饭 cūchá-dànfàn、勉强 miǎnqiǎng、下咽 xiàyàn、仍然 réngrán

有一次，苏东坡的朋友张鹗拿着一张宣纸来求他写一幅字，而且希望他写一点儿关于养生方面的内容。苏东坡思索了一会儿，点点头说："我得到了一个养生长寿古方，药只有四味，今天就赠给你吧。"于是，东坡的狼毫在纸上挥洒起来，上面写着："一曰无事以当贵，二曰早寝以当富，三曰安步以当车，四曰晚食以当肉。"

这哪里有药？张鹗一脸茫然地问。苏东坡笑着解释说，养生长寿的要诀，全在这四句里面。

所谓"无事以当贵"，是指人不要把功名利禄、荣辱过失考虑得太多，如能在情志上潇洒大度，随遇而安，无事以求，这比富贵更能使人终其天年。

"早寝以当富"，指吃好穿好、财货充足，并非就能使你长寿。对老年人来说，养成良好的起居习惯，尤其是早睡早起，比获得任何财富更加宝贵。

"安步以当车"，指人不要过于讲求安逸、肢体不劳，而应多以步行来替代骑马乘车，多运动才可以强健体魄，通畅气血。

“晚食以当肉”，意思是人应该用已饥方食、未饱先止代替对美味佳肴的贪吃无厌。他进一步解释，饿了以后才进食，虽然是粗茶淡饭，但其香甜可口会胜过山珍；如果饱了还要勉强吃，即使美味佳肴摆在眼前也难以‖下咽。

苏东坡的四味“长寿药”，实际上是强调了情志、睡眠、运动、饮食等四个方面对养生长寿的重要性，这种养生观点即使在今天仍然值得借鉴。

节选自蒲昭和《赠你四味长寿药》

作品 55 号

语音提示

（一）朗读时需要注意的必轻词：句子 jùzi、部分 bùfen、人们 rénmen

（二）朗读时需要注意的“重・次轻”格式的词语：那里 nà・lǐ、态度 tài・dù、容易 róng・yì、没有 méi・yǒu、带来 dài・lái、力量 lì・liàng

（三）朗读时需要注意的儿化词和儿根词：那点儿 nàdiǎnr

（四）朗读时需要注意的其他词语：寻觅 xúnmì、观览人生 guānlǎnrénshēng、孕育 yùnyù、愉悦 yúyuè、爽朗 shuǎnglǎng、风貌 fēngmào、站在 zhàn zài、众生相 zhòngshēngxiàng、甜酸苦辣 tián-suān-kǔ-là、寻找 xúnzhǎo、较 jiào、领略 lǐnglüè、组成 zǔchéng、足以 zúyǐ、萌生 méngshēng、生存图景 shēngcún tújǐng、凝固 nínggù

人活着，最要紧的是寻觅到那片代表着生命绿色和人类希望的丛林，然后选一高高的枝头站在那里观览人生，消化痛苦，孕育歌声，愉悦世界！

这可真是一种潇洒的人生态度，这可真是一种心境爽朗的情感风貌。

站在历史的枝头微笑，可以减免许多烦恼。在那里，你可以从众生相所包含的甜酸苦辣、百味人生中寻找你自己；你境遇中的那点儿苦痛，也许相比之下，再也难以占据一席之地；你会较容易地获得从不悦中解脱灵魂的力量，使之不致变得灰色。

人站得高些，不但能有幸早些领略到希望的曙光，还能有幸发现生命的立体的诗篇。每一个人的人生，都是这诗篇中的一个词、一个句子或者一个标点。你可能没有成为一个美丽的词，一个引人注目的句子，一个惊叹号，但你依然是这生命的立体诗篇中的一个音节、一个停顿、一个必不可少的组成部分。这足以使你放弃前嫌，萌生为人类孕育新的歌声的兴致，为世界带来更多的诗意。

最可怕的人生见解，是把多维的生存图景看成平面。因为那平面上刻下的大多是凝固了的历史——过去的遗迹；但活着的人们，活得却是充满着新生智慧的，由‖不断逝去的“现在”组成的未来。人生不能像某些鱼类躺着游，人生也不能像某些兽类爬着走，而应该站着向前行，这才是人类应有的生存姿态。

节选自［美］本杰明・拉什《站在历史的枝头微笑》

作品 56 号

语音提示

（一）朗读时需要注意的必轻词：时候 shíhou、地方 dìfang、梭子 suōzi、脊梁 jǐliang、似的 shìde、甘

蔗 gānzhe

（二）朗读时需要注意的“重·次轻”格式的词语：望见 wàng · jiàn、岛上 dǎo · shàng

（三）朗读时需要注意的儿化词和儿根词：无

（四）朗读时需要注意的其他词语：省 shěng、相望 xiāngwàng、晴朗 qínglǎng、形状狭长 xíngzhuàng xiácháng、纵贯南北 zòngguàn nánběi、犹如 yóurú、瀑布 pùbù、湖泊 húpō、景色 jǐngsè、风景 fēngjǐng、充足 chōngzú、调剂 tiáojì、果木 guǒmù、生长 shēngzhǎng、樟脑 zhāngnǎo、盛产 shèngchǎn、鸟 niǎo

中国的第一大岛、台湾省的主岛台湾，位于中国大陆架的东南方，地处东海和南海之间，隔着台湾海峡和大陆相望。天气晴朗的时候，站在福建沿海较高的地方，就可以隐隐约约地望见岛上的高山和云朵。

台湾岛形状狭长，从东到西，最宽处只有一百四十多公里；由南至北，最长的地方约有三百九十多公里。地形像一个纺织用的梭子。

台湾岛上的山脉纵贯南北，中间的中央山脉犹如全岛的脊梁。西部为海拔近四千米的玉山山脉，是中国东部的最高峰。全岛约有三分之一的地方是平地，其余为山地。岛内有缎带般的瀑布，蓝宝石似的湖泊，四季常青的森林和果园，自然景色十分优美。西南部的阿里山和日月潭，台北市郊的大屯山风景区，都是闻名世界的游览胜地。

台湾岛地处热带和温带之间，四面环海，雨水充足，气温受到海洋的调剂，冬暖夏凉，四季如春，这给水稻和果木生长提供了优越的条件。水稻、甘蔗、樟脑是台湾的“三宝”。岛上还盛产鲜果和鱼虾。

台湾岛还是一个闻名世界的“蝴蝶王国”。岛上的蝴蝶共有四百多个品种，其中有不少是世界稀有的珍贵品种。岛上还有不少鸟语花香的蝴‖蝶谷，岛上居民利用蝴蝶制作的标本和艺术品，远销许多国家。

节选自《中国的宝岛——台湾》

作品57号

语音提示

（一）朗读时需要注意的必轻词：朋友 péngyou、畜牲 chùsheng、时候 shíhou、绕着 ràozhe、收成 shōucheng、摇摇 yáoyao、尾巴 wěiba、摆摆 bǎibai、耳朵 ěrduo、苍蝇 cāngying

（二）朗读时需要注意的“重·次轻”格式的词语：容不下 róng · bùxià、没有 méi · yǒu、已经 yǐ · jīng、斗不过 dòu · bù · guò、下来 xià · lái、身上 shēn · shàng

（三）朗读时需要注意的儿化词和儿根词：无

（四）朗读时需要注意的其他词语：牛 niú、尊敬 zūnjìng、田垄 tiánlǒng、一次 yīcì、狭窄 xiázhǎi、阡陌 qiānmò、迎面 yíngmiàn、耕牛 gēngniú、踟蹰 chíchú、深褐色 shēnhèsè、恩惠 ēnhuì、沉默 chénmò、沉重 chénzhòng、一列 yīliè、下种 xiàzhǒng、晨光 chénguāng、烈日 lièrì、还得 háiděi、应得 yīngdé、嫩草 nèncǎo、偶尔 ǒu'ěr

对于中国的牛，我有着一种特别尊敬的感情。

留给我印象最深的，要算在田垄上的一次“相遇”。

一群朋友郊游，我领头在狭窄的阡陌上走，怎料迎面来了几头耕牛，狭道容不下人和牛，终有一方要让路。它们还没有走近，我们已经预计斗不过畜牲，恐怕难免踩到田地泥水里，弄得鞋袜又泥又湿了。正踟蹰的时候，带头的一头牛，在离我们不远的地方停下来，抬起头看看，稍迟疑一下，就自动走下田去。一队耕牛，全跟着它离开阡陌，从我们身边经过。

我们都呆了，回过头来，看着深褐色的牛队，在路的尽头消失，忽然觉得自己受了很大的恩惠。

中国的牛，永远沉默地为人做着沉重的工作。在大地上，在晨光或烈日下，它拖着沉重的犁，低头一步又一步，拖出了身后一列又一列松土，好让人们下种。等到满地金黄或农闲时候，它可能还得担当搬运负重的工作；或终日绕着石磨，朝同一方向，走不计程的路。

在它沉默的劳动中，人便得到应得的收成。

那时候，也许，它可以松一肩重担，站在树下，吃几口嫩草。偶尔摇摇尾巴，摆摆耳朵，赶走飞附身上的苍蝇，已经算是它最闲适的生活了。

中国的牛，没有成群奔跑的习‖惯，永远沉沉实实的，默默地工作，平心静气。这就是中国的牛！

节选自小思《中国的牛》

作品 58 号

语音提示

（一）朗读时需要注意的必轻词：地方 dìfang、住过 zhùguo、似的 shìde、这个 zhège、什么 shénme、样子 yàngzi、柿子 shìzi、主意 zhǔyi、便宜 piányi、那么 nàme、这么 zhème、时候 shíhou

（二）朗读时需要注意的“重·次轻”格式的词语：看见 kàn · jiàn、已经 yǐ · jīng、那里 nà · lǐ、这里 zhè · lǐ、没有 méi · yǒu、知道 zhī · dào、葡萄 pú · táo、值得 zhí · dé、远不及 yuǎn · bùjí、起来 qǐ · lái

（三）朗读时需要注意的儿化词和儿根词：好玩儿 hǎowánr、那点儿 nàdiǎnr、枣儿 zǎor、一点儿 yīdiǎnr

（四）朗读时需要注意的其他词语：梦想 mèngxiǎng、嫩柳 nènliǔ、翠竹 cuìzhú、春光 chūnguāng、教人 jiàorén、青城山 Qīngchéng Shān、幽静 yōujìng、拴 shuān、心灵 xīnlíng、光润 guāngrùn、绿色 lǜsè、颤动 chàndòng、涤清 díqīng、论 lùn、每样 měiyàng、北海 Běihǎi、划船 huáchuán、清香 qīngxiāng、相当 xiāngdāng、和暖 hénuǎn、颇 pō、暂 zàn

不管我的梦想能否成为事实，说出来总是好玩儿的：

春天，我将要住在杭州。二十年前，旧历的二月初，在西湖我看见了嫩柳与菜花，碧浪与翠竹。由我看到的那点儿春光，已经可以断定，杭州的春天必定会教人整天生活在诗与图画之中。所以，春天我的家应当是在杭州。

夏天，我想青城山应当算作最理想的地方。在那里，我虽然只住过十天，可是它的幽静已拴住了我的心灵。在我所看见过的山水中，只有这里没有使我失望。到处都是绿，目之所及，那片淡而光润的绿色都在轻轻地颤动，仿佛要流入空中与心中似的。这个绿色会像音乐，涤清了心中的万虑。

秋天一定要住北平。天堂是什么样子，我不知道，但是从我的生活经验去判断，北平之秋便是天堂。论天气，不冷不热。论吃的，苹果、梨、柿子、枣儿、葡萄，每样都有若干种。论花草，菊花种类之多，花式之奇，可以甲天下。西山有红叶可见，北海可以划船——虽然荷花已残，荷叶可还有一片清香。衣食住行，在北平的秋天，是没有一项不使人满意的。

冬天，我还没有打好主意，成都或者相当的合适，虽然并不怎样和暖，可是为了水仙，素心腊梅，各色的茶花，仿佛就受一点儿寒‖冷，也颇值得去了。昆明的花也多，而且天气比成都好，可是旧书铺与精美而便宜的小吃远不及成都那么多。好吧，就暂这么规定：冬天不住成都便住昆明吧。

在抗战中，我没能发国难财。我想，抗战胜利以后，我必能阔起来。那时候，假若飞机减价，一两百元就能买一架的话，我就自备一架，择黄道吉日慢慢地飞行。

节选自老舍《住的梦》

作品59号

语音提示

（一）朗读时需要注意的必轻词：不由得 bùyóude、见过 jiànguo、开得 kāide、泛着 fànzhe、部分 bùfen、有过 yǒuguo、什么 shénme、关系 guānxi、这么 zhème、流着 liúzhe

（二）朗读时需要注意的“重·次轻”格式的词语：这里 zhè · lǐ、看不见 kàn · bùjiàn、那里 nà · lǐ

（三）朗读时需要注意的儿化词和儿根词：无

（四）朗读时需要注意的其他词语：这样盛 zhèyàng shèng、藤萝 téngluó、瀑布 pùbù、发端 fāduān、生长 shēngzhǎng、迸溅 bèngjiàn、挑逗 tiǎodòu、似乎 sìhū、梦幻 mènghuàn、曾 céng、依傍 yībàng、枯槐 kūhuái、穗 suì、串 chuàn、伶仃 língdīng、树梢 shùshāo、粗壮 cūzhuàng、盘虬卧龙 pánqiú wòlóng、不断 bùduàn、花舱 huācāng、酒酿 jiǔniàng、帆 fān、芳香 fāngxiāng

我不由得停住了脚步。

从未见过开得这样盛的藤萝，只见一片辉煌的淡紫色，像一条瀑布，从空中垂下，不见其发端，也不见其终极，只是深深浅浅的紫，仿佛在流动，在欢笑，在不停地生长。紫色的大条幅上，泛着点点银光，就像迸溅的水花。仔细看时，才知那是每一朵紫花中的最浅淡的部分，在和阳光互相挑逗。

这里除了光彩，还有淡淡的芳香。香气似乎也是浅紫色的，梦幻一般轻轻地笼罩着我。忽然记起十多年前，家门外也曾有过一大株紫藤萝，它依傍一株枯槐爬得很高，但花朵从来都稀落，东一穗西一串伶仃地挂在树梢，好像在察言观色，试探什么。后来索性连那稀零的花串也没有了。园中别的紫藤花架也都拆掉，改种了果树。那时的说法是，花和生活腐化有什么必然关系。我曾遗憾地想：这里再看不见藤萝花了。

过了这么多年，藤萝又开花了，而且开得这样盛，这样密，紫色的瀑布遮住了粗壮的盘虬卧龙般的枝干，不断地流着，流着，流向人的心底。

花和人都会遇到各种各样的不幸，但是生命的长河是无止境的。我抚摸了一下那小小的紫色的花舱，那里满装了生命的酒酿，它张满了帆，在这‖闪光的花的河流上航行。它是万花中的一朵，也正是由每一个一朵，组成了万花灿烂的流动的瀑布。

在这浅紫色的光辉和浅紫色的芳香中，我不觉加快了脚步。

节选自宗璞《紫藤萝瀑布》

作品 60 号

语音提示

（一）朗读时需要注意的必轻词：什么 shénme、庄稼 zhuāngjia、为什么 wèishénme

（二）朗读时需要注意的“重·次轻”格式的词语：没有 méi · yǒu

（三）朗读时需要注意的儿化词和儿根词：无

（四）朗读时需要注意的其他词语：在一次 zài yīcì、名人 míngrén、冷气机 lěngqìjī、可能 kěnéng、水准 shuǐzhǔn、糟糕 zāogāo、评 píng、殊荣 shūróng、塑料袋 sùliàodài、诞生 dànshēng、包装纸 bāozhuāngzhǐ、饮料瓶 yǐnliàopíng、酸奶杯 suānnǎibēi、形成 xíngchéng、散落 sànluò、草丛 cǎocóng、牲畜 shēngchù、吞食 tūnshí、焚烧 fénshāo、称为 chēngwéi、二噁英 èr'èyīng、氟利昂 fúlì'áng、免疫 miǎnyì

在一次名人访问中，被问及上个世纪最重要的发明是什么时，有人说是电脑，有人说是汽车，等等。但新加坡的一位知名人士却说是冷气机。他解释，如果没有冷气，热带地区如东南亚国家，就不可能有很高的生产力，就不可能达到今天的生活水准。他的回答实事求是，有理有据。

看了上述报道，我突发奇想：为什么没有记者问：“二十世纪最糟糕的发明是什么？”其实二〇〇二年十月中旬，英国的一家报纸就评出了“人类最糟糕的发明”。获此“殊荣”的，就是人们每天大量使用的塑料袋。

诞生于上个世纪三十年代的塑料袋，其家族包括用塑料制成的快餐饭盒、包装纸、餐用杯盘、饮料瓶、酸奶杯、雪糕杯等等。这些废弃物形成的垃圾，数量多、体积大、重量轻、不降解，给治理工作带来很多技术难题和社会问题。

比如，散落在田间、路边及草丛中的塑料餐盒，一旦被牲畜吞食，就会危及健康甚至导致死亡。填埋废弃塑料袋、塑料餐盒的土地，不能生长庄稼和树木，造成土地板结，而焚烧处理这些塑料垃圾，则会释放出多种化学有毒气体，其中一种称为二噁英的化合物，毒性极大。

此外，在生产塑料袋、塑料餐盒的 ‖ 过程中使用的氟利昂，对人体免疫系统和生态环境造成的破坏也极为严重。

节选自林光如《最糟糕的发明》

附录二

常见多音字、形近字和异读词的正音规范

汉字是表意文字，字数繁多，结构复杂，其认读难度较大。加之一字多音、形体相似的情况相当普遍，更增加了它的认读难度。应试人除了要保证普通话语音系统（声母、韵母、声调、轻声、儿化、音变等）的正确性之外，还必须认真辨记常用汉字和常用词语，尤其是多音字、形近字和异读词，掌握规范读音，以免在测试中失误。

一、多音字的正音规范

多音字又叫多音多义字，即字形相同、字音字义不同的字。辨记多音字的关键是“按义定音”，即虽然是同一个汉字，但是它所代表的是不同的词或语素，意义不同，字音也有区别。

辨别多音字需要注意以下几点：

（一）要避免把罕用音读为常用音。在以下例字中，前一个音为常用音，后一个音为罕用音，应予辨记。

叨—dāo 叨念　唠叨（轻）
　tāo 叨教　叨扰

读—dú 读书
　dòu 句读

汗—hàn 汗水
　hán 可（kè）汗

勾—gōu 勾结
　gòu 勾当

哈—hā 笑哈哈　哈腰
　hǎ 哈巴狗　哈达

省—shěng 省份　省略
　xǐng 省悟

（二）姓氏和专名中的特殊读音，不能按一般常用音类推。例如：

过—Guō	朴—Piáo	解—Xiè
哈—Hǎ	仇—Qiú	燕—Yān
华—Huà	单—Shàn	员—Yùn
缪—Miào	任—Rén	查—Zhā
区—Ōu	乐— Lè	那—Nā

（三）几个常用音，要避免相互混淆。

1. 不同读音有区分词性的作用。这种情况多为名词性和动词性（词或语素）的区别。例如：

处—chù（名）处所　处长
　chǔ（动）处理品

畜—chù（名）牲畜
　xù（动）畜牧场

担—dàn（名）担子
　dān（动）承担　担待

弹—dàn（名）子弹　弹弓
　tán（动）弹琴　弹簧

的—de（助）我的　吃的
　dì（名）目的

地—de（助）认真地读书
　dì（名）土地　地区

缝—fèng（名）缝隙
　féng（动）缝补

更—gēng（动）更改　更换
　gèng（副）更加　更美

冠—guān（名）衣冠　鸡冠
　guàn（动）冠军

行—háng（名）银行　行列
　xíng（动）行为　进行

假—jià（名）请假　暑假
　jiǎ（形）真假

了—le（助）来了　够了
　liǎo（动）了解

笼—lóng（名）鸟笼　　　　　　兴—xìng（名）兴趣　兴致
　lǒng（动）笼罩　　　　　　　xīng（动）兴奋　兴旺
散—sǎn（形）松散　散漫　　　种—zhǒng（名）种子
　sàn（动）解散　散布　　　　　zhòng（动）种地
殖—shi（名）骨殖（轻）　　　钻—zuàn（名）钻石　钻头
　zhí（动）生殖　殖民　　　　　zuān（动）钻研　钻孔
为—wèi（介）为了　为什么　因为
　wéi（动）作为　为学

2. 不同读音表示事物在程度、性状、关系上的差异。例如：

当—dāng 当时　当天　当年（从前那一时候）
　dàng 当时　当天　当月　当年（在同一时间里）
肚—dù 肚子（腹部）
　dǔ 猪肚　鱼肚（动物的内脏器官、胃）
供—gōng 供销　提供（准备东西给用）
　gòng 供品　上供（祭祀用语）　招供　口供（回答审问）
吐—tǔ 吞吐　吐痰（自我控制的排出）
　tù 呕吐　吐血（不能控制的喷出）
应—yīng 应当　应该　应届　应名儿（该、当）
　　　应声　应许　应允（答应、同意）
　yìng 应酬　应付　应邀　应用　应声（回答、顺应、应付、接受等）
转—zhuǎn 转身　转移　旋转　好转　转动（改变方向或情势）
　zhuàn 转轴　转椅　转动（围绕物体或圆心作圆周运动）

二、形近字的正音规范

许多汉字字形复杂、形体相像。有偏旁相同的，有偏旁近似的，也有整体相似个别笔画有差异的。我们把这些统称为形近字。辨别形近字的正确读音要注意以下几点：

（一）许多形声字的声旁已不能准确表音，要避免因“一字读半边”而造成误读。（括号内注音为错误音）

如：

稗 bài（bēi）	迸 bèng（bìng）	婢 bì（bēi）
愎 bì（fù）	濒 bīn（pín）	湃 pài（bài）
畔 pàn（bàn）	庖 páo（bāo）	怦抨砰 pēng（pīng）
瞥 piē（bì）	霾 mái（lǐ）	沸 fèi（fú）
懑 mèn（mán）	淀 diàn（dìng）	恫 dòng（tóng）
挞 tà（dá）	獭 tǎ（lài）	傥 tǎng（dǎng）
绦 tāo（tiáo）	倜 tì（zhōu）	汀 tīng（dīng）
彤 tóng（dān）	臀 tún（diàn）	唾 tuò（chuí）
拟 nǐ（yǐ）	昵 nì（ní）	蔫 niān（yān）
岚 lán（fēng）	赁 lìn（rèn）	凛 lǐn（bǐn）
缕 lǚ（lóu）	履 lǚ（fù）	忾 kài（qì）
瞰 kàn（gǎn）	恪 kè（gè）	铿 kēng（jiān）
脍 kuài（huì）	岿 kuī（guī）	酣 hān（gān）
徊 huái（huí）	涸 hé（gù）	麾 huī（máo）
畸 jī（qí）	歼 jiān（qiān）	矩 jǔ（jù）

镌 juān（jùn）	掮 qián（jiān）	锵 qiāng（jiāng）
惬 qiè（jiā）	沁 qìn（xīn）	觑 qù（xū）
涎 xián（yán）	屑 xiè（xiāo）	楔 xiē（qì）
酗 xù（xiōng）	绚 xuàn（xùn）	衅 xìn（bàn）
绽 zhàn（dìng）	砧 zhēn（zhàn）	臻 zhēn（qín）
拯 zhěng（chéng）	滞 zhì（dài）	掣 chè（zhì）
瞠 chēng（táng）	笞 chī（tái）	憧 chōng（tóng）
摄 shè（niè）	枢 shū（qū）	墅 shù（yě）
涮 shuàn（shuā）	吮 shǔn（yǔn）	滓 zǐ（zǎi）
糙 cāo（zào）	淙 cóng（zōng）	簇 cù（zú）
蹙 cù（qī）	蹴 cù（jiù）	瘁 cuì（zú）
缫 sāo（cháo）	瑟 sè（bì）	溯塑 sù（shuò）
悚 sǒng（shù）	隘 ài（yì）	莠 yǒu（xiù）
贻 yí（tái）	诣 yì（zhǐ）	哑 yǎ（yà）

（二）有些形声字虽然偏旁相同，但读音并不一样，不能一概用熟字的读音类推有相同偏旁的生字的读音，要避免因“盲目类推”而造成的误读（括号外为易被类推的字和读音），如：

坡 pō（bō 波）	砭 biān（biǎn 贬）	遍 biàn（piàn 骗）
捕哺 bǔ（pǔ 浦）	咆 páo（bào 抱）	坯 pī（pēi 胚）
砒 pī（pí 毗）	圃 pǔ（bǔ 哺）	袂 mèi（jué 决）
娩 miǎn（wǎn 晚）	蓦 mò（mù 幕）	拂 fú（fó 佛）
殆 dài（yí 贻）	蒂 dì（tí 蹄）	滇 diān（tián 填）
玷 diàn（zhān 沾）	恫 dòng（tóng 铜）	档 dàng（dǎng 挡）
匿 nì（nuò 诺）	懦 nuò（rú 儒）	勒 lēi（lèi 肋）
棱 léng（líng 菱）	亘 gèn（héng 恒）	犷 guǎng（kuàng 矿）
吭 háng（kàng 炕）	铐 kào（kǎo 烤）	诳 kuáng（guàng 逛）
怙 hù（gū 沽）	劾 hé（hái 孩）	汲 jí（xī 吸）
揖 yī（jí 辑）	蛆 qū（jǔ 咀）	畦 qí（wā 洼）
栈 zhàn（qiǎn 浅）	膝 xī（qī 漆）	檄 xí（jī 激）
挟 xié（xiá 峡）	绚 xuàn（xùn 殉）	绉 zhōu（zōu 邹）
铡 zhá（zé 则）	炽 chì（zhī 织）	杵 chǔ（wǔ 忤）
椽 chuán（yán 檐）	辍 chuò（zhuì 缀）	歃 shà（chā 插）
拴 shuān（quán 诠）	绕 rào（ráo 饶）	愉 yú（yù 愈）
蕴 yùn（wēn 温）	滓 zǐ（zǎi 宰）	

（三）许多汉字在形体上差别很小，要避免“按形定音”而造成误读。

勺 sháo	匀 yún	勾 gōu	句 jù	旬 xún	甸 diàn	
己 jǐ	已 yǐ	巳 sì				
允 yǔn	兄 xiōng	兑 duì	充 chōng	免 miǎn	兔 tù	兜 dōu
戊 wù	戍 shù	戌 xū	钺 yuè	戎 róng	戒 jiè	
欠 qiàn	坎 kǎn	炊吹 chuī	欣 xīn			
亘 gèn	恒 héng	桓 huán	垣 yuán			
折 zhé	拆 chāi	析 xī	柝 tuò	诉 sù	沂 yí	祈 qí
凌 líng	棱 léng	唆梭 suō	悛 quān	浚俊竣 jùn		
湍 tuān	揣 chuǎi	惴 zhuì	瑞 ruì	端 duān	踹 chuài	

戕 qiāng	戟 jǐ	戡 kān	戳 chuō	戮 lù
灸 jiǔ	炙 zhì			
盅 zhōng	盎 àng	蛊 gǔ		
徒 tú	陡 dǒu	徙 xǐ		
赡 shàn	瞻 zhān	檐 yán		

三、异读词的正音规范

所谓异读词，是指字形字义完全相同，只有读音不同的词或语素。

（一）统读字词条。“统读”是指原有异读的字，审定后无论用于任何词语中只读一个音（轻声除外），取消原有的异读音（括号内）。

呆板 dāi（ái）	缠绕 rào（rǎo）	橙子 chéng（chén）
成绩 jì（jī）	踪迹 jì（jī）	穿凿 záo（zuò）
从容 cóng（cōng）	幅儿 fú（fǔ）	脊梁 jǐ（jí）
麦芒 máng（wáng）	咆哮 xiào（xiāo）	澎湃 péng（pēng）
啥 shá（shà）	胜任 shèng（shēng）	唯唯诺诺 wéi（wēi）
萎缩 wěi（wēi）	寻思 xún（xín）	驯服 xùn（xún）
指甲 zhǐ（zhī、zhí）	掷色子 zhì（zhī）	卓越 zhuó（zhuō）
往东 wǎng（wàng）	河沿 yán（yàn）	装帧 zhēn（zhèng）
汲取 jí（jī）	拎 līn（līng）	筑 zhù（zhú）
荫蔽 yìn（yīn）		

（二）仍保留异读的词条。

骨头 gǔ（取消 gú 音，除“骨朵、骨碌”念 gū 外，都读 gǔ。）

擂鼓 léi（除“擂台、打擂”读 lèi 外，都读 léi。）

乳臭 xiù（原订音 chòu，现修改。此处“臭”指气味，不是香臭的臭。）

苫布 shàn（原订音 shān 用于“草帘、草垫子”义，其余都读 shàn。）

自作自受 zuò（原订音 zuō 除用于“作坊”，其余都读 zuò。取消 zuó 音。）

虽然普通话审音委员会对异读词作了审订，精简了一部分异读音，但是异读词作为语言发展中的客观事实仍将保留下去。现存异读词主要可分为“文白异读”和“习惯异读”两大类。

1. 所谓“文白异读”，是指一个字有说话音和读书音的区别。读书音一般称为文读音，说话音称为白读音。文读音用于书面语，用于复音词和文言成语中；白读音多用于口语中的单音词及少数日常生活事物的复音词中。

（1）文读音用于带有书面语色彩的合成词，白读音用于口语或书面语中带口语色彩的单音节词。例如：

剥（文）bō 剥削	逮（文）dài 逮捕
（白）bāo 剥花生	（白）dǎi 逮老鼠
薄（文）bó 薄膜	澄（文）chéng 澄清
（白）báo 纸很薄	（白）dèng 把水澄清
勒（文）lè 勒令　勒索	削（文）xuē 剥削
（白）lēi 勒紧了	（白）xiāo 削铅笔
露（文）lù 暴露　露宿	熟（文）shú 熟悉　熟练
（白）lòu 露头　露底	（白）shóu 烧熟了
吓（文）hè 恐吓	核（文）hé 核心
（白）xià 吓一跳	（白）hú 枣核儿
给（文）jǐ 给予　供给	
（白）gěi 给我	

（2）文读音用于一般通用词语，白读音用于个别或特殊口语词。例如：

伯（文）bó 伯父
（白）bǎi 大伯子

荨（文）qián 荨麻
（白）xún 荨麻疹

落（文）luò 降落　落后
（白）lào 落色　落枕

巷（文）xiàng 街巷
（白）hàng 巷道

（3）文读音用于特殊的专名或个别书面词语，白读音用于通用词语。例如：

柏（文）bó 柏林
（白）bǎi 松柏

钥（文）yuè 锁钥
（白）yào 钥匙

跑（文）páo 虎跑寺
（白）pǎo 奔跑

壳（文）qiào 地壳　甲壳
（白）ké 花生壳　卡壳

绿（文）lù 鸭绿江
（白）lǜ 绿色

烙（文）luò 炮（páo）烙
（白）lào 烙饼

翘（文）qiáo 翘首
（白）qiào 翘尾巴

2. 习惯异读。由于人们的表达习惯，使一个字有了不同的读音。例如：

片① piàn 图片　名片
② piān 唱片儿　相片儿

亲① qīn 亲切　亲爱
② qìng 亲家

大① dà 大豆　伟大
② dài 大夫（医生）大黄（药材）

轧① zhá 轧钢
② yà 倾轧

答① dā 答应　答理
② dá 回答　答复

冲① chōng 冲突　冲锋
② chòng 冲床　冲劲儿

踏① tā 踏实
② tà 踏步

杉① shān 水杉
② shā 杉木　杉篙

尿① niào 尿素
② suī 尿脬

作① zuō 作坊
② zuò 作业　作文

豁① huō 豁口
② huò 豁亮

扫① sǎo 打扫
② sào 扫帚

结① jié 结晶　结果
② jiē 结巴　结实

似① sì 相似　似乎
② shì 似的

附录三

趣记多音字

多音多义字是语音考察的重点，为帮助应试人有效复习，在此提供一百多个常见多音多义字，组成意思连贯的句子，供大家情景记忆。

1. 单——①单（shàn，姓）老师说，单（chán 匈奴族首领）于只会骑马，不会骑单（dān）车。

② 单（dān）位的单（shàn）伯伯，经常给我们讲关于单（chán）于的故事。

2. 禅——后主刘禅（chán）在禅（chán）房里聆听禅（chán）师讲述尧和舜禅（shàn）让的故事。

3. 弹——这种弹（dàn）弓弹（tán）力很强。

4. 折——① 两批货都打折（zhé）出售，严重折（shé）本，真经不起折（zhē）腾。

② 一场瞎折（zhē）腾，他的买卖折（shé）了本，他那双志在凌云的翅膀也折（zhé）断了。

5. 喝——武松大喝（hè）一声："快拿酒来！我要喝（hē）十二碗。"博得众食客一阵喝（hè）彩。

6. 着——你这着（zhāo 名词）真绝，让他干着（zháo 动词）急，又无法着（zhuó）手应付，心里老是悬着（zhe）。

7. 蕃——吐蕃（bō 藏族的前身）族在青藏高原生活、蕃（fán 茂盛、繁多）衍（同"繁衍"）了几千年。

8. 量——① 有闲心思量（liáng）她，没度量（liàng）宽容她。② 野外测量（liáng）要量（liàng）力而行。

9. 沓——他把纷至沓（tà）来的想法及时写在一沓（dá）纸上，一点不疲沓（ta）。

10. 烊——商店打烊（yàng 晚上关门）过早，糖烊（yáng 溶化）了都卖不动。

11. 载——① 史载（zǎi），王昭君多才多艺，每三年五载（zǎi）汉匈首脑聚会，她都要载（zài）歌载（zài）舞。② 那个载（zài）歌载（zài）舞的夜晚，十年八载（zǎi）也忘不了的。

12. 曝——他学习上一曝（pù）十寒，不理想的成绩被曝（bào）光后，他感到十分羞愧。

13. 宁——他宁（nìng）死不屈，也不息事宁（níng）人。

14. 和——天气暖和（huo），小和（hé）在家和（huó 动词）泥抹墙；他讲原则性，是非面前从不和（huò）稀泥，也不随声附和（hè 动词）别人，更不会在麻将桌上高喊——"我和（hú）了。"

15. 省——那位副省（shěng）长如能早些省（xǐng）悟，就不致于丢官弃职、气得不省（xǐng）人事了。

16. 拗——① 这首诗写得太拗（ào）口了，但他执拗（niù）不改，气得我把笔杆都拗（ǎo）断了。② 执拗（niù）的他，说不好拗（ào）口令，就气得拗（ǎo）断了笔杆。

17. 臭——这气体无色无臭（xiù 气味），不像别的气体臭（chòu）味难闻。

18. 度——度（dù 姓）老师宽宏大度（dù 名词），一向度（duó 动词）德量力，从不以己度（duó 动词）人。

19. 哄——他那像哄（hǒng）小孩似的话，引得大家哄（hōng）堂大笑、一哄（hòng）而散。

20. 丧——他穿着丧（sāng）服，为丧（sāng）葬费发愁，神情沮丧（sàng）、垂头丧（sàng）气。

21. 差——① 他每次出差（chāi）差（chà）不多都要出点差（chā）错。② 出差（chāi）途中他看到以往那参差（cī）不齐的农舍，已大都变成拔地而起的楼房了：城乡差（chā）别越来越小，已不差（chà）多少了！

22. 扎——① 鱼拼命挣扎（zhá），鱼刺扎（zhā）破了手，他随意包扎（zā）一下。② 他一个猛子扎

（zhā）到水里，很快救出了那个挣扎（zhá）的扎（zā）小辫的姑娘。

23. 埋——他自己懒散，却总是埋（mán）怨别人埋（mái）头工作。

24. 盛——盛（shèng）老师盛（shèng）情邀我去做客，并帮我盛（chéng）饭。

25. 伧——这个人衣着寒伧（chen），语言伧（cāng）俗。

26. 创——勇于创（chuàng）造的人难免会遭受创（chuāng）伤。

27. 伯——我是她大伯（bó 上辈），不是她的大伯（bǎi 平辈）子。

28. 疟——发疟（yào）子就是患了疟（nüè）疾。

29. 看——看（kān）守大门的保安也很喜欢看（kàn）小说。

30. 行——报纸刊登股票发行（xíng）的行（háng）情。

31. 艾——他在耆艾（ài）之年得了艾（ài）滋病，整天自怨自艾（yì）。

32. 把——你把（bǎ）水杯把（bà）摔坏了，没有把儿（bàr）多难用呀。

33. 朴——生活俭朴（pǔ）的老朴（piáo）叔，有一把（bǎ）用厚朴（pò）做刀把（bà）儿的朴（pō）刀。

34. 荷——相片上，荷（hé）花旁站着位荷（hè）枪实弹的战士。

35. 涨——说她涨（zhǎng）了工资，她涨（zhàng）红了脸摇头。

36. 奇——数学中奇（jī）数是最奇（qí）妙的。

37. 炮——① 能用打红的炮（pào）筒炮（bāo）羊肉和炮（páo）制药材吗？② 我们一阵炮（pào）火，敌人被炮（bāo）了羊肉，可敌指挥部却炮（páo）制出一篇胜利战报。

38. 给——请把要求保障前线供给（jǐ）的信交给（gěi）团长。

39. 冠——他冠（guān）冕堂皇地得了冠（guàn）军。

40. 弄——① 他还没弄（nòng）明白“里弄（lòng）是小巷”！

② 别在弄（lòng 名词）堂在弄（nòng 动词）小鸟玩。

41. 巷——矿下的巷（hàng）道与四合院的小巷（xiàng）相似。

42. 薄——① 薄（bò）荷油味不薄（báo），很受欢迎，但要薄（bó）利多销。② 日薄（bó）西山时，他才在瘠薄（báo）的荒地里找到了中药薄（bò）荷。

43. 拓——拓片、拓本的“拓”读 tà，开拓、拓荒的“拓”读 tuò。

44. 恶——这条恶（è）狗真可恶（wù），满身臭味，让人恶（ě）心。

45. 便——① 局长大腹便便（pián），行动不便（biàn）。

② 便（pián）宜的东西不方便（biàn）买。

46. 宿——① 小明在宿（sù）舍说了一宿（xiǔ）有关星宿（xiù）的常识。② 回到宿（sù）舍，他还想着星宿（xiù）的动人故事，结果一宿（xiǔ）没睡好。

47. 号——受了批评，那小号（hào）手号（háo）啕大哭起来。

48. 藏——西藏（zàng）的布达拉宫是收藏（cáng）大藏（zàng）经的宝藏（zàng）。

49. 轧——① 轧（zhá）钢车间的工人很团结，没有相互倾轧（yà）的现象。② 轧（yà）道机和轧（zhá）钢机轧（gá）到一起了。

50. 卡——这辆藏匿毒品的卡（kǎ）车过关卡（qiǎ）时被截住了。

51. 调——出现矛盾要先调（diào）查，然后调（tiáo）解。

52. 模——这两件瓷器模（mú）样很相似，像是由一个模（mó）型做出来的。

53. 没——证件被交警没（mò）收了，他仍像没（méi）事一样。

54. 舍——我真舍（shě）不得离开住了这么多年的宿舍（shè）。

55. 殷——雷声殷殷（yǐn），家境殷（yīn）实的他坦然地坐在殷（yān）红的实木椅上。

56. 还——下课后我还（hái）要去图书馆还（huán）书。

57. 系——你得系（jì）上红领巾去学校联系（xì）少先队员来参加活动。

58. 假——假（jiǎ）如中秋节学校不放假（jià），我们怎么办？

59. 降——我们有办法使空降（jiàng）的敌人投降（xiáng）。

60. 脯——胸脯（pú）、果脯（fǔ）不是同一个读音。

61. 间——他两人间（jiān）的友谊从来没间（jiàn）断过。

62. 石——两石（dàn）石（shí）子不够装一卡车。

63. 劲——球场上遇到劲（jìng）敌，倒使他干劲（jìn）更足了。

64. 茄——我不喜欢抽雪茄（jiā），但我喜欢吃番茄（qié）。

65. 刨——我刨（bào 推刮）平木头，再去刨（páo 挖掘）花生。

66. 扒——他扒（bā）下皮鞋，就去追扒（pá）手。

67. 散——我收集的材料散（sàn）失了，散（sǎn）文没法写了。

68. 数——① 两岁能数（shǔ）数（shù）的小孩已数（shuò）见不鲜了。② 无数（shù）的人在数（shǔ）九寒天锻炼，这已数（shuò）见不鲜了。

69. 参——① 人参（shēn）苗长得参（cēn）差不齐，还让人参（cān）观吗？② 参（cān）展的人参（shēn）样品品种全、个头大，不像以往参（cēn）差不齐。

70. 会——今天召开的会（kuài）计工作会（huì）议一会（huì）儿就结束了。

71. 簸——他用簸（bò）箕簸（bǒ）米。

72. 吓——敌人的恐吓（hè）吓（xià）不倒他。

73. 胖——① 肥胖（pàng）并不都是因为心宽体胖（pán），而是缺少锻炼。② 他是一个心宽体胖（pán）的大胖（pàng）子。

74. 耙——用犁耙（bà）耙（bà）地，用钉耙（pá）耙（pá）草。

75. 伺——边伺（cì）候边窥伺（sì）他动静。

76. 好——好（hào）逸恶劳、好（hào）为人师都不好（hǎo）。

77. 咳——咳（hāi）！你怎么又咳（ké）起来了？

78. 处——教务处（chù）正在处（chǔ）理这个问题。

79. 囤——大囤（dùn）、小囤（dùn），都囤（tún）满了粮食。

80. 缝——这台缝（féng）纫机的台板有裂缝（fèng）。

81. 澄——① 澄（dèng）清混水易，澄（chéng）清问题难。② 澄（chéng）清问题比澄（dèng）清浑水难得多。

82. 扇——他拿着扇（shàn）子却扇（shān）不来风。

83. 得——你得（děi 必须）把心得（dé）体会写得（de）具体些。

84. 屏——他屏（bǐng）气凝神躲在屏（píng）风后面。

85. 几——这几（jǐ）张茶几（jī）几（jī）乎都要散架了。

86. 卷——① 考卷（juàn）被风卷（juǎn）起，飘落到了地上。

② 小刘吃完卷（juǎn）子，抽了支卷（juǎn）烟，就打开那卷儿（juǎnr）卷（juàn）子，手不释卷（juàn）地一直读到天黑。

87. 乐——教音乐（yuè）的老师姓乐（yuè），他乐（lè）于助人。

88. 了——他了（liào）望半天，对地形了（liǎo）如指掌了（le）。

89. 吭——① 小李一声不吭（kēng），小王却引吭（háng）高歌。

② 平时不爱吭（kēng）声的他，竟然能在台上引吭（háng）高歌。

90. 粘——胶水不粘（nián）了，书页粘（zhān）不紧。

91. 畜——畜（xù）牧场里牲畜（chù）多。

92. 称——称（chèng 同“秤”）杆的名称（chēng）和实物要相称（chèn）

93. 俩——哥俩儿（liǎr）还要伎俩（liǎng），能好吗？

94. 露——小杨刚一露（lòu）头，就暴露（lù）了目标。

95. 重——老师很重（zhòng）视这个问题，请重（chóng）说一遍。

96. 率——他办事从不草率（shuài），效率（lǜ）一向很高。

97. 空——有空（kòng）闲就好好读书，尽量少说空（kōng）话。

98. 泊——小船漂泊（bó）在湖泊（pō）里。

99. 漂——漂（piǎo）洗过的红花衬衣，漂（piāo）浮在碧绿的水上，实在是漂（piào）亮极了。

100. 朝——我朝（zhāo）气蓬勃地朝（cháo）前走。

101. 膀——看膀（bǎng）大腰圆的他，虽有膀（páng）胱炎，但一点不膀（pāng）肿，更不乱吊膀（bàng）子。

102. 校——上校（xiào）到校（jiào）场找人校（jiào）对材料。

103. 强——① 小强（qiáng）很倔强（jiàng），做事别勉强（qiǎng）他。② 坚强（qiáng）倔强（jiàng）的小强（qiáng）是不会强（qiǎng）颜作态的。

104. 塞——① 塞（sài）外并不闭塞（sè），塞（sāi）子塞（sāi）不住漏洞。② 交通要塞（sài）常因塞（sāi）车而交通阻塞（sè）。

105. 辟——随意诬陷人搞封建复辟（bì）可不行，得辟（pì）谣。

106. 倒——瓶子倒（dǎo）了，水倒（dào）了出来。

107. 都——大都（dū 名词）市的人口都（dōu 副词）很多。

108. 匙——汤匙（chí）、钥匙（shi）都放在桌子上。

109. 般——一般（bān）地，般若（bōrě 佛语，智慧）的人都有般（pán 快乐）乐心境。

110. 禁——听到紫禁（jìn）城宵禁（jìn）的消息，弱不禁（jīn）风的她，禁（jīn）不住哭了。

111. 干——穿着干（gān）净的衣服怎么能干（gàn）脏活？

112. 悄——悄（qiǎo）然落泪的她悄悄（qiāo）地走了。

113. 孱——他虽然身体很孱（chán，身体）弱，但绝不会当“孱（càn，精神）头”。

114. 血——血（xuè）债要用血（xiě）来偿。

115. 靓——靓（liàng）女并非都靓（jìng）妆。

116. 隽——这是篇字迹隽（jùn）秀、言辞隽（juàn）永的好习作。

117. 刹——刹（shā）车的刹（chà）那间，他听到了古刹（chà）的钟声。

118. 夹——小李把钱夹（jiā）子藏在夹（jiá）袄的夹（jiā）层里，然后用夹（gā）肢窝夹（jiā）着。

119. 堡——瓦窑堡（bǔ）外的十里堡（pù）没有碉堡（bǎo）。

120. 说——这个劝学的说（shuì）客，最喜欢说（shuō）“学而时习之，不亦说（yuè）乎”。

121. 龟——那年古龟（qiū）兹（cí）地区大旱得土地龟（jūn）裂，连最耐饥渴的乌龟（guī）也被干旱死了。

122. 缪——缪（miào）主任办事向来未雨绸缪（móu）、细致周到，是不会有纰缪（miù）的。

123. 传——《鸿门宴》是汉代传（zhuàn）记而不是唐代传（chuán）奇。

124. 食——汉代郦食其（yìjī）食（sì）食（shí）于食（shí）客。

125. 蔓——蔓（màn）延的火势，就要烧到蔓（mán）菁和其他爬蔓（wàn）的草了。

126. 绷——小护士用绷（bèng）硬的绷（bēng）带给伤员包扎伤口，也就难怪伤员绷（běng）着脸忍着了。

127. 帖——照着字帖（tiè）写请帖（tiě），还有写不妥帖（tiē）的吗？

128. 抹——爸爸用抹（mǒ）子抹（mò）墙，用抹（mā）布抹（mā）桌子。

129. 的——做事目的（dì）明确的（de）他，说的（de）话也的（dí）确是有的（dì）放矢。

130. 咽——咽（yān）喉疼得厉害，连一滴水都咽（yàn）不下去，急得他直呜咽（yè）。

131. 累——积累（lěi）知识像收获累累（léi）硕果，再累（lèi）心也甜。

132. 解——“解（jiè）元”是古代乡试第一名的人，“解（jiè）送”指押送犯人。解（xiè）老师已清楚讲解（jiě）了，你咋还不理解（jiě）呢？

附录四

《字　　经》

只要学好字经这篇韵文便可认识四千汉字

第一部分

乾坤有序，宇宙无疆，星辰密布，斗柄指航。
昼白夜黑，日明月亮，风驰雪舞，电闪雷响。
云腾致雨，露结晨霜，虹霓霞辉，雾沉雹降。
春生夏长，秋收冬藏，时令应候，寒来暑往。
远古洪荒，海田沧桑，陆地漂移，板块碰撞。
山岳巍峨，湖泊荡漾，植被旷野，岛撒汪洋。
冰川冻土，沙漠沃壤，木丰树森，岩多滩广。
鸟飞兽走，鳞潜羽翔，境态和谐，物种安详。
形分上下，道合阴阳，幽冥杳渺，天体著彰。
凝气为精，聚能以场，缩浓而质，积微显量。
化巨幻虚，恍惚成象，强固凌弱，柔亦制刚。
终极必反，存兴趋亡，色空轮回，动静恒常。
唯实众名，一理万方，父母爹娘，没齿难忘。
兄弟姐妹，危困助帮，姑姨叔舅，亲戚互访。
侄男闺少，哺育茁壮，夫妻相敬，梦忆糟糠。
隔屋邻舍，遇事谦谅，伯公妪婆，慈孝赡养。
尊朋礼友，仁义君郎，炎黄二帝，尧舜禅让。
禹启世袭，灭桀商汤，周武伐纣，侯列各邦。
秦皇集权，汉刘楚项，鼎立割据，乱晋八王。
南北对峙，腐朽隋炀，贞观政要，五代续唐。
陈桥兵变，耻辱靖康，耶律完颜，元建宋僵。
钟离太祖，崇祯吊丧，清军入关，大臣驻藏。
粉碎叛卓，犁域设将，台湾复归，守卫边防。
鸦片战争，英占香港，戊戌维新，社会改良。
辛亥革命，孙文思想，联盟抗倭，国共两党。
定都京师，人民解放，诸子百家，孔孟老庄。
扁鹊灵医，鲁班巧匠，罗盘硝药，针灸疗伤。
蔡伦毕升，鉴真玄奘，易经论语，史记达畅。
河图洛书，算术九章，西三红水，聊儒瓶厢。
诗词曲赋，戏剧说唱，琵琶琴瑟，锣镲铿锵。
笙箫呜咽，卧笛悠扬，筝音奔奋，唢呐高亢。
荆浩匡庐，董源潇湘，米芾写意，悲鸿骏昂。
笔墨纸砚，匾楣楹榜，楷隶篆刻，碑帖草狂。
敦煌石窟，长城伟墙，青铜甲骨，缕衣纱裳。

虎符越剑，陶马俑葬，彩瓷宝瓮，丝绸他乡。
凡尔赛宫，金字塔状，泰姬陵墓，彼得教堂。
自由女神，希腊塑像，最后晚餐，创造亚当。
亭榭楼阁，寺庙殿廊，蓬门荜户，丈室绿窗。
府弟别墅，画栋雕梁，庭院踏步，影屏幕障。
承尘藻井，篱笆柱桩，舷舵扶靠，凭栏眺望。
悬崖峭壁，峰峦叠嶂，泉喷岚罩，湍急瀑宕。
峡沟潭渊，溪涧流淌，池渠堰坝，沼泽泥塘。
漩涡带波，礁屿连江，汹涌澎湃，惊涛骇浪。
灾涝溢泻，汛潮浮涨，苍松寿柏，垂柳毛杨。
芭蕉蒲扇，斑竹篾筐，槐椿榆桦，杉桂榕樟，
斋扉紧闭，栅苑濒旁，坪埔莱茵，菲窥坞坊。
蔷薇翩跹，莆菏蔚茫，蕴蒂荚芯，蓓蕾琳琅。
奇花异卉，艳丽荣秧，兰荷菊梅，四季芬芳。
杜鹃泣血，芙蓉吉祥，茉莉馥郁，玫瑰刺芒。
瓜果蔬菜，葱蒜韭姜，茴椒芹葵，皮芥辣酱。
芸苔芋笋，葫芦瓢瓤，番茄蘑菇，乳蛋醇酿。
碘盐食醋，脆卜甜糖，珍馐旨甘，肴馔膏粱。
葡萄美酒，玉液琼浆，咖啡益智，茗茶顺肠。
桃李杏柿，汁鲜味爽，椰柚橙桔，渴饮品尝。
菠萝柑橘，橄榄槟榔，梨枣苹楂，荔栗榴棠。
蝌蚪摆尾，蛤蟆鼓囊，钓饵蚯蚓，蠕虫蚂蟥。
鹦鹉学舌，蜜蜂穿忙，蝙蝠栖洞，梧桐引凰。
蜘蛛牵补，螟蛉蛀粮，蜻蜓振翅，鸠鹏张膀。
鸥莺燕雀，蝴蝶鸳鸯，鲤鲫鲇鲸，蛙蚌螺螃。
蚜蛾蝉蛹，龟卵翼蝗，蚊蝇鼠蚁，蛇蝎鳝蟒。
蜈蚣毒腺，蟋蟀蹬闯，鹿狈狐狸，熊豹豺狼。
猿啼猴吱，鸵孵獭躺，雏猩攀梢，雌牡匿冈。
砂舟骆驼，迅捷羚羊。

第二部分

中华初繁，睡狮渐醒，玖久纪末，千年始零。
宏业昌盛，妙策递迎，左右兼顾，总揽统领。
内取稳进，外交志同，阶梯过度，切忌狠猛。
六贼七害，监视审听，戒贪须效，践约宜行。
贬恶褒绩，赏劝罚惩，操刃执斧，塞涓救荧。
势如突起，抽薪熄平，途逢险兆，消芽于萌。
调息止纷，贵在用衡，依法谋治，官吏皆正。
推贤荐材，睹貌辨容，纯朴宽厚，侠烈尽忠。
耿直肃仪，襟怀袒诚，谄媚狡猾，机敏慧颖。
懈怠懒惰，拙笨碌庸，愚昧糊涂，偏才至聪。
羞涩拘束，杰健悍雄，恭谨畏惧，缄默持重。
骄奢傲慢，怯懦惶恐，超逸独居，恬淡匀宁。
猜疑诡秘，威严毅勇，币帛钱钞，攘夺其宗。

企财盼利，价值均等，务工开厂，增富减穷。
资产累计，税率加乘，银行贷款，储蓄倍宠。
抵押拆借，循例不停，供给需求，市货充盈。
销售买卖，亏差余剩，债券股票，博赌输赢。
闻赚虽喜，跌赔癫疯，休闲退优，涣虑受逍。
拒宾疏客，忱谢欢招，把盏讲趣，倚床读晓。
游景筏渡，迹绝喧嚣，茂冠蔽枝，莽园出条。
碧岭滴翠，落叶飘摇，心澄彻透，雅悦去燥。
挥毫绎就，佳句抒了，漆珠镶眸，秀眉斜弯。
樱口含笑，脂靥隐现，敖鼻单翘，坠耳双环。
舒额弹腮，龙睛凤眼，纤手藕臂，软颈削肩。
乌发比臀，酥胸腰间，修腿负躯，弓脚婷站。
沐浴洁身，梳妆乔扮，薄黛轻施，靓耀娇莲。
服锦饰佩，缤绫绣缎，赞叹称颂，宛若娥仙。
阿弥陀佛，觉悟融圆，僧尼寂寞，菩萨向善。
情投系姻，欲净见缘，转识迷性，苦乐恼烦。
圣诞基督，原罪赎还，目的辩证，裁判邪端。
朝觐跪拜，先知注传，我主保佑，好娃阿丹。
格林童话，伊索寓言，莎翁托氏，福摩探案。
但丁哥德，伽丘十谈，培根牛顿，爱因斯坦。
试管婴儿，克隆遗传，细胞速冷，脱氧核酸。
脉冲数码，几何规范，网络通讯，程控遥感。
驱逐舰艇，洲际导弹，激光辐射，捆绑火箭。
声纳测距，贫铀污染，点线面段，球弧侧弦。
菱锥棱角，凸凹顶尖，竖撇捺折，陡拱椭圈。
奥运竞技，淘汰筛选，跨跃短跑，蹦跳撑竿。
铁饼标枪，垒足排篮，汽车拉力，驾舢驶帆。
刀锤棍棒，钩爪杖鞭，锁链杠铃，摔跤击拳。
省区署郊，村镇屯店，耕耘耧耙，播耪搅拌。
农垦灌溉，渔猎驳船，柴棚炊热，牧畜粪烟。
膜压窖湿，肥攻磷氮，穴浇尿深，灰埋屎浅。
稻麦谷豆，蓖麻薯棉，粟苞芝麸，秫秸稼秆。
糜黍荸荠，蓑稗蔗豌，埂堤垄畦，荞秕稞旱。
禾苗缨穗，蔓附藤缠，棕榈柠檬，枫棵紫檀。
剪丫打杈，嫁接插扦，颗粒籽核，株蕊茎杆。
鸡鸭抱群，猪仔满圈，驴骡啃坡，犬狗护岸。
厩驹罕鬃，驯犊乍唤，鱼鳖虾蟹，猫兔鹅蚕。
旋绕鹰鸽，哀孤鹤雁，宿营扎寨，枕戈待旦。
哨岗戎诫，挎锐披坚，帅旗挺拔，训士阅演。
磐踞较劲，擎帜呼喊，伪装跟踪，信号遮掩。
稍纵即逝，竟忽瞬暂，驭舆骋骛，靶轰州县。
趁却骚扰，构筑壕堑，谍报频渗，御挡阻拦。
耗损酬饲，迈历委艰，垢卸焚址，盔甩烬焰。

擒敌破阵，调派遣返，围追堵截，伏剿全歼。
薪旅另召，蜕衰勿厌，碉堡摧毁，拥挤逃窜。
俘虏缴械，胜败前沿，枉允肯否，咀嚼凯宴。
惨遭牺牲，素裹席卷，坟棺尸闹，魂魄寝眠。
活着祈祷，死则祭奠，廉奉殉职，奖功颁衔。
组织筹备，抚恤申签，部属僚员，涕泪潸然。
彪炳铭册，炫烁灿烂。

第三部分

狱牢禁卒，司典刑宪，辞讼哭诉，鸣屈伸冤。
敞释矛盾，剖层剥茧，淀滤猖浊，昭划界限。
妨碍侦察，贿赂仕宦，诅咒吓唬，挑衅侮谩。
讥讽诽谤，浑噩撤验，朦胧伎俩，仍留隙嫌。
斟酌掺谎，包庇捂瞒，陨堕棘阱，殃及祠眷。
检举查封，逮捕魁顽，作奸犯科，缉拿协办。
妖魔鬼怪，凶煞酷阎，歹徒坏类，狰狞嘴脸。
勒逼豪阔，搜刮卑贱，拐架孩提，坑蒙孕残。
盗匪劫窃，敲诈欺骗，唆使怂恿，横征暴敛。
烧杀抢掠，栽赃诬陷，宰虐淫霸，痞劣刁蛮。
狎昵娼妓，蹂躏鬓鬟，猥亵妇寡，屠戮毙斩。
诋绅诱瘾，倒置昏暗，婢奴躲避，怨斥责谴。
酗殴滋祸，弊秽泛滥，偷漏假冒，妄贩募捐。
剃囚拷问，傀儡敷衍，侥幸饶恕，期告赦免。
镣铐锒铛，忏悔遗憾，匆慌失措，徐踱圃团。
踌躇徘徊，彷徨怖添，窘焦愁绪，沦颓苟喘。
虱蚤蛆蛔，茅厕臭便，钾钠钙铝，锌钢锡铅。
镍锑锗钨，铬钡铂钒，硼汞硅硫，苯氰锰碳。
氯氢氦氟，烯烃炔烷，砒砷硒矽，酚酞酮醛。
腔膛脏腑，脾肾髓胆，唇嗓喉咙，颐臆腹腆。
肛胯脐趾，膝颅眶睑，肪膘冗赘，颧颊骸嵌。
憨傻痴呆，聋哑瘫痪，疙瘩痘疹，脓疮秃癣。
霉肤搔痒，疤痕愈痊，痈疽痔痢，癞疥脖腕。
瘴瘪痹瘸，瘁疟腋胺，胳膊腋弛，胫肢抖颤。
胃胰溃疡，筋肌痉挛，胁肋疼痛，膀胱菌沾。
艾滋侵略，瘟疫扩散，肿瘤癌症，劳惫疲倦。
警惕疾病，诊恙预患，侍姆雇佣，仆役聘换。
东街采购，磅秤肉馅，掌勺炉灶，料堆厨馆。
溜炸熏烤，炖煮卤腌，烘焙烙炕，烩炒灼涮。
焖爆燎烫，烹蒸熬煎，烽焕泼沥，酝酵醉酣。
荤腥肺脯，滑嫩肚肝，笼屉羔肘，粘润糯丸。
粳糕馍饺，稀粥稠饭，糜费羹炙，油浸漫馒。
饿择粗糙，饱剔腻咸，钥匙纽扣，兜袋帷帘。
盒套箱柜，瓦罐盂痰，皂缸牙具，杯碟筷碗。
帐幔靴帽，整齐挂拴，壶锅盆桶，器皿匣坛。

笤帚垃圾，矿蛰碱矾，夹裆袄袍，篓臼灯伞。
钵钎铰钮，叉橱表镰，乒乓晃瞳，缰绳磕绊。
珊瑚贝壳，玛瑙煤炭，泡沫膨胀，蒿苇飒冕。
佃畴租赁，埠位此般，辊辗蜗斡，闸贮淼畔。
享爵彬斌，胄裔娟隽，雉翎并勃，婀娜妮曼。
舱釜锈蚀，釉磨铆焊，誊蜡印刷，赠寄邮件。
琐屑账簿，惠赐牒翰，棋牌奕拼，衙巷畜豢。
乞丐住讨，叨吃饥馋，库仓巡逻，翱峪俯瞰。
鞍骑骤遁，刹那近垣，坎坷崎岖，岔径蜿蜒。
遵逾轨辙，逛遨峻巅，霹雳贯霄，淤础溺淹。
厦幢崩塌，窑庵囤填，邑廓倾覆，箍垮隧涵。
淮泄滞沽，浦溅汀澜，泅泳涉滔，渤澳浚涎。
舶舨豁缺，桅桨歪坍，陋巢凋囱，畸枢裂檐。
涯涸竭枯，渣滓臊膻，谣决淆惑，是非确断。
翻译授课，考究钻研，误错耽搁，犹豫岂敢。
页篇汇稿，编辑校勘，故谜梗概，载版登刊。
专题删节，普遍浏览，嘉偶婚配，函恋私已。
叙述绵延，缓迟寻觅，做媒介绍，卿获娇媳。
槌簧铙钹，乐吹轿娶，炮震房宅，宣沸弄里。
喇叭噪晌，暮催串艺，叮嘱钦陪，辈份矮低。
庶孽继嗣，昆仲甥姊，柬贴逞送，族姥婶婿。
赶赴邀请，祝贺庆禧，扭捏局促，羡慕妒嫉。
哥嫂咨询，伙伴参议，爸妈恩准，爷奶评批。
吾你俺她，咱们勉励，模样俊俏，娴淑伶俐。
纶巾裙衫，混纺绒絮，框展倩照，镜示映姿。
叩首鞠躬，随俗迁徙，戴璧秉圭，呈诺或与。
誓牍弘愿，燃烛洽娱，妊娠胚胎，呕吐娩嬉。
特殊贡献，永享勋誉。

第四部分

幼稚早窍，玩耍练习，头脑认念，诀勤简析。
壹贰摹仿，叁肆韵底，伍陆描绘，柒捌譬喻。
吟从倡哦，咏夸所悉，背欠熟旧，诵似谱吕。
韶努宵寐，谆诲朝夕，孜挚弗馁，磋砣窒肄。
胖瘦小囡，嗅舔吮吸，咿呀啊哪，喂哄乖嫡。
坐摸滚爬，炽汗淋漓，岁半倔犟，赤脊裸屁。
洒扫厅除，擦抹桌椅，墩蹈矩凳，晶莹玻璃。
锯锉凿刨，钝锨锋匕，锹锄镐铲，箩纹簸箕。
鞋袜衬裤，缝纫缀洗，毡垫毯褥，晾晒更替。
肮袱褂渍，挽袖濯涤，铺盖篷履，废粕丢弃。
汞谓唧筒，矗曰耸屹，怎么姓咋，辅佐答翊。
莅临撰到，砌级乃陛，霎诠俄顷，次可叫翌。
笃录甚很，紊奏芜鄙，暇疵兑玷，吝啬阐惜。
鹫窝暖禽，晦朔旺汐，之乎者也，噫嘘兮矣。

且又焉哉，吧吗吁呢，夭午酉巳，寅卯丑乙。
丙庚壬癸，干支今昔，吨钧亩斤，拾佰仟亿。
只每秒个，尺寸盏厘，轴幅艘瓣，枚朵茬匹。
盅旬辆届，本座矢剂，队档副处，仗式趟隅。
慷慨愉快，狭隘惆怅，愤怒憎恨，憋闷嘟囔。
萎靡憔悴，疚歉抑怏，怜悯惭愧，怆恻凄凉。
掏挖抠掘，担抬扛搬，揪掐卡握，抡劈拧扳。
搓揉揩拭，拂撩拖掸，捅挟搂括，拓扑撬掀。
抄捞撮捧，摘揭抓拣，擂捣捶砸，抛扔掷掼。
拍揣拢扯，扒拨挠捡，挪搭挨掖，挣拽搏栓。
搀夯碾轧，撅搪携捻，拈援拄摄，拯挫拗按。
摊撵捎找，摞搞掉捍，搽掇擿抉，揍拟拇擅。
抨撕摈扼，掂挝挞攒，揖捉攫掳，撒挈掰撼。
钉键铣锚，钳锭镀锻，煽铡炯镊，熔铸冶炼。
跷踊跛跺，踢踩蹋蹿，趴蹲躁踵，蹭蹄跋昙。
眯睫盹瞪，睁睬眨瞻，盯瞧瞅瞄，盲瞽瞎看。
瞥瞩央未，晕曙炬眩，谁讶讳谬，谒订讹谤。
诌诛谊诧，该诙讫谗，堪坯砖碴，砰砧磁砍。
苛茨萍萤，藐蔑蔫蕃，茸藉芍蘸，绉缚绞缆。
纲综纬绰，绢绦绷绽，绚纠缭缔，毗澈沮漫。
澡溯沤沁，溶涅漱浣，滨沂泞沏，漳淖洼涟。
潦凑凛冽，怔怕懂惋，悄悼忧悸，怡恃惬惮。
惺愣恢怃，惟恰慑惯，忍恳惹慰，恫懊忿惦。
枷墩橇檩，椎札梭椽，楔梆椤榨，榛橡槽栈。
璋瑞琉玲，乏瑶屡奄，偎偿倘僻，仅伺傍俭。
估佯侈俱，什侨侣笺，篙箔篡簇，够氛氖氨。
埃墒垛墟，违磺硬砾，逆遂逊迫，迁逗迸迄。
褪赅这廷，迢遏迭犀，剑剁剐舀，昨曝晴晰。
鳍鳄吞噎，孺龄蠢殖，它赊您予，帧聩粹既。
馏凫酪膳，驮猬歇狙，禀型辖贸，胶某卦敝。
仑殡衩幌，些陌皑窄，甸妥奈彤，颇竣戳契。
衷辫帕耐，臻祟窿诣，率晤睦歧，甭殆厄毖。
阀龋褐鞘，阉曳皱辟，呵叱咆哮，吆喝吵骂。
吩咐嘀咕，叽哩哇啦，哆嗦唠叨，吭哧喊喳。
呻吼嚎啸，嗡嘶嘹哗，啮噬喋咬，咚呛唉啥。
嚏唾咳嗽，哎哟哼哈，嘻嚷嘿呓，呸吻嘲啪。
嗯吠啤噤，咪嗜嗤嘛，匈哲亳皖，兢渭邯郸。
彝傣傈侗，汾绥罢汕，津冀沪辽，浙闽粤陕。
徽鄂滇渝，陇蜀赣黔，郭吴赵魏，聂路况袁。
朱许巩邓，彭姚厉韩，崔胡贾郑，苏殷寇谭。
萧任尚付，仇沈庞潘，勾朗韦甫，丛霍娄闫。
邹朴俞雒，薛尉杭婉，冯褚禄夷，狄赖稽翦。
巴巫尤虞，欧傅肖樊，辜卢郝沛，荫邢牟阚。

曾蒋曹窦，邱邵泌阮，龚祁靳鲍，穆倪莫卞。
淳裴蓟滁，郐邝尹詹，甄毋襄皋，藩茹蔼蓝。
赫闫嘎韧，塞竺郜冼，箴郏熠阙，岑奎裘栾。
忻汝汲慎，翟解丞冉，欣苻济肇，柯仵湛晏。
嵇佘仝缪，黎葛轩辕。

第七章

说话训练与方言纠正

第一节　说话测试训练

普通话水平测试前几项为有文字凭借的测试，分别体现在语音、词汇、语法、阅读理解和朗读程度的检测。无文字凭借的“话话”测试部分，则是全面检测和评估应试人使用普通话交流所达到的规范程度、自然流畅程度。

“说话”测试既是应试人员学习普通话最终成绩的总检验，也是评定应试人员普通话水平的决定性项目。因为它除了在测试中占40分的大比分外，《大纲》中还规定：“说话”测试中，语音面貌确定为二档（或二档以下）即使总积分在97分以上，也不能入一级甲等；语音面貌确定为五档的，即使总积分在87分以上，也不能入二级甲等；有以上情况的，都应在级内降等评定。由此可见，“说话”在普通话水平测试中占有重要的地位。

一、“说话”测试前的准备

国家《普通话水平说话训练与测试大纲》规定了普通话水平测试中“说话”测试内容为30个命题说话题目。这些话题与我们日常生活工作学习关系密切，说话测试要达到圆满的结果必须在测试前有充分的准备。

由于“说话”是无文字凭借的口头表达，具有限时性、临场性和话题的规定性等特点，“说话”前的准备工作尤为重要，它直接关系到“说话”测试的成败。“说话”的准备可以从以下几个方面进行。

1. 话题归类，确定体裁

大纲规定的命题说话30个话题：

（1）我的愿望

（2）我的学习生活

（3）我尊敬的人

（4）我最喜爱的小动物（或植物）

（5）童年的记忆

（6）我喜爱的职业

（7）难忘的旅行
（8）我的朋友
（9）我喜爱的文学（或其他）艺术形式
（10）谈谈卫生与健康
（11）我的业余生活
（12）我最喜欢的季节
（13）学习普通话的体会
（14）谈谈服饰
（15）我的假日生活
（16）我的成长之路
（17）谈谈科技发展与社会生活
（18）我知道的风俗
（19）我和体育
（20）我的家乡（或熟悉的地方）
（21）谈谈美食
（22）我喜欢的节日
（23）我所在的集体（学校、机关、公司等）
（24）谈谈社会公德（或职业道德）
（25）谈谈个人修养
（26）我喜欢的明星（或其他名人）
（27）我喜爱的书刊
（28）谈谈对环境保护的认识
（29）我向往的地方
（30）购物（消费）的感受

从30个说话话题内容上看，基本上分两大类。一类是以“我”为中心的生活、工作、学习各个方面，为记叙类。另一类是“我”谈社会上的现象，“我”的想法，为议论类。

记叙类话题：
记人的话题——（3）（8）
记事的话题——我所想（1）（5）（15）（18）（20）（29）
——我所爱（4）（6）（9）（12）（16）（22）（26）（27）
——我的工作和生活（2）（7）（11）（19）（23）

议论类话题：
我所谈社会问题——（10）（17）（24）（28）
我所谈自己——（13）（14）（21）（25）（30）

以上的分类是大致的划分，并不是绝对的，有些题目是可以兼类的。比如话题（14）《谈谈服饰》、话题（30）《购物的感受》既可以议论谈自己对服饰的看法，对购物的看法，也可以谈自己对服饰的审美，购物过程中的所见所闻。话题之间可以互相转换，一是议论话题转为记叙，可以降低说话的难度。二是相同的文体互相转换话题，记叙文体中的记人与记事话题之间可以转换，比如《童年的记忆》与《我的成长之路》，议论文体的《谈谈社会公德》与《谈谈个人修养》都可以互相转换的。测试时可根据情况灵活掌握，选择自己熟悉的话题内容和语体来说。

2. 构思框架，安排层次

确定了说话的体裁及说话的内容，解决了说什么的问题，就要考虑怎样说和先说什么后说什么。只有构思好框架，安排好结构层次才能说得有条理，达到“说话”测试要求的语调自然流畅的效果。怎样说可根据话题的语体分类，用框架来安排结构，列出提纲。

（1）记叙类的话题。可先总体介绍情况，然后进入主体部分具体展开讲。这里要详细交代人物、事件的来龙去脉，具体在什么时间什么地点发生了什么事。内容准备要充分，前因后果要讲清楚，先说什么，后说什么，条理要清楚。结构要体现一定的逻辑关系，可纵向或横向安排材料。这部分如果讲得过于笼统概括，介绍三件甚至于更多的事件也达不到三分钟，测试老师要求还讲，就只好临时想，想一句说一句像挤牙膏，说话不流畅就会扣分。只有内容详细具体，介绍一件事就可用三分钟。结语部分可以用总结的方式，也可用感情交流的方法结束。例如：《我尊敬的人》如果讲妈妈，要先概括介绍妈妈的品德勤劳善良，性格开朗，对我要求严格，妈妈是我最尊敬的人。然后选取日常生活中印象深刻的事件具体展开来讲。第一件是妈妈帮助生活有困难的邻居家的事，把时间地点前因后果交代清楚。第二件是在家里发生的事，同样具体交待，突出妈妈开朗的性格特点。第三件事讲妈妈和我之间发生的事，可讲很多供选择的话题，如上幼儿园的事，上小学、初中、高中、大学的事。这里的内容伸缩性很强，可讲到 3 分钟测试老师让停下来为止。记人记事都可以采用这样的框架来安排结构。

（2）论说文体的话题。“我谈什么”要求话题要有鲜明的观点，充分的论证。话题开始先有个开场白来阐明自己的主要观点，然后进入主体部分，举事实论据进行论证或引名人名言进行理论论证。要选自己亲身经历的事实或报刊杂志以及电视里网上看见过的，自己比较熟悉的有说服力的典型的事例来论证观点。不能无中生有，如果临时编造说话肯定会不流畅。不熟悉的话题也会导致说话结结巴巴无话可说或停顿时间过长而扣流畅分。

3. 运用涵盖法全面准备话题

说话测试从大纲规定 30 个话题中随机选取任意两个话题来考，每个话题都有抽到的可能，准备说话话题可采用典型涵盖法。因为有些话题题意相近，同类话题可以通用，可按前面的分类准备话题，测试时将准备的内容涵盖几个话题。比如：《我尊敬的人》和《我的朋友》可准备一个内容，抽到哪个话题都可以说这个内容。《我的业余生活》、《我的假日生活》和《难忘的旅行》可准备一个内容涵盖几个话题。议论类《谈谈社会公德》和《谈谈个人修养》可以准备一个内容涵盖两个话题。还可将记叙与议论话题之间进行涵盖。比如：《谈谈服饰》与《购物（消费）感受》；《我所在的集体》与《谈谈社会公德》、《谈谈个人修养》；《谈谈个人修养》与《难忘的旅行》可以归纳在一起进行准备，测试时从不同的角度去选用。无论怎样涵盖要把握一个原则，说话内容要由难而易，由抽象到具体，由议论到记叙，这样就可以收到事半功倍的效果。

4. 拟写提纲，说话有条不紊

由于“说话”是无文字凭借的测试，30 个说话题目不可能准备三十篇文章一一背诵，测前准备只要按照前面的话题归类，将选好的材料安排好框架拟写几个方面的提纲，测试时按提纲有条理地去说话即可。提纲可以准备记人方面的、记事方面的、议论方面的。写好提纲后，说话时注意各个话题之间的过渡，先讲开场白，然后过渡到概括介绍，之后马上过渡到具体事件的介绍，一个一个事件详细具体介绍，讲完之后过渡到结尾。几个过渡掌握好，说话就不会出现不流畅的问题。

二、“说话”测试的基本要求

1. 说话要求

命题说话限时3分钟，说话不足3分钟，酌情扣分：缺时1分钟以内（含1分钟），扣1分、2分、3分；缺时1分钟以上，扣4分、5分、6分；说话不满30秒（含30秒），本测试项成绩为0分。说话题共40分，由各省市语言文字部门决定是否免测第三项内容，一般情况下各省市已经免测第三项，将内容归入第五项说话题一起测查，此题由30分改为40分（评分标准按40分介绍）。目的测查应试人在无文字凭借的情况下说普通话的水平，重点测查语音标准程度、词汇语法规范程度和表达自然流畅程度。因而，“说话”不是即兴演讲，不是考查应试人的口才，它在主题的鲜明性、材料的新颖性和语言的感召力等方面没有严格的要求，只要求应试人围绕一个中心，流畅地说上一段为时3分钟的普通话，内容集中，表达有条有理即可。“说话”所使用的语言多为交谈式的口语，但是，“说话”又比日常谈话要求要高得多，“说话”要求围绕一个中心去说，不能随随便便，毫无约束；选词用句必须是规范化的口语，禁用方言词和方言句式；同时还有克服自然口语中的一些不良习惯，尽可能地不出现无意义的重复，不出现半截子话。

2. 说话技巧

（1）语音标准。普通话水平测试重点在语音。方言与普通话的主要区别也在语音，说话总分40分，语音占25分，语音标准与否至关重要。因此，说话测查要彻底纠正方言，不留方言的痕迹。

（2）词汇语法要规范。普通话以北方话为基础方言，有一定文化程度的人要掌握普通话词汇并不难，难的是在说话测试时，应试人由于紧张，平时习惯说方言，仓促中来不及转换，急不择言，在说话测试中出现方言词汇和方言句法。非北方方言区人说普通话时要使词汇合乎规范，除了向规范的书面语言学习外，还要向广播、电视、电影学习，学习新闻播音员、电影演员的规范语言，还要注意结合本地方言的实际，找出与普通话差异大的词语和句式的对应规律，并在日常生活中经常使用。这样才能形成良好的语感，避免出现方言词汇方言句式。

（3）遣词造句要符合口语特点。“说话”测试根本特点是“说”，就是按照日常口语的语音语调来说话，而不是一个字一个字地念出来，也不能像朗读那样读出来，说话讲究自然，不能有背诵的痕迹。用词方面，要多用口语词，不用或少用书面语词。例如：“与朋友邂逅”要说成“碰到了好朋友”；“我家小猫死了”不能说成“我家猫逝去了”。造句方面，要多用短句、散句、无主句，尤其不要用修饰成分多的长句、整句、复句。表达时可灵活运用补充的方法进行解释、说明、更改；用重复的方法表示强调，用语气词表示转折、停顿等。总之，口语表达要符合口语的习惯，符合口语的语法。

（4）说话要自然、流畅。测试时语速过快过慢、说说停停或边说边纠正发音错误，都是不流畅的表现。说话要自然流畅，必须养成良好的说普通话的习惯，无论什么场合，坚持说普通话。特别是要用普通话思维，使内部语言与外部语言一致起来，这样才能做到自然流畅。自然流畅还必须有话可说，这就需要平时观察生活，积累说话素材，30 个话题准备充分，思维连贯表达也就顺畅了。

命题说话除了注意以上四个方面之外，还要注意其他一些技巧：要正确地称呼，恰当地使用敬词，不便直说的要用委婉的说法，概念的解释要通俗易懂，举例要为听者所熟悉等。

三、说话训练和测试准备

说话训练要不要用讲话稿，可因人而异，有人善于打腹稿，驾驭语言的能力强，可不必写成讲话稿，直接练说即可。不善言谈的人或性格内向的人，如果即兴说话没有把握，可以写个说话稿或列个提纲。在说话训练的时候，不要照背，可按稿子说，形成“说”的定式后，应试时就不会出现类似背稿的现象。

1. 说话的内容确定之后，要注意审词定音。审词，就是选择和确定规范词语，避免使用方言词、文言词、同音词，例如：“期中”与“期终”容易混淆，可把“期终”说成“期末”。定音，就是将话语中出现频率较高且容易读错的字音审定一下。比如：《我的业余生活》想说喜欢打乒乓球，那么乒乓球应该读“pīngpāng”还是“bīngbāng”呢，要通过查找工具书将字音确定下来。再比如：《我尊敬的人》讲“我的妈妈是湖南省长沙市人”自己平时有平翘舌音不分的问题，在准备好说话材料之后，就要把“shì”、“shěng”、“chángchāshì”平舌音翘舌音字词整理一下，逐个确定读音，反复进行口头练习，强化记忆。在准备好说话材料之后，可以试说多遍，直到自我感觉满意为止。也可以借助于录音机，把自己说的话录下来，然后以旁听者的立场“审视”自己的说话，从语音、词汇、语法方面听一听有无不妥的地方，发现问题及时纠正。

2. 镇定自若，充满自信。说话测试是没有文字凭借的测试，测试出现紧张状态是不可避免的，要克服紧张情绪可注意以下几个方面：

（1）自我暗示法。把测试老师当成自己多年不见的好朋友，有很多话要对他说。

（2）自我激励法。要对自己充满信心，相信自己经过认真的准备，可以说好。

（3）控制自己的情绪，保持冷静。进入考场，不要急于开讲，可做几个深呼吸来稳定自己的情绪，也可喝口水，拿餐巾纸擦擦手、擦擦嘴来缓解紧张情绪。这是取得测试成功的基本保证。

（4）测前认真准备，话题材料充分，成竹在胸，也是测试的先决条件。说话测试 3 分钟，一定要准备充足的内容。一般情况下，说话速度为 180 个—240 个音节/分钟，三分钟测试可说 540 个—720 个音节，每个话题要准备 600—700 个字才能说满三分钟。如果内容准备少了，说话时间不到，就会影响测试成绩。

（5）随机应变，灵活过渡。在说话紧张的情况下，往往容易说错话或把事先准备的内容忘记。遇到这样的情况不要惊慌，也不要停顿或解释，为避免破坏说话的连贯性，可以随机应变用“这难道是对的吗?”反问句来挽救说错的内容，如果忘记的内容不能马上想起来，可以跳过去，不能停下来想或者说“我忘了”，若忘记的内容很重要，可在后面说话过程中想起来再说，用恰当的过渡形式进行补充。

第二节　方言词汇与语法纠正

一、方言词汇与普通话词汇的差异

有些方言区的人学习普通话容易进入误区，即以为方言和普通话的差异主要在语音，因而忽视了方言词汇、语法与普通话的差异。其实汉语方言和普通话的差别，既表现在语音上，也表现在词汇和语法上，只是相对而言，语音差异较大，词汇差异次之，语法差异最小。所以方言区的人学习普通话时，不仅要注意语音方面的差异，也要注意词汇和语法方面的差异。只有这样，才能学到标准的普通话，否则还是无法和方言区以外的人交流。

同时，进行“说话测试”，要求选词用句必须是规范化的口语，禁用方言词和方言句式。

方言与普通话的词汇差异表现为以下几方面：

1. 词源差异

所谓词源的差异就是汉语方言向别的民族语借来的外来词。词源差异是汉语方言词汇差异中最为显著的一项，因为方言形成的时代，受原住民语言的影响留下的“底层”，这些方言词和北方汉人从中原带来的汉语是不同源流的。

中古和近现代以来也有一些方言先后借用了一些外族语言的词语。例如广州话和上海话的英语借词，闽南话的印尼语借词，东北话的满语借词等。

2. 词根差异

吃/喫/食　　关/闭/闩　　说/讲/话　　喊/叫/嗌　　骂/咒/闹

给/把/畀　　欠/差/争　　猜/估/约　　小/细/嫩　　嫩/幼/稚

3. 词形差异

有些方言词是由相同的词根构成的，但是构词法不完全相同，因此造成一个概念在不同的地方会有不同的名称。例如：

手指/巴掌/手底/手心　　腿/腿把子/脚腿/脚臂

孕妇/大肚婆/大肚嬷　　乞丐/要饭的/告化子/乞食

祖父/爷爷/爹爹/阿公　　客人/客/人客

4. 词义差异

词义差异指的是那些意义相对应的方言词之间除了相同的基本意义之外，还具有附加意义的不同。其差异主要表现在词汇意义、语法意义、修辞意义三方面。

词汇意义的差异通常表现为义项的多少，即通常所说的词义广狭不同。如南方的“食”和北方的“吃”基本含义相同，是相对应的动词，但“食”可以兼指喝（茶、酒）、吸（烟），义项多，词义广。

语法意义的差异经常表现为词性的兼类，如广州话的“几”用作数词（几个人）、副词（几好：多么好）；北京话的“猴”可兼作动词（猴在他身上）；太原话的“肉”可以兼作形容词表示胖。

修辞意义的差异就是方言词的附加意义，褒贬色彩的不同。如北京话称“老头儿”是昵称，“老头子”是贬称，山东话就没有这个区别；福州话“老货”是贬称（老东西），厦门话“老货仔”是爱称（老人家）。

二、方言语法与普通话语法的差异

语法结构是语言或方言体系中最稳固的，因而相对来说汉语各方言在语法上的差异比起语音、词汇上的差异要小一些。主要表现在以下几个方面：

1. 词的形态变化不同

（1）重叠

名词重叠：如成都话的堆堆（堆儿）、根根（根儿）、盘盘（盘儿）、罐罐（罐儿）；

动词重叠：如厦门话“出出去”表示“全部出去”，“收收起来”表示“全部收起来”；

形容词重叠：如上海话的血血红（非常红）、寒丝丝（比较冷）、瘦呱呱（比较瘦）。

（2）附加

前缀：如北京话似乎没有使用“阿”的习惯，但在上海话、厦门话、广州话中用得很普遍。

后缀：附加的后缀在方言和普通话里数量都比前缀多，主要有“儿”、“子”、“头”、“们”等。如“头”、“子”尾词在上海话、苏州话里十分丰富，如今朝（头）子（今天）、明朝（头）子（明天）、葛朝子（那天）等。

2. 虚词的用法不同

（1）副词

如在长江流域不少地方少用或不用“很”而用“蛮”；在南昌话用“死”表示“太”；厦门话用“唔”表示“不”，“无”表示“没有”。

（2）助词

如普通话的“的”，上海话用“个”表示，广州话用“嘅”表示，闽语各地则用“其”表示。

3. 语序的不同

汉语各方言的语序，一般来说，与普通话的分歧并不大，但大同中有小异，方言和普通话在语序上还是有不少这样那样的差异的。

（1）状语的位置

状语在普通话中通常置于谓语中心语之前，而在一些方言中却有状语后置的现象。

例如：

长沙话：吃头的不管，吃后的洗碗。（先吃完的不管，后吃完的洗碗。）

梅县话：讲少两句话。（少讲两句话。）

广州话：买两斤香蕉添。（再买两斤香蕉。）

（2）补语的位置

方言中可能补语与宾语同时出现，语序与普通话的不同。

例如：

上海话：我讲伊勿过。我讲勿伊过。（我讲不过他。）

苏州话：耐说俚勿过。耐说勿俚过。（你说不过他。）

湖南新化话：哥哥走老弟唔赢。（哥哥跑不过弟弟。）

4. 句式的不同

（1）比较句

汉语里的比较句可以是相等式，也可以是不等式。相等式的结构方式在现代汉语各方言中基本一致，不等式的结构方式普通话通常用“a 比 bX（X 为谓词）”格式，方言中却有多种不同的表达方式。

例如：

厦门话：伊较高我。（他比我高。）

广州话：今日暖过琴日。（今天比昨天暖和。）

（2）被动句

普通话中典型的被动句通过介词“被”（叫、让、给）来表示，各地方言中相当于“被”的介词有“畀”（广州话）、“互”（厦门话）、“分”（梅县话）、“把”（扬州话）、“拨”（上海话）、“乞”（潮州话）等。

例如：

广州话：佢畀狗咬亲。（他被狗咬了。）

厦门话：伊互人拍一下。（他被人打了一下。）

上海话：伲拨伊吓嘞一跳。（我给他吓了一跳。）

（3）处置句

处置句即普通话的“把”字句。汉语各方言里的处置句在结构上与普通话大致相同，但在介词的选用上各有特色，用词习惯和普通话不大相同。粤、闽、客家诸方言中普遍使用“将”，湘、吴方言中较多使用“拿”、“拨”，潮州话用“对”等。

例如：

广州话：佢将茶杯打烂咗。（他将茶杯打破了。）

厦门话：将牛牵出去。（把牛牵出去。）

湖南新化话：拿只屋扫咖。（把房子打扫一下。）

三、说话综合训练

1. 提纲例示

《我最尊敬的人》

（1）最尊敬的人是高中的语文老师

总体介绍老师的外貌、性格特征，以及自己对老师的印象。

（2）具体讲为什么最尊敬老师。

老师语文课讲得不同于一般语文课，我爱上语文课。

老师关心学生，尤其关心学习差的学生。

举例：我从不爱上语文课到我最后考上了文学专业的大学。

偏科

老师帮助我

课上提问，面批作文

班上朗读作文

学习有信心考上了大学文学专业。

（3）我取得的成绩离不开老师对我的教育。

《谈社会公德》

（1）先讲对社会公德的理解。

可以引用自己熟悉的歌词来解释。

(2) 从反面来论证

① 社会上不讲公德的现象

列举随地吐痰、乱扔垃圾、口出粗言等现象。

再谈自己对这些现象的看法。

② 从正面来论证好的社会现象

列举见义勇为、拾金不昧、有难大家帮等现象。

再谈自己的想法。

(3) 归纳正反两方面得出结论。

2. 难点句段说话训练

(1) 单项难点音训练

声母难点音训练

① h——f

"天不怕，地不怕，就怕学说普通话（h）"。对于方（f）言区的人来说，平时说话（h）从语音、词汇（h）到语法（f）与普通话（h）都有很大的差距。在这样的语言环（h）境里，要想学好普通话（h），真是谈何（h）容易！

② zh、ch、sh、r——z、c、s

记得在（z）学生时（sh）代，教师（sh）们都说（sh）我的普通话讲得比较好。因此（c）在（z）文艺舞台让（r）我出（ch）了不少（sh）风头。什（sh）么朗诵（s）、演讲、广播、唱（ch）歌、演戏等，都有我的份。但是（sh）学习普通话过程（ch）中（zh）的苦与甜，只（zh）有我自（z）己最（z）清楚（ch）。

③ 韵母难点音训练

首先（ian）要下苦功（ong）学习。针（en）对自己发音的弱（uo）点（ian）和错（uo）误，我狠（en）下苦功（ong）夫，千方（ang）百计加以纠正（eng）。如遇疑难（an），一是向（iang）老师请（ing）教；二是查字典。为了使用方（ang）便（ian），字典随（ui）身（en）带着。整（eng）整（eng）一年（ian）的时间（ian），把一本（en）《新（in）华字典》的封（eng）面和封（eng）底都磨（o）破（o）了，真（en）的是掌（ang）握（o）了几千个常（ang）用（ong）字的正（eng）确（ue）读音。

(2) 声母、韵母、声调多项难点音训练

再（zài）就是（shì）实（shí）践中（zhōng）不断（duàn）地学习、应（yìng）用（yòng）。比如说（shuō），经（jīng）常（cháng）听（tīng）广（guǎng）播、电视（shì）播音（yīn）员播音（yīn），听（tīng）电影（yǐng）演员说（shuō）话（huà），不断（duàn）练习和模仿（fǎng）他们的讲话（huà）、发（fā）音，也时常（cháng）注（zhù）意听我们周（zhōu）围普通话讲得好的人说（shuō）话（huà）等（děng）。除此（cǐ）之外还要强调（diào）养成（chéng）查（chá）字（zì）典的习惯，不能（néng）凭（píng）自己想当（dāng）然地乱（luàn）读。只有听了就学，查（chá）了就用（yòng），在日常（cháng）生（shēng）活中（zhōng）不断（duàn）实（shí）践，不断（duàn）运用，才能逐（zhú）渐提高自己的普通话水（shuǐ）平（píng）。

附录一

计算机辅助普通话水平测试“命题说话”项

湖南省评分细则（试行）

一、根据《普通话测试大纲》（教语用〔2003〕2号）、国家普通话测试中心颁发的《计算机辅助普通话水平测试评分试行办法》，结合湖南省计算机辅助普通话水平测试实际，制定本细则。

二、湖南省采用读单音节字词、读多音节词语、朗读短文、命题说话四项测试。前三项由国家语言文字工作部门认定的计算机辅助普通话水平测试系统评定分数。命题说话项由测试员评定分数。

三、命题说话项的评分

本测试项要求应试人必须按照选定的题目连续说话，3分钟内所说的所有音节均为评分依据。

1. 语音标准程度，共25分。

语音标准程度分六档：

一档：没有语音错误，扣0分；错误1次、2次，扣1分；错误3次、4次，扣2分。

二档：语音错误在5-7次之间，有方音但不明显，扣3分；语音错误8次、9次，有方音但不明显，扣4分。

三档：语音错误在5-7次之间，但方音明显，扣5分；语音错误8次、9次，但方音明显，扣6分。语音错误在10-15次之间，有方音但不明显，扣5分、6分。

四档：语音错误在10-15次之间，方音比较明显，扣7分、8分。

五档：语音错误在16-30次之间，方音明显，扣9分、10分、11分。

六档：语音错误超过30次，方音重，扣12分、13分、14分。

语音错误（包括同一音节反复出错），按出现次数累计。

2. 词汇、语法规范程度，共10分。

词汇、语法不规范指：使用了典型的方言词、典型的方言语法以及明显的病句。

词汇、语法不规范，每出现1次，扣0.5分。最多扣4分。

3. 自然流畅程度，共5分。

自然流畅程度分三档：

一档：语言自然流畅，扣0分。

二档：语言基本流畅，口语化较差，类似背稿子。有所表现，扣0.5分；明显，扣1分。

三档：语言不连贯，语调生硬。程度一般的，扣2分；严重的，扣3分。

4. 说话时间不足3分钟，视程度扣1-6分。

缺时15秒以下，不扣分。

缺时16秒-30秒，扣1分；缺时31秒-45秒，扣2分；缺时46秒-1分钟，扣3分；缺时1分01秒-1分30秒，扣4分；缺时1分31秒-2分钟，扣5分；缺时2分01秒-2分29秒，扣6分。

说话时间不足30秒（含30秒），本测试项成绩记为0分。

5. 离题、内容雷同，视程度扣4分、5分、6分。

离题是指：应试人所说内容完全不符合或基本不符合规定的话题。

完全离题，扣6分；基本离题，视程度扣4分、5分。

直接或变相使用《普通话水平测试纲要》中的60篇朗读短文，扣6分；其他内容雷同情况，视程度扣4分、5分。

本测试项可以重复扣分，但最多扣6分。

6. 无效话语，酌情扣1-6分。

无效话语指测试员无法据此作出评分的内容。包括：① 重复相同或大体相同的内容；② 经常重复相同语句；③ 口头禅频密；④ 简单重复。

无效话语在三分之一以内，视程度扣1、2、3分；无效话语在三分之一以上，视程度扣4、5、6分。

有效话语不足30秒（含30秒），本测试项成绩记为0分。

四、本试行细则由湖南省普通话测试专业委员会负责解释。

附录二

湖南省计算机辅助普通话水平测试命题说话项评测记录表

<table>
<tr><td colspan="2">测试任务编号：</td><td></td><td>测试时间：</td><td></td><td>测试员：</td><td colspan="3"></td><td colspan="3">本次评测总数：</td><td colspan="4"></td></tr>
<tr><td rowspan="2">序号</td><td rowspan="2">所选题目</td><td colspan="2">语音标准程度</td><td rowspan="2">扣分</td><td rowspan="2">词汇、语法错误（记录内容，统计个数）</td><td rowspan="2">扣分</td><td rowspan="2">自然流畅程度</td><td rowspan="2">扣分</td><td rowspan="2">缺时（分/秒）</td><td rowspan="2">扣分</td><td rowspan="2">离题、内容雷同</td><td rowspan="2">扣分</td><td rowspan="2">无效话语（累计占时）</td><td rowspan="2">扣分</td><td rowspan="2">总扣分</td></tr>
<tr><td>声韵调错误（记录主要内容，统计个数）</td><td>有无方音（方音表现描述）</td></tr>
<tr><td></td><td></td><td></td><td></td><td></td><td></td><td></td><td></td><td></td><td></td><td></td><td></td><td></td><td></td><td></td><td></td></tr>
<tr><td></td><td></td><td></td><td></td><td></td><td></td><td></td><td></td><td></td><td></td><td></td><td></td><td></td><td></td><td></td><td></td></tr>
<tr><td></td><td></td><td></td><td></td><td></td><td></td><td></td><td></td><td></td><td></td><td></td><td></td><td></td><td></td><td></td><td></td></tr>
<tr><td></td><td></td><td></td><td></td><td></td><td></td><td></td><td></td><td></td><td></td><td></td><td></td><td></td><td></td><td></td><td></td></tr>
</table>

第八章

普通话水平模拟测试训练

第一节　普通话水平智能测试的程序

一、普通话水平测试须知

1. 依据“以测促训”的原则及文件规定，应试者必须参加“测前培训”，熟悉测试内容、程序、要求及有关测试纪律。

2. 参加普通话水平测试的考生应在规定测试时间之前三十分钟到测试地点门前报到。

3. 测试时间前十五分钟，考务人员通知考生准备测试，考生交验准考证和身份证（或学生证）后，领取测试试卷。

4. 领取试卷后，考生随考务人员进入备测地点准备测试；考生在备测地点准备试题内容，不得在备测地点大声喧哗；得到考务人员上机测试的通知后，进入测试室进行测试。应试者进入测试室不得携带书籍、资料；要关掉手机；严禁吸烟。

5. 考生进入测试室后即可按照考试机页面提示开始测试，测试过程中除必要的操作外，考生不得随意设置和操作计算机。测试过程中出现死机等异常现象，考生应报告管理人员进行处理，不要擅自处理。测试结束后考生应摘下耳机，轻声离开测试室。

6. 重测（补测）须间隔三个月以上，并重新履行报名手续。

7. 普通话水平测试是国家级考试。任何人不得打招呼说情。对测试中违纪违规行为，将视情况严肃查处。

二、国家普通话水平智能测试流程

1. 第一步：佩戴耳麦

考生入座后，考试机屏幕上会提示佩戴耳麦。考生戴上耳麦，将麦克风调节到离嘴 2-3 厘米的距离，注意麦克风在左侧。耳麦为头戴式，考生需注意佩戴。戴好耳麦后，即可点击“下一步”按钮。

2. 第二步：登陆

屏幕出现登陆界面后，考生填入自己的准考证号。准考证的前几位系统会自动显示，考

生只需填写最后几位，填写完成后，点击“进入”按钮登陆。

3. 第三步：核对个人信息

考生登录成功后，考试机屏幕上会显示考生个人信息，考生认真核对所显示信息是否与自己相符，核对无误后，单击“确认”按钮继续。核对发现准考证错误，可以点击“返回”重新登录；核对发现姓名错误，请继续下一步操作，在考试结束后再联系监考老师更改。确认个人信息后，请按照提示，耐心等待考试指令。

4. 第四步：试音

进入试音页面后，考生会听到系统的提示语，提示语结束后，请以适中的音量和语速朗读文本框中的个人信息，进行试音。若试音失败，请提高朗读音量重新进行试音。若试音成功，请耐心等待考试指令。

5. 第五步：测试

测试开始时，每一题都会有语音提示，请在语音提示结束并听到“嘟”的一声后再开始朗读试题内容。测试时第一题、第二题试题要横向朗读，朗读试题时注意不要漏行。完成每项试题后请立即点击右下角“下一题”按钮，防止录入太多空白音影响成绩。朗读过程中不要说与试题内容无关的话，有问题举手示意。

6. 第四题需说满三分钟才能提交试卷，满三分钟后系统也会自动提交试卷，考生看到考试结束的提示后即可离开考场。

三、普通话智能测试常见问题解答

1. 问：参加智能普通话测试是否需要准考证？我要带些什么证件？

答：目前没有发准考证，考生一定带身份证和校园卡。

若身份证遗失，需持户口所在地公安机关出具的有近期免冠照片并加盖照片骑缝章的户籍证明；校园卡遗失者，由二级学院出具证明（在照片上加盖公章）。

凡证件不齐或没有按时参加考试者，以缺考论处，以后要重新报名才能参加考试。如果查实为代考者，按相关规定严肃处理。

2. 问：考前准备时，我遇到不认识的字怎么办？

答：你可以自己事先准备字典，电子、纸质的字典，但如果要想查轻声和儿化音，最好用《现代汉语词典》候测时使用。

3. 问：参加使用计算机进行的智能测试和以前的传统人工测试，考试结果是否会有不同？

答：不会。计算机的评分标准是建立在大量人工测试数据分析的基础之上的，机测与人测结果基本一致，不会有明显差别。

4. 问：我平时说话声音非常小，这会影响我的成绩吗？

答：肯定会的。因为测试考场内有20人在同时发音，你周围的噪音非常大。但智能测试软件在设计时，已经考虑到这个问题了。解决的方法是：采用有方向的麦克，使一定范围内的声音能被有效捕捉，其它声音只能作为背景音。但如果发音人的声音太小，电脑在放大有效音的同时，背景音也被放大了，环境噪音当然就影响了计算机对语音的判断。你目前要做的是，在模拟测试和试音中，反复调整自己的音量，找到准确的感觉。

5. 问：为了保证录音质量，考试时是不是声音越大越好？

答：也不是。首先，声音太大会影响其他考生；其次，过大的声音会导致电脑音频数据失真，增加共鸣和气息音，同样影响判断。考前请大家多上网试试音，找到适中的音量就行了。

6. 问：考试时错、漏、增、回读，是否会影响成绩？

答：跟人工测试一样，肯定会影响成绩。其中错、漏、增读影响大一些，以个数计算；回读影响小一些，以次数计算。第一、二题以第二遍读音为准，但不要过于频繁地使用回读；第三、四题回读都要被计入扣分项。所以考试时尽量不要回读。

7. 问：考到一半时，觉得发挥不好，想重新再来一遍，可以吗？

答：不行。进入考试程序后，只要是录进去的声音就有效，每一题都有时间限制，时间结束时，计算机会强行进入下一题，如果重来，一来时间不够，二则计算机无法判断你读得是什么，从而严重影响成绩。

8. 问：当前考试项目的考试时间还没有结束，但我已经读完了，我可不可以抓紧剩余的时间准备下一题的内容？

答：不要这样，请你马上点击“下一题”。在你的剩余时间内，其他考生的朗读声音或旁边的噪音会变得相对明显，你不经意发出的声音，都有可能被当作你的语音录入你考试的电脑，成为电脑判断你下一题发音的依据，这样肯定会影响你的测试成绩。

9. 问：考试时遇到不认识的字可以请教他人或查字典吗？

答：不行。当你停止读音时，与考试无关的语音或翻书声会被录入电脑，计算机将它们判断为增读或错读，你会失去更多的分数。

10. 问：我为了缓解紧张情绪，无意中把手放在嘴边或玩弄麦克风、数据线，或者摆弄手中其他物品，会不会影响录音效果？

答：肯定会。麦克风的位置直接影响录入计算机中语音数据的音质和音量，移动麦克风或麦克风附近有其他震动杂音，会导致录制的语音音量忽大忽小、音质忽好忽坏，严重影响考试成绩。

11. 问：计算机考试时，我说话题时采用朗诵现成文章的方式，老师好象无法知道，这是不是一个诀窍？

答：请不要投机取巧。第四项“说话题”是后期人工方式来打分的。测试员需要听完你的全部录音，凭借你在电脑里的录音，照样能听得出你是否在背稿。说话题特别要注意不离题、不出现无效语料、不背诵等应试技巧。

12. 问：我在进行第四项“说话”题，不小心看错了题目，如“节日”看成“节目”。这样会影响成绩吗？

答：肯定会。这属于自行更换题目，考试成绩计为“无效”，也就是说，说话题目没有分数。

13. 问：我的录音结束后，是不是放下耳机就可以离开考场了？

答：不行。系统是批量接收数据的，它要等考场内所有录音完成后，统一收集声音数据。所以全部考生录音都结束后，才能显示出考试是否成功。为了确保你的考试是有效的，请在服务器电脑接收好数据后，再离开。

四、普通话水平测试要注意问题

1. 测试前应系统地学习普通话语音知识，有步骤地、扎实地进行普通话语音的训练。只有作好充分的准备，才有必胜的把握。

2. 进考场前作好心理准备，要充分利用候测的十五分钟准备时间，快速浏览试题，考虑第一题是否有陌生的字词。第二题准确找出必读轻声词，儿化读音要注意的地方。第三题要回忆该篇作品的语音提示，加深印象正确朗读。第四题要看准题目，确定其中一题，想想考前的准备的提纲，要说的中心内容是什么，先说什么，后说什么，有条理的说话。

3. 克服紧张情绪，测试中如出现失误，要迅速调整情绪，冷静下来。遇到不会读的字词，不要在一处纠缠，以免超时扣分更多。测试时也不要投机取巧，抱侥幸心理，故意读得太快或太慢，说得含含糊糊，企图蒙混过关。这种态度更是不可取的，只会影响测试成绩。

第二节　普通话水平测试模拟试卷与评分标准

一、普通话水平模拟试题

普通话水平测试样卷（Ⅱ型卷）1号

一、读100个单音节字词（共10分）（限时3分钟）

蹦（bèng）	耍（shuǎ）	德（dé）	扰（rǎo）	直（zhí）
返（fǎn）	凝（níng）	秋（qiū）	淡（dàn）	丝（sī）
炯（jiǒng）	粗（cū）	袄（ǎo）	瓮（wèng）	癣（xuǎn）
儿（ér）	履（lǚ）	告（gào）	筒（tǒng）	猫（māo）
囊（náng）	驯（xùn）	辱（rǔ）	碟（dié）	栓（shuān）
来（lái）	顶（dǐng）	墩（dūn）	忙（máng）	哀（āi）
霎（shà）	果（guǒ）	憋（biē）	捺（nà）	装（zhuāng）
群（qún）	精（jīng）	唇（chún）	亮（liàng）	馆（guǎn）
符（fú）	肉（ròu）	梯（tī）	船（chuán）	溺（nì）
北（běi）	剖（pōu）	民（mín）	邀（yāo）	旷（kuàng）
暖（nuǎn）	快（kuài）	酒（jiǔ）	除（chú）	缺（quē）
杂（zá）	搜（sōu）	税（shuì）	脾（pí）	锋（fēng）
日（rì）	贼（zéi）	孔（kǒng）	哲（zhé）	许（xǔ）
尘（chén）	谓（wèi）	忍（rěn）	填（tián）	颇（pō）
残（cán）	涧（jiàn）	穷（qióng）	歪（wāi）	雅（yǎ）
捉（zhuō）	凑（còu）	怎（zěn）	虾（xiā）	冷（lěng）
躬（gōng）	莫（mò）	虽（suī）	绢（juàn）	挖（wā）
伙（huǒ）	聘（pìn）	英（yīng）	条（tiáo）	笨（bèn）
敛（liǎn）	墙（qiáng）	岳（yuè）	黑（hēi）	巨（jù）

访（fǎng）　自（zì）　毁（huǐ）　郑（zhèng）　浑（hún）

二、读多音节词语（100个音节；其中含双音节词语45个，三音节词语2个，4音节词语1个）（共20分）（限时3分钟）

损坏（sǔnhuài）	昆虫（kūnchóng）	兴奋（xīngfèn）	恶劣（èliè）
挂帅（guàshuài）	针鼻儿（zhēnbír）	排斥（páichì）	采取（cǎiqǔ）
利索（lìsuo）	荒谬（huāngmiù）	少女（shàonǚ）	电磁波（diàncíbō）
愿望（yuànwàng）	恰当（qiàdàng）	若干（ruògān）	加塞儿（jiāsāir）
浪费（làngfèi）	苦衷（kǔzhōng）	降低（jiàngdī）	夜晚（yèwǎn）
小熊儿（xiǎoxióngr）	存留（cúnliú）	上午（shàngwǔ）	按钮（ànniǔ）
佛教（fójiào）	新娘（xīnniáng）	逗乐儿（dòulèr）	全面（quánmiàn）
包括（bāokuò）	不用（búyòng）	培养（péiyǎng）	编纂（biānzuǎn）
扎实（zhāshi）	推测（tuīcè）	吵嘴（chǎozuǐ）	均匀（jūnyún）
收成（shōucheng）	然而（rán'ér）	满口（mǎnkǒu）	怪异（guàiyì）
听话（tīnghuà）	大学生（dàxuéshēng）	发作（fāzuò）	侵略（qīnlüè）
钢铁（gāngtiě）	孩子（háizi）	光荣（guāngróng）	前仆后继（qián pū hòu jì）

三、朗读短文（400个音节，共30分，限时4分钟）

请朗读第5号作品

四、命题说话（共40分，限时3分钟）

请按照话题“我的朋友”或“学习普通话的体会”说一段话。

普通话水平测试样卷（Ⅱ型卷）2号

一、读100个单音节字词（共10分）（限时3分钟）

卧（wò）	鸟（niǎo）	纱（shā）	悔（huǐ）	掠（luè）
酉（yǒu）	终（zhōng）	撤（chè）	甩（shuǎi）	蓄（xù）
秧（yāng）	四（sì）	仍（réng）	叫（jiào）	台（tái）
婶（shěn）	贼（zéi）	耕（gēng）	半（bàn）	掐（qiā）
布（bù）	癣（xuǎn）	翁（wēng）	弱（ruò）	刷（shuā）
允（yǔn）	床（chuáng）	改（gǎi）	逃（táo）	舂（chōng）
驳（bó）	纯（chún）	导（dǎo）	虽（suī）	棒（bàng）
伍（wǔ）	知（zhī）	末（mò）	枪（qiāng）	蹦（bèng）
港（gǎng）	评（píng）	犬（quǎn）	课（kè）	淮（huái）
炯（jiǒng）	循（xún）	纺（fǎng）	拴（shuān）	李（lǐ）
赛（sài）	捡（jiǎn）	梯（tī）	呕（ǒu）	绳（shéng）
揭（jiē）	陇（lǒng）	搓（cuō）	二（èr）	棉（mián）
桩（zhuāng）	皿（mǐn）	宋（sòng）	狭（xiá）	内（nèi）
啃（kěn）	字（zì）	环（huán）	州（zhōu）	秒（miǎo）
抛（pāo）	代（dài）	关（guān）	停（tíng）	祛（qū）
德（dé）	孙（sūn）	旧（jiù）	崔（cuī）	凝（níng）

烈（liè）	倪（ní）	荆（jīng）	擒（qín）	案（àn）
砸（zá）	垮（kuǎ）	焚（fén）	帝（dì）	聊（liáo）
颠（diān）	涌（yǒng）	牛（niú）	汝（rǔ）	粤（yuè）
篇（piān）	竹（zhú）	草（cǎo）	迟（chí）	泛（fàn）

二、读多音节词语（100个音节；其中含双音节词语45个，三音节词语2个，4音节词语1个）（共20分）（限时3分钟）

参考（cānkǎo）	船长（chuánzhǎng）	艺术家（yìshùjiā）
聪明（cōngming）	三轮车（sānlúnchē）	红军（hóngjūn）
煤炭（méitàn）	工厂（gōngchǎng）	发烧（fāshāo）
嘟囔（dūnang）	黄瓜（huánggua）	效率（xiàolǜ）
别针儿（biézhēnér）	责怪（zéguài）	大娘（dàniáng）
喷洒（pēnsǎ）	保温（bǎowēn）	产品（chǎnpǐn）
佛学（fóxué）	童话（tónghuà）	男女（nánnǚ）
做活儿（zuòhuóer）	缘故（yuángù）	谬论（miùlùn）
穷困（qióngkùn）	今日（jīnrì）	完整（wánzhěng）
决定（juédìng）	斜坡（xiépō）	疲倦（píjuàn）
爱国（àiguó）	能量（néngliàng）	英雄（yīngxióng）
口罩儿（kǒuzhàor）	让位（ràngwèi）	叶子（yèzi）
封锁（fēngsuǒ）	核算（hésuàn）	而且（érqiě）
转脸（zhuǎnliǎn）	人群（rénqún）	飞快（fēikuài）
牙签（yáqiān）	丢掉（diūdiào）	往来（wǎnglái）
罪恶（zuì'è）	首饰（shǒushi）	此起彼伏（cǐ qǐ bǐ fú）

三、朗读短文（400个音节，共30分，限时4分钟）

请朗读第9号作品

四、命题说话（共40分，限时3分钟）

请按照话题“难忘的旅行”或“谈谈美食”说一段话。

普通话水平测试样卷（Ⅱ型卷）3号

一、读100个单音节字词（共10分）（限时3分钟）

眠（mián）	表（biǎo）	煤（méi）	劣（liè）	恩（ēn）
乃（nǎi）	丢（diū）	按（àn）	曰（yuē）	烫（tàng）
取（qǔ）	洲（zhōu）	水（shuǐ）	盒（hé）	犬（quǎn）
射（shè）	砍（kǎn）	鬓（bìn）	姚（yáo）	滩（tān）
甩（shuǎi）	动（dòng）	囊（náng）	浸（jìn）	卵（luǎn）
困（kùn）	钾（jiǎ）	顾（gù）	雅（yǎ）	愣（lèng）
槽（cáo）	座（zuò）	吻（wěn）	升（shēng）	德（dé）
喘（chuǎn）	疲（pí）	三（sān）	巡（xún）	叮（dīng）
墙（qiáng）	次（cì）	团（tuán）	捏（niē）	贼（zéi）

广（guǎng）　荣（róng）　癣（xuǎn）　仪（yí）　怕（pà）
朽（xiǔ）　菊（jú）　缩（suō）　柔（róu）　丝（sī）
迷（mí）　纷（fēn）　卒（zú）　欠（qiàn）　蒸（zhēng）
梁（liáng）　崔（cuī）　怎（zěn）　榻（tà）　宠（chǒng）
君（jūn）　苦（kǔ）　怀（huái）　翁（wēng）　纸（zhǐ）
齐（qí）　挂（guà）　斜（xié）　登（dēng）　袍（páo）
闰（rùn）　绝（jué）　拍（pāi）　炯（jiǒng）　缫（sāo）
莫（mò）　桶（tǒng）　拙（zhuō）　嫩（nèn）　刚（gāng）
扯（chě）　报（bào）　马（mǎ）　吠（fèi）　刷（shuā）
环（huán）　仿（fǎng）　日（rì）　汪（wāng）　用（yòng）
诸（zhū）　罢（bà）　岭（lǐng）　播（bō）　二（èr）

二、读多音节词语（100 个音节；其中含双音节词语 45 个，三音节词语 2 个，4 音节词语 1 个）（共 20 分）（限时 3 分钟）

为了（wèile）　森林（sēnlín）　篡改（cuàngǎi）
夸张（kuāzhāng）　华贵（huáguì）　手绢儿（shǒujuànr）
舞女（wǔnǚ）　侵略（qīnlüè）　创造性（chuàngzàoxìng）
翱翔（áoxiáng）　描述（miáoshù）　下降（xiàjiàng）
撇开（piēkāi）　佛典（fódiǎn）　猫头鹰（māotóuyīng）
完备（wánbèi）　快艇（kuàitǐng）　叛变（pànbiàn）
灰色（huīsè）　皎洁（jiǎojié）　功能（gōngnéng）
状元（zhuàngyuan）　然而（rán'ér）　彼此（bǐcǐ）
恰如（qiàrú）　培育（péiyù）　丰硕（fēngshuò）
酒盅儿（jiǔzhōngr）　红火（hónghuo）　迫使（pòshǐ）
油田（yóutián）　群体（qúntǐ）　上课（shàngkè）
贫穷（pínqióng）　牛顿（niúdùn）　撒谎（sāhuǎng）
胸脯（xiōngpú）　程序（chéngxù）　翅膀（chìbǎng）
农村（nóngcūn）　在这儿（zàizhèr）　外力（wàilì）
大娘（dàniáng）　底子（dǐzi）　命运（mìngyùn）
爱国主义（àiguózhǔyì）　展览（zhǎnlǎn）　刀刃儿（dāorènr）
缺乏（quēfá）

三、朗读短文（400 个音节，共 30 分，限时 4 分钟）

请朗读第 1 号作品

四、命题说话（共 40 分，限时 3 分钟）

请按照话题“我和体育”或“购物（消费）的感受”说一段话。

普通话水平测试样卷（Ⅱ型卷）4 号

一、读 100 个单音节字词（共 10 分）（限时 3 分钟）

墙（qiáng）　换（huàn）　戳（chuō）　告（gào）　蹄（tí）

庄（zhuāng）	陕（shǎn）	控（kòng）	娃（wá）	段（duàn）
锥（zhuī）	百（bǎi）	瞥（piē）	逆（nì）	添（tiān）
壤（rǎng）	究（jiū）	群（qún）	法（fǎ）	残（cán）
揩（kāi）	末（mò）	厅（tīng）	裂（liè）	宣（xuān）
耳（ěr）	瞎（xiā）	瘦（shòu）	温（wēn）	揍（zòu）
硼（péng）	晚（wǎn）	察（chá）	吞（tūn）	持（chí）
比（bǐ）	昧（mèi）	孙（sūn）	日（rì）	脖（bó）
总（zǒng）	徐（xú）	粗（cū）	随（suí）	奉（fèng）
汝（rǔ）	劝（quàn）	黑（hēi）	定（dìng）	皆（jiē）
谬（miù）	夺（duó）	享（xiǎng）	杂（zá）	捞（lāo）
滑（huá）	死（sǐ）	德（dé）	坏（huài）	此（cǐ）
瞧（qiáo）	女（nǚ）	冻（dòng）	鸟（niǎo）	及（jí）
奶（nǎi）	罐（guàn）	砂（shā）	扯（chě）	逛（guàng）
粉（fěn）	狼（láng）	抄（chāo）	锦（jǐn）	绳（shéng）
窘（jiǒng）	驻（zhù）	撅（juē）	或（huò）	揉（róu）
冢（zhǒng）	悦（yuè）	连（lián）	新（xīn）	牙（yá）
藕（ǒu）	蕴（yùn）	贴（tiē）	吾（wú）	永（yǒng）
歪（wāi）	迸（bèng）	篇（piān）	尝（cháng）	坎（kǎn）
鳌（áo）	筛（shāi）	本（běn）	绫（líng）	勉（miǎn）

二、读多音节词语（100 个音节；其中含双音节词语 45 个，三音节词语 2 个，4 音节词语 1 个）（共 20 分）（限时 3 分钟）

背后（bèihòu）	特别（tèbié）	冲刷（chōngshuā）
战略（zhànlüè）	农民（nóngmín）	胆固醇（dǎngùchún）
馒头（mántou）	浅显（qiǎnxiǎn）	加速（jiāsù）
所有制（suǒyǒuzhì）	疲倦（píjuàn）	标准（biāozhǔn）
佛教（fójiào）	红娘（hóngniáng）	飞船（fēichuán）
恰好（qiàhǎo）	夸张（kuāzhāng）	配套（pèitào）
扎实（zhāshi）	藏身（cángshēn）	快乐（kuàilè）
双方（shuāngfāng）	明确（míngquè）	军队（jūnduì）
未来（wèilái）	四周（sìzhōu）	挨个儿（āigèr）
英雄（yīngxióng）	跳蚤（tiàozao）	力量（lìliàng）
胡同儿（hútòngr）	蜗牛（wōniú）	昂贵（ángguì）
仍然（réngrán）	原因（yuányīn）	底子（dǐzi）
难怪（nánguài）	小鞋儿（xiǎoxiér）	麻醉（mázuì）
篡改（cuàngǎi）	穷人（qióngrén）	富翁（fùwēng）
雨点儿（yǔdiǎnr）	遵循（zūnxún）	何况（hékuàng）
上层（shàngcéng）	陡坡（dǒupō）	轻而易举（qīng'ér yì jǔ）

三、朗读短文（400 个音节，共 30 分，限时 4 分钟）

请朗读第 57 号作品

四、命题说话（共 40 分，限时 3 分钟）

请按照话题“我的业余生活”或“我喜爱的书刊”说一段话。

普通话水平测试样卷（Ⅱ型卷）5 号

一、读 100 个单音节字词（共 10 分）（限时 3 分钟）

亏（kuī）	阅（yuè）	典（diǎn）	儿（ér）	馨（xīn）
寡（guǎ）	裙（qún）	黑（hēi）	藤（téng）	佩（pèi）
陵（líng）	字（zì）	层（céng）	日（rì）	忙（máng）
软（ruǎn）	抠（kōu）	腐（fǔ）	囚（qiú）	她（tā）
醒（xǐng）	凑（còu）	除（chú）	钵（bō）	防（fáng）
摸（mō）	扭（niǔ）	毛（máo）	俊（jùn）	投（tóu）
象（xiàng）	拖（tuō）	洒（sǎ）	膘（biāo）	告（gào）
沦（lún）	袋（dài）	丙（bǐng）	锐（ruì）	耍（shuǎ）
环（huán）	筛（shāi）	捧（pěng）	碎（suì）	癖（pǐ）
腔（qiāng）	选（xuǎn）	农（nóng）	居（jū）	砸（zá）
迎（yíng）	费（fèi）	淤（yū）	我（wǒ）	歌（gē）
拣（jiǎn）	淮（huái）	某（mǒu）	棕（zōng）	违（wéi）
吃（chī）	甲（jiǎ）	四（sì）	爽（shuǎng）	瞥（piē）
旺（wàng）	僧（sēng）	磷（lín）	炯（jiǒng）	摔（shuāi）
道（dào）	杯（bēi）	决（jué）	帐（zhàng）	鼓（gǔ）
债（zhài）	粗（cū）	但（dàn）	女（nǚ）	延（yán）
问（wèn）	离（lí）	钓（diào）	犬（quǎn）	闹（nào）
苗（miáo）	诊（zhěn）	猎（liè）	染（rǎn）	澈（chè）
肯（kěn）	塘（táng）	沾（zhān）	癌（ái）	洽（qià）
庵（ān）	笨（bèn）	胸（xiōng）	准（zhǔn）	光（guāng）

二、读多音节词语（100 个音节；其中含双音节词语 45 个，三音节词语 2 个，4 音节词语 1 个）（共 20 分）（限时 3 分钟）

快乐（kuàilè）	丢人（diūrén）	小瓮儿（xiǎowèngr）
含量（hánliàng）	村庄（cūnzhuāng）	开花（kāihuā）
灯泡儿（dēngpàor）	红娘（hóngniáng）	特色（tèsè）
荒谬（huāngmiù）	而且（érqiě）	定额（dìng'é）
观赏（guānshǎng）	部分（bùfen）	侵略（qīnlüè）
捐税（juānshuì）	收缩（shōusuō）	鬼脸（guǐliǎn）
趋势（qūshì）	拐弯儿（guǎiwānr）	内容（nèiróng）
若干（ruògān）	爆发（bàofā）	原材料（yuáncáiliào）
创办（chuàngbàn）	抓紧（zhuājǐn）	盛怒（shèngnù）
运用（yùnyòng）	美景（měijǐng）	面子（miànzi）
压迫（yāpò）	必需品（bìxūpǐn）	佛学（fóxué）

一直（yīzhí）　　启程（qǐchéng）　　棒槌（bàngchui）
山峰（shānfēng）　　罪孽（zuìniè）　　刺激（cìjī）
无穷（wúqióng）　　打听（dǎting）　　通讯（tōngxùn）
木偶（mù'ǒu）　　昆虫（kūnchóng）　　天下无敌（tiānxiàwúdí）
做活儿（zuòhuór）　　跨度（kuàdù）　　就算（jiùsuàn）
构造（gòuzào）

三、朗读短文（400个音节，共30分，限时4分钟）

请朗读第17号作品

四、命题说话（共40分，限时3分钟）

请按照话题“谈谈服饰”或“我向往的地方”说一段话。

二、普通话水平测试评分表

单音节字词（10分）			多音节词语（20分）			朗读（30分）						说话（40分）			
语音错误 -0.1/个	语音缺陷 -0.05/个	扣分	语音错误 -0.2/个	语音缺陷 -0.1/个	扣分	语音错误 -0.1/个	系统缺陷 -0.5/-1	语调偏误 -0.5/-1/-2	流畅程度 -0.5/-1/-2	停连不当 -0.5/-1/-2	扣分	语音标准（25分）0-1-2至-12-14	词汇语法（10分）0/-2/-3/-4	流畅程度（5分）0/-1/-3	扣分

主要参考书目

1. 国家语言文字工作委员会普通话培训测试中心．普通话水平测试实施纲要．北京：商务印书馆，2004.
2. 吴郁．播音学简明教程．北京：北京广播学院出版社，2004.
3. 谢伦浩．名师教你学朗诵．北京：石油工业出版社，2005.
4. 宋欣桥．普通话语音教程．北京：商务印书馆，2004.
5. 杜青．普通话语音学教程．北京：中国广播电视出版社，1999.
6. 黄伯荣，廖序东．现代汉语．北京：高等教育出版社，1990.
7. 黄伯荣，廖序东．现代汉语．兰州：甘肃人民出版社，1983.
8. 袁钟凯．话说推普．北京：语文出版社，2004.
9. 崔振华．普通话水平测试应试训练教程．长沙：湖南师范大学出版社，1998.
10. 北京大学中国语言文学系，语言学教研室．汉语方言词汇．北京：语文出版社，1995.
11. 刘照雄．普通话水平测试大纲．长春：吉林人民出版社，1994.
12. 李如龙．汉语方言学．北京：高等教育出版社，2001.
13. 詹伯慧．汉语方言及方言调查．武汉：湖北教育出版社，2001.
14. 湖南省语委办，湖南省教委师范处．湖南·普通话训练与测试．北京：语文出版社，2001.
15. 曾毓美．普通话水平测试达标教程．长沙：湖南大学出版社，2000.
16. 曾毓美．普通话水平测试应试训练教程．长沙：湖南师范大学出版社，1998.
17. 杜丽华．语音发声和语言表达．北京：北京广播学院出版社，2002.
18. 湖南省普通话培训测试中心．北京：普通话培训与测试．北京：高等教育出版社，2005.